Karin Kleppin

Fehler und Fehlerkorrektur

Fernstudieneinheit 19

Fernstudienprojekt
zur Fort- und Weiterbildung
im Bereich Germanistik
und Deutsch als Fremdsprache

Teilbereich Deutsch als Fremdsprache

Kassel · München · Tübingen

LANGENSCHEIDT

Berlin · München · Wien · Zürich · New York

Fernstudienprojekt des DIFF, der GhK und des GI
allgemeiner Herausgeber: Prof. Dr. Gerhard Neuner

Herausgeber dieser Fernstudieneinheit:
Uwe Lehners, Goethe-Institut, München

Redaktion: Ulrike Albrecht, Herrad Meese

Im Fernstudienprojekt „Deutsch als Fremdsprache und Germanistik" arbeiten das
Deutsche Institut für Fernstudienforschung an der Universität Tübingen (DIFF), die
Universität Gesamthochschule Kassel (GhK) und das Goethe-Institut, München (GI)
unter Beteiligung des Deutschen Akademischen Austauschdienstes (DAAD) und der
Zentralstelle für das Auslandsschulwesen (ZfA) zusammen.

Das Projekt wird vom Bundesminister für Bildung und Wissenschaft (BMBW), dem
Auswärtigen Amt (AA) und der Europäischen Kommission (LINGUA/SOKRATES)
gefördert.

⇐ Dieses Symbol bedeutet „Verweis auf andere Fernstudieneinheiten"

* Mit diesem Zeichen versehene Begriffe werden im Glossar erklärt

Dieses Werk folgt der Rechtschreibereform vom 1. Juli 1996. Ausnah-
men bilden Texte und Realien, bei denen historische, künstlerische,
philologische oder lizenzrechtliche Gründe einer Änderung entgegenstehen.

Druck:	5.	4.	3.	2.	Letzte Zahlen
Jahr:	02	01	2000		maßgeblich

Verlagsredaktion: Manuela Beisswenger, Mechthild Gerdes

Titelgrafik/Illustrationen: Theo Scherling/Bexte (1982), o. S.
Satz und Gestaltung (DTP): Uli Olschewski, Yen-lin Hung
Druck: Druckhaus Langenscheidt, Berlin
Printed in Germany: ISBN 3 – 468 – **49656** – 7

Inhalt

Einleitung

Fehler und *Fehlerkorrektur*, dies sind zentrale Begriffe im Fremdsprachenunterricht, die sowohl Lehrer- als auch Schülergemüter erregen und keine Konjunkturkrise kennen. Sie haben sicherlich Ihre eigene Meinung darüber, ob und wie Sie am besten auf Fehler reagieren. Dabei empfinden Sie wahrscheinlich den Bereich der schriftlichen Fehlerkorrektur als relativ unproblematisch, während Sie die Frage, wie Sie sich angemessen und sinnvoll bei mündlichen Fehlern verhalten können, mehr beschäftigt und herausfordert. Möglicherweise kennen Sie von sich oder von Kollegen die Befürchtung, dass ein unkorrigierter Fehler eines Lernenden sich wie ein Virus auf die anderen Gruppenmitglieder überträgt, und Sie korrigieren daher alles, was Ihnen als Fehler auffällt.

Nicht versäumen möchte ich an dieser Stelle, darauf hinzuweisen, dass Fehler und Fehlerkorrektur in vielen Ländern über den Klassenraum hinauswirken und eine sprachenpolitische Komponente haben können. Deutsch gilt als schwere Sprache, die aufgrund dieses Rufes häufig nicht gewählt wird. Viele Lehrer sind sich nicht bewusst, dass sie diesen Ruf weiterverbreiten, indem sie die Fehlerkorrektur meist strenger als Lehrer anderer Fremdsprachen handhaben.

Vielleicht sind Sie aber auch der Meinung, dass Korrekturen mehr schaden als nützen, und Sie korrigieren daher lieber sehr wenig. Oder aber Sie versuchen, Ihren Unterricht so zu steuern, dass eigentlich gar keine Fehler auftreten dürften. Die Beschreibung verschiedener Verhaltensweisen ließen sich beliebig fortsetzen.

Seien Sie unbesorgt! Ich werde es nicht versäumen, Ihre eigenen Theorien über Fehler, schriftliche Korrektur und mündliches Korrekturverhalten mit einzubeziehen, damit wir sie gemeinsam diskutieren können.

In dieser Studieneinheit möchte ich Sie mit **Theorien, Meinungen und Einstellungen zu Fehlern und zur Fehlerkorrektur** konfrontieren und werde Ihnen Möglichkeiten der schriftlichen Fehlerkorrektur und konkrete Beispiele des mündlichen Korrektur- verhaltens aufzeigen. So können Sie Ihre eigene Einstellung und Ihr Verhalten überprüfen und möglicherweise neue Korrekturtechniken ausprobieren und in Ihren Unterricht einbeziehen.

Im **1. Kapitel** werden wir uns mit unseren eigenen **Erfahrungen im Umgang mit Fehlern** beschäftigen. Ich möchte dabei zunächst auf Ihre Erfahrungen mit mündlicher Fehlerkorrektur zurückgreifen, da die Lehrermeinungen hierzu meist stark variieren und die unterschiedlichsten Verhaltensweisen propagiert werden. Danach werde ich Sie mit Stellungnahmen anderer Lehrer und Schüler zum Korrekturverhalten konfrontieren.

Im **2. Kapitel** werden wir uns vor allem mit **schriftlichen**, aber auch mit **mündlichen fehlerhaften Produktionen** beschäftigen und darüber diskutieren, was als Fehler gelten kann. Wir werden über mögliche **Ursachen von Fehlern** nachdenken und überlegen, ob und wie man sie sinnvoll beschreiben und klassifizieren kann.

Im **3. Kapitel** werden wir unterschiedliche Möglichkeiten der Reaktion auf **schriftliche Fehler** besprechen und uns dabei auch mit dem Problem der Fehlerbewertung und -gewichtung auseinander setzen. Zur Leistungsbewertung sollten Sie dann allerdings auf die Studieneinheiten *Testen und Prüfen in der Grundstufe, Einstufungstests und Sprachstandsprüfungen* und *Probleme der Leistungsmessung, Lernfortschrittstests in der Grundstufe* zurückgreifen. Wir werden in diesem Kapitel der Studieneinheit vor allem erarbeiten, wie freie schriftliche Produktionen angemessen zu korrigieren sind, sodass diese Korrekturen für die Lernenden hilfreich sind.

Im **4. Kapitel** werden wir uns der **mündlichen Fehlerkorrektur** widmen und die unterschiedlichsten Verhaltensmöglichkeiten im Unterricht diskutieren.

Im **5. Kapitel** finden Sie **Lösungen** und **mögliche Lösungsvorschläge** zu den gestellten Aufgaben. Bei einigen Aufgaben werden Sie keinen Lösungsvorschlag finden. Das ist vor allem bei den Aufgaben der Fall, in denen **Sie direkt** angesprochen werden, und bei den Aufgaben, in denen Sie über **Ihre Erfahrungen** nachdenken oder in denen nach **Ihren Vermutungen** und **eigenen Theorien** gefragt wird. Diese Aufgaben sollen dazu anregen, sich mit einem Problem auseinander zu setzen, für das es auch in der Forschung noch keine befriedigenden Ergebnisse gibt. Als Praktiker müssen Sie dennoch tagtäglich reagieren. Eine reflektierte Haltung zu bestimmten Problemen kann in vielen Fällen weiterhelfen, das eigene Verhalten zu überprüfen und gegebenenfalls zu verändern.

Das **6. Kapitel** enthält ein alphabetisch angeordnetes **Glossar** zu den wichtigsten Fachausdrücken, die in dieser Studieneinheit vorkommen und die mit einem * gekennzeichnet sind.

Im **7. Kapitel** finden Sie neben einer Zusammenstellung der Literatur, die in dieser Studieneinheit zitiert beziehungsweise verwendet wurde, noch einige weitere Titel, die Ihnen helfen können, wenn Sie sich noch intensiver mit dem Thema *Fehler und Fehlerkorrektur* beschäftigen wollen.

Rezepte des „besten Korrekturverhaltens" werden Sie in dieser Studieneinheit vergeblich suchen. Sie sind wissenschaftlich nicht haltbar. Ich hoffe dennoch, Ihnen mit dieser Studieneinheit die Möglichkeit zu geben, das eigene Korrekturverhalten zu reflektieren, neue Korrekturmöglichkeiten kennen zu lernen und mit dem Ziel auszuprobieren, den Sprachvermittlungsprozess für Sie und Ihre Schüler produktiver und abwechslungsreicher und mit mehr Spaß an der deutschen Sprache und ihren Unwägbarkeiten gestalten zu können.

Bei der Erarbeitung der vorliegenden Studieneinheit konnte ich zurückgreifen auf gemeinsame Forschungsaktivitäten, Seminare und Fortbildungsveranstaltungen mit Karl-Richard Bausch und Frank Königs. Wenn in dieser Studieneinheit das *Ich* neben dem *Wir* verwendet wird, so geschieht dies, um zwischen diesen Aktivitäten *(wir)* und meiner Autorenschaft *(ich)* zu unterscheiden. Meine Kolleginnen und Kollegen Beate Helbig, Brigitte Helmling, Horst Raabe und Wolfgang Tönshoff sowie viele Lehrer aus unterschiedlichen Ländern haben mir mit kritischen Anmerkungen weitergeholfen. Ich hoffe, Sie haben bei der Lektüre und Bearbeitung genauso viel Freude wie ich bei der Erstellung dieser Studieneinheit.

Abschließend noch eine Bemerkung:

Sie wissen vielleicht, dass die deutschsprachigen Länder eine Rechtschreibreform beschlossen haben. Die Neuerungen wurden in dieser Studieneinheit berücksichtigt – nur in den authentischen Schülertexten, die vor der Rechtschreibreform entstanden sind, wurde die alte Rechtschreibung beibehalten.

1 Erfahrungen mit mündlichen Fehlerkorrekturen

Ich möchte diese Studieneinheit mit einer Aufgabe beginnen, mit der Sie Ihr eigenes Verhalten zur mündlichen Fehlerkorrektur reflektieren können.

Aufgabe 1

Überlegen Sie bitte, wie Sie in Ihrem Unterricht mit mündlichen Fehlern umgehen und notieren Sie dies zunächst nur in Stichpunkten.

1. Warum korrigieren Sie Fehler?

_____

2. Was korrigieren Sie?

_____

3. Wann korrigieren Sie?

_____

4. Wie korrigieren Sie?

_____

5. Was machen Sie nach der Korrektur?

_____

6. Was ist für Sie noch wichtig?

_____

Die Frage, wie man bei der mündlichen Fehlerkorrektur verfahren und was man dabei beachten sollte, stellt sich natürlich allen Lehrern. Ich habe Ihnen deshalb einige authentische Äußerungen von Lehrern zur mündlichen Fehlerkorrektur zusammengestellt. Es handelt sich dabei um Äußerungen, die in Interviews gegeben wurden.

Alle Lehrer, die hier zitiert werden, sind deutsche Fremdsprachenlehrer, die Spanisch oder Italienisch als dritte Fremdsprache unterrichten. Sie unterrichten Schüler im Alter zwischen ca. 15 und 19 Jahren.

*Lesen Sie bitte die folgenden **Lehreräußerungen** zur mündlichen Fehler-korrektur. (Die auf Video mitgeschnittenen Äußerungen wurden für diese Studieneinheit der Lesbarkeit halber bearbeitet.)*

1. *Um eine Fremdsprache wirklich zu lernen, müssen die Schüler korrigiert werden. Daran gewöhnen sie sich. Sie sind auch nicht böse darüber und akzeptieren es, dass sie korrigiert werden.*

2. *Ich habe festgestellt, dass Schüler es nicht so gerne haben, wenn ständig eingegriffen wird.*

3. *Es ist oft schwierig zu entscheiden: Kann man das jetzt gelten lassen, oder kann man das nicht gelten lassen? Passt das jetzt, oder passt das nicht?*

4. *Ich mache eine Auswahl. Gravierende Fehler, vor allem gravierende Grammatikfehler, die mit dem zu tun haben, was im Unterricht behandelt wird, lasse ich korrigieren.*

5. *Ich korrigiere grundsätzlich alles, was falsch ist. Problematisch wird die Sache, wenn ein Schüler versucht, einen gedanklichen Zusammenhang darzustellen und er durch eine Korrektur aus dem Zusammenhang gebracht wird. In einem solchen Fall halte ich mich natürlich zurück und warte, bis der Gedanke ausformuliert ist. Erst dann weise ich auf Fehler hin.*

6. *Also, ich korrigiere relativ wenig, es sind wirklich nur solche Sachen, die man nicht mehr verantworten kann.*

7. *Ich gucke mir die Leute an: Wenn es ein selbstbewusster Schüler ist, dann korrigiere ich ihn sofort. Wenn es ein Schüler ist, der Schwierigkeiten hat und sich leicht durcheinander bringen lässt, dann korrigiere ich lieber nicht.*

8. *Im Allgemeinen korrigiere ich so, dass ich durch Gesten versuche, auf Fehler aufmerksam zu machen und die Schüler dann selbst korrigieren lasse. In der Regel lasse ich diese Korrektur dann auch von dem Schüler, der den Fehler gemacht hat, noch einmal vornehmen.*

9. *Die Schüler, glaube ich, bevorzugen Selbstkorrekturen*. Das ist natürlich eine Frage des Trainings.*
   Das Bequemste für Schüler ist, wenn sie unterbrochen werden und wiederholen müssen. Das wird dann aber oft sehr mechanistisch und führt nicht zu einer wirklichen Korrektur.
   Ich denke, wenn die Schüler sich auf das Training der Selbstkorrektur einlassen, lernen sie dabei auch gleichzeitig, Sprache mit einer gewissen Distanz zu sehen und reflektierend mit Sprache umzugehen. Das ist zwar nicht so leicht, aber es bringt ihnen mehr.

10. *Reden lassen, um hinterher dann das Ganze noch mal aufzugreifen, halte ich für langweilig. Ich korrigiere lieber leise und beiläufig direkt nach dem Fehler. Das nimmt der Korrektur doch eher den Schrecken, als wenn ich hinterher noch mal alle Fehler wieder aufgreife. Das wirkt nämlich wie ein Tadel.*

11. *Wichtig ist, dass man es nicht so deutlich macht und vor allen Dingen nicht mit dem Unterton „Mei, schon wieder falsch." Da braucht man viel Geduld. Man begleitet die Sätze, die gesagt werden, mit einer bestimmten Gestik. Diese Hilfen oder Impulse spielen sich meistens gar nicht mal verbal ab. Es sind oft nichtsprachliche Kommunikationen, die für den Schüler aber richtig zu deuten sein müssen.*

12. *Bei der Aussprache ironisiere ich häufig. Wenn mir bestimmte Dinge übertrieben erscheinen, dann ironisiere ich und bringe die Sache damit auf den Punkt. Manchmal mache ich auf diese Weise – durch ein allgemeines Lachen – noch mal bewusst, wo eigentlich der Fehler liegt.*

13. *Ich habe mich auch schon bei den Schülern dafür bedankt, dass sie Fehler gemacht haben, und ihnen deutlich gemacht, was dieser Fehler mir an Möglichkeiten gegeben hat, nochmals bestimmte Dinge zu erklären.*

zusammengestellt aus: Kleppin/Königs (1991)

Fassen Sie bitte zusammen, welche der in Aufgabe 2 genannten Möglichkeiten der mündlichen Fehlerkorrektur die Lehrer ansprechen und kreuzen Sie dann an, mit welchen Aussagen Sie sich identifizieren könnten.

1. ☐ *Schüler müssen korrigiert werden. Sie akzeptieren dies auch.*

2. ☐ *Schüler fühlen sich durch ständige Korrekturen behindert.*

3. ☐ _____

4. ☐ _____

5. ☐ _____

6. ☐ _____

7. ☐ _____

8. ☐ _____

9. ☐ _____

10. ☐ _____

11. ☐ _____

12. ☐ _____

13. ☐ _____

Vergleichen Sie Ihre Überlegungen aus Aufgabe 1 (Seite 7) mit den in Aufgabe 2 (Seite 8) aufgelisteten Lehreraussagen. Ist deren Korrekturverhalten anders als Ihr eigenes? Könnten Sie sich vorstellen, von den genannten Möglichkeiten einige in Ihrem Unterricht auszuprobieren?

Wie Sie wissen, reagieren Schüler sehr unterschiedlich auf die Korrekturen im Unterricht. Wir wollen uns deshalb jetzt mit Reaktionen und Einstellungen von Schülern beschäftigen.

1. Welche Reaktionen auf Korrekturen kennen Sie von Ihren Schülern?

_____

_____

_____

_____

_____

_____

2. Versuchen Sie bitte, die Reaktionen Ihrer Schüler Ihrem jeweiligen Korrekturverhalten zuzuordnen.

Reaktionen Ihrer Schüler   **Ihr Korrekturverhalten**

_____	_____
_____	_____
_____	_____
_____	_____
_____	_____
_____	_____

In der folgenden Aufgabe beschäftigen wir uns mit authentischen Äußerungen von Schülern zur mündlichen Fehlerkorrektur. Es handelt sich dabei um schriftliche Äußerungen, die in mehreren Ländern über Fragebögen gewonnen wurden.

Aufgabe 6

Lesen Sie nun die folgenden **Schüleräußerungen**. (Auch diese Äußerungen wurden für diese Studieneinheit bearbeitet).

1. Da ich Korrekturen nicht als persönliche Beleidigung, sondern als große Hilfe ansehe, bin ich für jeden Hinweis beziehungsweise für jede Korrektur dankbar.

2. Oft probiere ich Wörter auf gut Glück aus und erfahre durch die Korrektur, wie sie wirklich gebraucht werden.

3. Was mich bei einem Lehrer ärgert, ist, wenn er mich nicht korrigiert, wenn ich meine Anworten beendet habe, sondern nur den Inhalt nimmt, um ihn anders zu formulieren und mir keine Hinweise gibt, ob ich gut oder schlecht geantwortet habe.

4. Korrekturen sind absolut notwendig, und zwar gleich, wenn ich den Fehler mache. Weil ich mir dann am besten merke, wie es richtig heißt. Und zwar möglichst oft. Aber nicht so, dass man dauernd den Satz unterbricht.

5. In der Klasse bleibt mir positiv im Gedächtnis, wenn Fehler von Einzelnen am Ende einer Sequenz generalisierend erklärt werden (z. B. der Gebrauch bestimmter Verben).

6. Ich lasse mich nicht gern korrigieren, da ich es für wichtig ansehe, im Redefluss bleiben zu können.

7. Einmal habe ich eine Frage beantwortet. Der Lehrer wartete, bis ich meine Äußerung beendete, und sagte mir: „Alles, was du gesagt hast, ist grammatisch gut, aber du hast inhaltlich nicht den Kern getroffen." und hat mir dann die Korrektur gegeben. Ich habe diese Korrektur nie vergessen; das finde ich gut.

8. Positiv: nach längerem Redebeitrag detaillierte Korrektur mit Tipps hinsichtlich der Gebräuchlichkeit und Akzeptanz* bestimmter Äußerungen.

9. Als ich in der zweiten Klasse war – damals hatte ich erst ein Jahr Deutsch gelernt – machte ich, machten wir alle Fehler im Unterricht. Aber bevor der Lehrer mich korrigierte, schimpfte er: „Wer hat dir so etwas beigebracht?" Dann fühlte ich mich sehr schlecht und hatte bald die Lust verloren, im Unterricht mitzuarbeiten. Ich hatte auch den Mut verloren, im Unterricht etwas auf Deutsch zu sagen.

10. Beim Lehrer kommt es natürlich auf den Ton an. Man will sich natürlich nicht vor der Klasse blamiert fühlen.

11. *Ich erinnere mich gut an eine negative Korrektur, als ich im ersten Studienjahr war. Während der Lehrer meinen grammatischen Fehler korrigierte, lachte er über mich. Meine Kommilitonen haben auch gelacht. In dieser Zeit fühlte ich mich tief verletzt und wollte nicht mehr in der Klasse reden. Ich fühlte mich seitdem in der Klasse isoliert.*

12. *Ich erinnere mich noch an eine gelungene Korrektur, die mir positiv im Gedächtnis geblieben ist, als ich einen dummen Fehler gemacht habe. Der Professor hat meinen Fehler korrigiert und mir dann gesagt: „Das macht nichts, weil Deutsch immer für dich eine fremde Sprache bleibt. Du sollst dir aber viel Mühe mit dieser Fremdsprache geben." Und er hat noch gesagt: „Fehler machen den Meister".*

13. *Korrekturen bei der Besprechung von Grammatikübungen bleiben mir deshalb besser im Gedächtnis, weil eine präzise Erklärung folgt.*

14. *Im Gedächtnis bleiben mir oft die unangenehmen Korrekturen, hierbei aber nicht die eigentliche Fehlerverbesserung, sondern eher „die Tortur der Fehlerverbesserung", sodass ich mich zurückhalte, mich mündlich nicht am Unterricht beteilige und mit den Gedanken in den Unterricht gehe: „Hoffentlich komme ich heute nicht dran bzw. muss ich nichts sagen".*

zusammengestellt aus: Kleppin (1989), Kleppin/Königs (1993)

Zu der Äußerung 9, die von einem chinesischen Studenten stammt, möchte ich Ihnen an dieser Stelle eine ausführliche Erklärung geben, da hier der sehr sensible Bereich eines angemessenen Korrekturverhaltens in einer interkulturellen Situation angesprochen wird. Bei der Aussage des Studenten handelt es sich ganz offensichtlich um ein Missverständnis in Bezug auf das Lehrerverhalten, das zu einem völligen Zusammenbruch der Unterrichtskommunikation führte und zu einer Verweigerung der weiteren Mitarbeit seitens des Studenten. Den Satz *Wer hat dir so etwas beigebracht?* hat der chinesische Student dahingehend interpretiert, dass sein Lehrer einen anderen – wahrscheinlich chinesischen – Lehrer für die Fehlleistung verantwortlich macht. Der deutsche Lehrer hat die Floskel *Wer hat dir so etwas beigebracht?* aber wahrscheinlich nur so dahingesagt und damit eher beabsichtigt, den Fehler nicht dem Schüler anzulasten, ihn sozusagen aus seiner Verantwortung herauszunehmen. Diese an sich gute Absicht wurde missverstanden: Aus der Sicht des chinesischen Studenten kann man nicht einfach einen anderen Lehrer vor den Schülern kritisieren und ihn so das Gesicht verlieren lassen.

Aufgabe 7

Analysieren Sie die Schüleräußerungen aus Aufgabe 6 bitte nach den folgenden möglichen Gesichtspunkten:

Einschätzungen des Lehrerverhaltens, eigene Schwierigkeiten, Wünsche …

1. große Hilfe, …

2. _____

3. _____

4. _____

5. _____

6. _____

7 _____

8. _____

9. _____

10. _____

11. _____

12. _____

13. _____

14. _____

Zusammenfassung und Ausblick

Bisher haben Sie sich allgemeine Gedanken zur mündlichen Fehlerkorrektur gemacht. Es ist sinnvoll, diese allgemeinen Gedanken jetzt systematisch zu ordnen. Für die Weiterarbeit sollen die folgenden acht Fragenkomplexe im Mittelpunkt stehen:

1. *Was ist überhaupt ein Fehler?*
   - Das, was ein Muttersprachler nicht akzeptieren würde?
   - Das, was nicht in einer Grammatik steht?
   - Das, ...

2. *Warum korrigiert man überhaupt?*
   - Um Fehler zu vermeiden?
   - Um Fehlern vorzubeugen?
   - Um korrektes Sprechen zu ermöglichen?
   - Um ...

3. *Wer korrigiert?*
   - Derjenige, der den Fehler gemacht hat?
   - Der Lehrer?
   - Ein Mitlernender?

4. *Was wird korrigiert?*
   - Aussprachefehler?
   - Grammatikfehler?
   - Lexikfehler?
   - Für Deutsche unangemessenes Verhalten?
   - Gibt es Fehler, die man unbedingt immer korrigieren sollte?
   - Gibt es Fehler, die man vernachlässigen kann?
   - ...

5. *Wann wird korrigiert?*
   - Direkt nach der fehlerhaften Äußerung?
   - Am Ende eines Redebeitrags?
   - Nachdem Zeit zur Selbstkorrektur gegeben wurde?
   - In einer besonderen Korrekturphase?
   - Erst in einer späteren Unterrichtsstunde?
   - ...

6. *Wie wird korrigiert?*
   - Indem man nur (verbal oder nonverbal) auf den Fehler hinweist?
   - Indem man (verbal oder nonverbal) eine zusätzliche Hilfe gibt?
   - Indem man sofort die korrekte Äußerung angibt?
   - Indem man längere Erklärungen gibt?
   - Indem man ...

7. *Welchen „Ton" benutzt man bei der Korrektur?*
   - Tadelnd?
   - Freundlich?
   - Ironisch?
   - Neutral?
   - Laut?
   - Leise?
   - …

8. *Was macht man nach einer Korrektur?*
   - Gar nichts?
   - Man lässt den Lernenden die Korrektur noch einmal wiederholen?
   - Man lässt auch die Mitlernenden noch einmal wiederholen?
   - Man gibt noch weitere Erklärungen?
   - …

All diesen Fragen werden wir im Verlauf dieser Studieneinheit nachgehen und Lösungsmöglichkeiten diskutieren. Bei der konkreten Behandlung der Fehler werden wir dann genau unterteilen in Fragen zur schriftlichen und zur mündlichen Fehlerkorrektur.

Zunächst wenden wir uns jedoch dem eigentlichen Verursacher aller bisher gemachten Behandlungsvorschläge zu – dem Fehler.

2 Der Fehler*

Zunächst ein Anstoß zum Nachdenken:

Dass jeder Fremdsprachenlernende Fehler macht, ist eine Binsenweisheit. Selbst bei den größten Bemühungen, die Lernenden auf dem „rechten Weg" zu halten und sie nur Sätze sprechen und schreiben zu lassen, die sie eigentlich fehlerfrei äußern können müssten, treten Fehler auf.

Dass aber auch Muttersprachler häufig Fehler machen, wird nicht als so selbstverständlich gesehen. Und doch: Wenn Sie Kinder beobachten, die ihre Muttersprache erwerben, werden Sie immer wieder Fehler hören. Manchmal kann man bei Kindern sogar die gleichen Fehler wie bei Fremdsprachenlernenden beobachten.

Aufgabe 8

Wir haben es mit einem äußerst „klugen" Fehler des Kindes zu tun. Denn dieser Fehler zeigt an, dass das Kind eine Menge über die Bildung von Partizipialkonstruktionen „weiß". Es probiert dann beim Sprechen aus, ob sein „Wissen" über die Sprache stimmt oder ob es Veränderungen vornehmen muss.

Fehler sind also zunächst einmal etwas ganz Natürliches, das ebenso zum Mutterspracherwerb wie zum Fremdsprachenlernen gehört – wie auch immer wir dazu stehen. Natürlich gibt es Fehler, die einfach aus Unaufmerksamkeit entstehen. Fehler können – wie in unserem Beispiel – zeigen, dass der Lernende seine eigenen Hypothesen über Sprache bildet und sie beim Sprechen sozusagen abtestet. Wenn der Lernende hingegen versucht, Fehler zu vermeiden, so muss dies nicht bedeuten, dass diese Fehler im Kopf des Lernenden nicht existieren. Das Gegenteil kann der Fall sein: Dadurch dass der Lernende seine möglicherweise falschen Hypothesen über Sprache nicht überprüft, können sich diese Fehler ein Leben lang festsetzen. Man spricht dann von Fossilisierung* der Fehler.

Als Lehrer geben wir in der Regel vor zu wissen, was ein Fehler ist und was nicht. Wer kennt nicht noch aus eigener Erfahrung als Lernender Situationen, in denen man ziemlich sicher war, dass der vom Lehrer angestrichene oder mündlich korrigierte Fehler überhaupt keiner war? Entweder hatte man die als fehlerhaft bezeichnete Wendung in einem Lied im Radio gehört, in einem Buch gelesen oder aus dem Brief eines Brieffreundes/einer Brieffreundin, der/die es ja schließlich wissen müsste, übernommen.

Selten lässt sich ein Lehrer von solchen Argumenten überzeugen, wenn er einmal etwas als Fehler bezeichnet hat, vor allem dann nicht, wenn es sich um schriftlich korrigierte Arbeiten handelt, die außerdem auch noch benotet werden.

Neben einer Vielzahl völlig eindeutiger Fälle gibt es in der Tat eine ganze Reihe zweifelhafter Fälle dessen, was ein Fehler ist und was nicht. Die Schwierigkeit besteht darin, dass ein Fehler immer nur als Abweichung von „etwas" oder als Verstoß gegen „etwas" zu bezeichnen ist. Dieses „Etwas" muss als Vergleichsgröße existieren. Und erst wenn wir dieses „Etwas" definiert haben, können wir eine Äußerung als fehlerhaft identifizieren.

Die bisherige Forschung über Fehler hat sich überwiegend auf schriftliche Produktionen konzentriert. Auch in diesem zweiten Kapitel der Studieneinheit sind die Fehlerbeispiele, die ich zur Illustration heranziehe, zum großen Teil aus schriftlichen Arbeiten ausgewählt. Diese Fehler sind aus ganz nahe liegenden Gründen einfacher zugänglich und häufig klarer zu erkennen als mündliche Fehler.

Ich werde in diesem Kapitel noch keine systematische Trennung zwischen schriftlichen und mündlichen Fehlern vornehmen, da sich sonst zu vieles überschneiden würde.

2.1 Was ist ein Fehler?

Zunächst wollen wir uns Klarheit darüber verschaffen, was wir unter *Fehler* verstehen, und uns anschauen, was es mit dem Begriff *Fehler* auf sich hat.

Aufgabe 9

Lesen Sie die folgenden schriftlichen Lerneräußerungen und unterstreichen Sie bitte zunächst nur die Teile der Äußerungen, die Sie als fehlerhaft bezeichnen.

Aus dem Text eines chinesischen Lernenden über das chinesische Bildungssystem:

1. *Die Kinder in China gehen mit 6 Jahre alt in die Grundschule.*

2. *Die Kinder sind schulpflichtich.*

3. *Einige Kinder gehen gar nicht in die Schule. Der Grund ist, in der Familie ist wenig Arbeitskraft.*

4. *Die Kinder müssen auch arbeiten. Das ist ungut.*

Aus den Texten eines englischen Lernenden und einer französischen Lernenden über das deutsche Universitätssystem:

5. *Das Studium in Deutschland ist nicht strukturiert. Die Studenten müssen Scheine kriegen, um das Studium weiterzumachen.*

6. *Man kann nur die Seminare folgen, die man gefällt.*

Aus den Texten eines schwedischen und einer englischen Lernenden über Unterschiede zwischen Deutschland und ihren Herkunftsländern:

7. *Alkohol und Verkehr hören in Schweden nicht zusammen.*

8. *Ich werde noch von einer anderer Erfahrung sprechen.*

Aus Texten polnischer und russischer Lernender über die Qualitäten eines „guten" Lehrers:

9. *Wenn ein Lehrer ein Fach gut weiß, kann er eine gute Atmosphäre besorgen.*

10. *Der Lehrer kann viele Konflikte in der Klasse erlöschen.*

11. *Die geistliche Gesundheit des Schülers hängt vom Lehrer ab.*

12. *Der Lehrer muss versuchen, seine Studenten in Interesse zu bringen.*

13. *Der Lehrer muss sich zum Unterricht vorbereiten.*

14. *Der Lehrer soll mit allen Schülern höflich sein und niemanden abstoßen.*

Bei Ihren Entscheidungen haben Sie – bewusst oder unbewusst – einen bestimmten Fehlerbegriff* zugrunde gelegt. Natürlich fällt es Ihnen als Nichtmuttersprachler des Deutschen bei einigen Lerneräußerungen schwer zu entscheiden, ob etwas noch zu akzeptieren ist oder nicht. Selbst deutsche Muttersprachler müssen häufig bei Korrekturen überlegen, ob sie etwas als Fehler bewerten oder eventuell noch akzeptieren können. Und diese Entscheidung muss dann nicht einmal mit der Entscheidung eines anderen deutschen Muttersprachlers übereinstimmen.

Wir haben es also nicht nur mit Äußerungen zu tun, die eindeutig als orthographisch, grammatisch oder als lexikalisch falsch zu identifizieren sind. Es existieren demnach unterschiedliche Kriterien, an denen man überprüft, ob man etwas als Fehler bewertet.

Gehen wir jetzt noch einen Schritt weiter und überlegen, ob es sich auch in den in Aufgabe 10 beschriebenen Situationen um Fehler handelt.

Aufgabe 10

> *Überlegen Sie bitte, was in den folgenden drei Situationen möglicherweise passiert ist, und interpretieren Sie die Verhaltensweisen der Gesprächspartner.*
>
> *Überlegen Sie, ob man hier von Fehlern sprechen kann.*

Situation 1:

Ein arabischer Student schilderte folgende Situation, in die er während eines Sommersprachkurses in Deutschland geriet:

Er sitzt mit einem anderen arabischen Kommilitonen in einer vollbesetzten Straßenbahn, als eine mit schweren Taschen beladene ältere Dame zusteigt. Die beiden Studenten bleiben auf ihren Plätzen sitzen und schlagen der Dame vor:

Die Frau reagiert auf ihren zweimalig wiederholten Vorschlag mit einem wütenden „Nein".

Situation 2:

Ein deutscher Professor berichtete von folgender Situation:

Er kommt zirka 10 Minuten zu spät zu seiner Sprechstunde, weil vorher eine wichtige Sitzung stattgefunden hat. Vor seiner Bürotür findet er einen chinesischen Studenten, der sich schon eine viertel Stunde vor Beginn der Sprechstunde vor der Tür eingefunden hat. Der Student sagt (mit stolzer Stimme):

Der Professor reagiert äußerst wütend auf die Äußerung des Studenten.

Situation 3:

Bei einer Familienfeier soll sich folgender Dialog zwischen einem deutschen Muttersprachler (A) und einem ausländischen Gast (B) abgespielt haben:

A: „Hatten Sie schon das Vergnügen, mit der Dame des Hauses zu tanzen?"

B: „Nein, das Schwein hatte ich noch nicht."

Aufgabe 11

Ordnen Sie nun die Fehler aus Aufgabe 9 und 10 bitte den folgenden – von vielen Lehrern häufig so benutzten – Kriterien zu:

a) *sprachlich fehlerhaft (falsche Rechtschreibung, grammatisch fehlerhaft, falsches oder fehlerhaftes Wort, fehlerhafte Wortgruppe),*

b) *zwar nicht fehlerhaft im Sinne von a), wird aber im Deutschen nicht so gebraucht, ist nicht üblich,*

c) *sozial und kulturell in der entsprechenden Situation unangemessen, in dem entsprechenden Text unpassend.*

zu Aufgabe 9:

Äußerung	Fehler	Beurteilungskriterium
1.	mit 6 Jahre alt	a) fehlerhafte Wortgruppe
2.	schulpflichtlich	a) falsche Rechtschreibung
3.		
4.		
5.		
6.		
7.		
8.		

Äußerung	_Fehler_	_Beurteilungskriterium_
9.		
10.		
11.		
12.		
13.		
14.		

zu Aufgabe 10:

Situation	**„Fehler"**	**Beurteilungskriterium**
Situation 1		
Situation 2		
Situation 3		

Natürlich geht es bei der Diskussion in den Aufgaben 9 und 10 auch um Meinungsäußerungen, für die es keine Lösungen im eigentlichen Sinne gibt.

2.1.1 Fehlerdefinitionen

Nicht nur Lehrer, sondern auch Linguisten und Sprachlehrforscher haben sich mit dem _Fehlerbegriff_ auseinander gesetzt (vgl. unter vielen anderen Chaudron 1977; Cherubim 1980; Corder 1967; Gnutzmann 1992; Nickel 1972). Ich habe Ihnen im Folgenden die wichtigsten Definitionen zusammengestellt, die wir auf ihre Brauchbarkeit für unseren Unterricht überprüfen wollen.

Aufgabe 12

Lesen Sie bitte die folgenden Fehlerdefinitionen. Kreuzen Sie an, welche dieser Definitionen Sie mit Blick auf den Fremdsprachenunterricht für sinnvoll halten.

A ☐ _Ein Fehler ist eine Abweichung vom Sprachsystem*._

B ☐ _Ein Fehler ist eine Abweichung von der geltenden linguistischen Norm*._

C ☐ _Ein Fehler ist ein Verstoß dagegen, wie man innerhalb einer Sprachgemeinschaft spricht und handelt._

D ☐ _Ein Fehler ist das, was ein Kommunikationspartner nicht versteht._

E ☐ _Ein Fehler ist das, was ein Muttersprachler nicht versteht._

F ☐ _Ein Fehler ist das, was gegen Regeln in Lehrwerken und Grammatiken verstößt._

G ☐ _Ein Fehler ist das, was ein Lehrer als Fehler bezeichnet._

H ☐ _Ein Fehler ist das, was ein Muttersprachler in einer bestimmten Situation nicht sagen oder tun würde._

I	☐	*Ein Fehler ist das, was gegen die Norm im Kopfe des Lehrers verstößt.*
J	☐	*Fehler sind relativ. Was bei einer Lerngruppe in einer bestimmten Unterrichtsphase als Fehler gilt, wird bei einer anderen in einer anderen Phase toleriert.*

Bei Ihren Überlegungen haben Sie sicherlich bemerkt, dass die oben genannten Definitionen sich teilweise überschneiden. Was ein Kommunikationspartner nicht versteht, kann gegen eine Regel in einer Grammatik verstoßen wie auch gegen das, was allgemeiner Sprachgebrauch ist, oder wie man in einer bestimmten Situation redet und handelt. Die Definitionen beinhalten einen unterschiedlichen Blickwinkel und Zugriff auf das Phänomen *Fehler*. Die Frage dabei ist: Warum will man etwas als Fehler identifizieren? Was bezweckt man damit? Unter diesem Aspekt könnte man die zehn Definitionen aus Aufgabe 12 nach den folgenden fünf Kriterien unterteilen:

Kriterium 1: Korrektheit

➤ Ein Fehler ist eine Abweichung vom Sprachsystem (Definition A).

➤ Ein Fehler ist eine Abweichung von der geltenden linguistischen Norm (Definition B).

Legt man eine Definition zugrunde, nach der ein Fehler eine Abweichung vom Sprachsystem darstellt, betrachtet man diesen Systemverstoß als sprachlich unakzeptable Äußerung. Wir haben es also bei der **Definition A** mit einem reinen Verstoß gegen das Regelsystem einer Sprache zu tun. Zum Beispiel widerspräche der Satz *Ich arbeitet in Deutschland* dem Regelsystem der deutschen Sprache. Hingegen wäre ein Satz wie *Ich habe bekommt* oder ein Wort wie *Fleißigkeit* vom Wortbildungssystem des Deutschen her durchaus möglich – beides weicht jedoch von der geltenden linguistischen Norm (**Definition B**) ab. Die von Coseriu (1970) eingeführte Unterscheidung von Norm- und Systemverstoß hat vor allem in den 70-er Jahren eine rege Diskussion über den Begriff des Fehlers nach sich gezogen (vgl. z. B. Nickel 1972; Cherubim 1980). Kritisiert wurde bei dem Begriffspaar Sprachsystem/Sprachnorm* vor allem die sich dahinter verbergende Annahme, es gäbe so etwas wie ein formales, vom Individuum unabhängiges Regelsystem und eine allseits akzeptierte linguistische Norm einer Sprache. Aber woher kommt eigentlich dieses Regelsystem bzw. diese existierende Norm? Wer entscheidet darüber? Existieren sie eventuell nur im Kopf des Linguisten, der die Sprache analysiert?

➤ Ein Fehler ist ein Verstoß dagegen, wie man innerhalb einer Sprachgemeinschaft spricht und handelt (Definition C).

Die Sprachwirklichkeit, d. h., so wie „man" in deutschsprachigen Ländern spricht, wird in dieser Definition als Bezugsgröße angenommen. Doch auch hier treten Probleme auf. Bezieht man sich auf einen bestimmten Dialekt in Deutschland? Legt man das Deutsch einer bestimmten sozialen Schicht zugrunde? Nimmt man das Deutsch von Deutschlehrern als Vergleichsgröße an?

Während also in der **Definition B** eine linguistische Norm als existierend angenommen wird, wird in der **Definition C** davon ausgegangen, dass es so etwas wie einen allgemein gültigen Sprachgebrauch gibt. Diesen Definitionen entsprechend müsste eine vollständige und „wertneutrale" Beschreibung von Sprache in unterschiedlichen Regionen und unterschiedlichen sozialen Schichten vorliegen, anhand derer man die Lerneräußerungen überprüfen kann. Man würde also eine deskriptive* (beschreibende) Norm als Vergleichsgröße annehmen. Sie können sich vorstellen, dass eine solche deskriptive Norm im Unterrichtseinsatz nicht handhabbar ist. Der Lernende würde sicherlich völlig verwirrt, präsentierte man ihm von Anfang an die unterschiedlichsten sprachlichen Möglichkeiten und Varianten.

Kriterium 2: Verständlichkeit

➤ Ein Fehler ist das, was ein Kommunikationspartner nicht versteht (Definition D).

➤ Ein Fehler ist das, was ein Muttersprachler nicht versteht (Definition E).

In diese beiden Definitionen wird einbezogen, ob ein Fehler die Kommunikation behindert oder nicht. Alles, was von einem möglichen Kommunikationspartner verstanden wird, gilt nicht als Fehler, selbst wenn Abweichungen von einer gelernten grammatischen Regel feststellbar sind. Eine solche Position steht hinter didaktischen Vorschlägen, Fehler dann nicht zu korrigieren, wenn diese die Kommunikation nicht behindern. Diese Vorschläge traten im Zuge kommunikativ orientierter und vor allem alternativer Methodenkonzeptionen auf.

Wenn Sie sich weiter über Fremdsprachenvermittlungsmethoden informieren möchten, dann können Sie die Studieneinheit *Methoden des fremdsprachlichen Deutschunterrichts* heranziehen.

Literaturhinweise

> Gute Überblicke zu alternativen Methodenkonzeptionen finden Sie auch bei Dietrich (1995): *Alternative Methoden,* Krumm (1991): *Alternative Methoden für den Fremdsprachenunterricht* und bei Schwerdtfeger (1983): *Alternative Methoden der Fremdsprachenvermittlung für Erwachsene.*

Diese weit ausgelegten Fehlerdefinitionen, die eine hohe Fehlertoleranz beinhalten, können natürlich zu großen Problemen führen. Wahrscheinlich haben Sie schon bei der Diskussion über die **Definition D** festgestellt, dass der Kommunikationspartner ja auch ein Mitlernender sein kann, der möglicherweise fehlerhafte Äußerungen versteht, die ein deutscher Muttersprachler vielleicht nicht mehr versteht (**Definition E**), weil sie Übertragungen aus der Muttersprache des Lernenden beinhalten.

Die **Definition E** kann außerdem zu weiteren Problemen beim Sprachenlernen führen. Man stellt immer wieder fest, dass z. B. muttersprachliche Lehrer sehr viel toleranter und nachgiebiger korrigieren als andere. Dies ist wohl deshalb der Fall, weil sie sich eher an einer – wie auch immer gearteten – Gebrauchsnorm orientieren. In der Kommunikation mit Muttersprachlern wird meist sogar überhaupt nicht korrigiert, wenn die Kommunikationsabsicht verstanden wird. Hieraus ergibt sich ein Problem: Fehler können sich lebenslang festsetzen, denn man ist von der Korrektheit seiner Äußerungen fest überzeugt, wenn man sie tagtäglich mit Erfolg verwendet und hervorragend verstanden wird.

Kriterium 3: Situationsangemessenheit

> Ein Fehler ist das, was ein Muttersprachler in einer bestimmten Situation nicht sagen oder tun würde (Definition H).

In dieser Definition wird der Verstoß gegen eine pragmatische Norm* thematisiert. Was ist in einer bestimmten Situation angemessen und was „eckt nicht an"? Hierunter fällt z. B.: Was gilt in einem Land als höflich und was als besonders unhöflich, wie macht man sich bekannt, wie kritisiert man etwas, wie und wann entschuldigt man sich, wie macht man Komplimente? Schauen Sie sich als Beispiel dazu noch einmal die in Aufgabe 10 (Seite 16ff.) beschriebenen drei Situationen an.

Kriterium 4: Unterrichtsabhängige Kriterien

> Ein Fehler ist das, was gegen Regeln in Lehrwerken und Grammatiken verstößt (Definition F).

> Ein Fehler ist das, was ein Lehrer als Fehler bezeichnet (Definition G).

> Ein Fehler ist das, was gegen die Norm im Kopf des Lehrers verstößt (Definition I).

Um uns als Lehrer – und auch die Lernenden – im Unterricht etwas zu entlasten, beziehen wir uns im Fremdsprachenunterricht meist auf eine präskriptive* (vorschreibende) Norm, durch die ein Sprachgebrauch verbindlich vorgeschrieben ist. Häufig handelt es sich dabei um die Norm, die das Lehrwerk – aus welchen Gründen auch immer – zugrunde legt (**Definition F**).

Bei der **Definition G** haben wir es sogar nur mit der Norm des Lehrers zu tun. Dies mag in der Unterrichtswirklichkeit sogar Realität sein. Was der Lehrer als falsch bezeichnet, wird in der Regel als Fehler gewertet – doch wer kontrolliert eigentlich die Norm, die der Lehrer im Kopf hat (**Definition I**)? Wie ist sie entstanden? In welchem Verhältnis steht sie zu anderen Normen?

Kriterium 5: Flexibilität und Lernerbezogenheit

➤ Fehler sind relativ. Was bei einer Lerngruppe in einer bestimmten Unterrichtsphase als Fehler gilt, wird bei einer anderen in einer anderen Phase toleriert (Definition J).

Bei dieser Definition handelt es sich nun um eine Position, die möglicherweise für den Lehrer in der Praxis am besten zu gebrauchen ist (vgl. Gnutzmann 1989; Raabe 1980). Hierbei wird je nach Situation entschieden, ob man einen Fehler toleriert und übergeht oder ob man ihn korrigiert. Der Lehrer stellt sich dabei die Frage: Wann und bei wem will ich etwas als Fehler bezeichnen? So kann es also vorkommen, dass er z. B. in Phasen, in denen der Inhalt der Äußerung im Vordergrund steht, nur darauf achtet, dass die Äußerung eines Lernenden verständlich (**Definition D** und **E**) und/oder situativ angemessen (**Definition H**) ist. In Phasen, in denen die Form der Äußerung im Vordergrund steht, wendet er hingegen ganz andere Kriterien an (z. B. **Definition A** oder **Definition F**). Vielleicht ist er bei gehemmteren Lernenden, die sich gar nicht gern am Unterricht beteiligen, schon froh, wenn diese überhaupt etwas sagen und merkt dementsprechend gar nichts als Fehler an, wohingegen er bei anderen, die immer nur „drauflosplappern", wesentlich mehr Fehler korrigiert. Ein weiteres wichtiges Entscheidungskriterium kommt hinzu: Kann ein Lernender etwas überhaupt schon wissen oder macht er deshalb „Fehler", weil er versucht, etwas auszudrücken, was im Unterricht überhaupt noch nicht behandelt wurde? Diese Definition stellt also den Lernenden und seine möglichen Lernschwierigkeiten in den Mittelpunkt.

Bei der **Definition J** wird herausgestellt, dass ein Fehler nicht objektiv feststellbar sein kann. Ein zu beurteilendes Sprachphänomen wird von bestimmten Personen in bestimmten Situationen als Fehler gewertet. Diese Definition verlässt den Boden der reinen Beschreibung des fehlerhaften Sprachprodukts. Wichtig ist also nicht mehr der Fehler an sich, sondern vielmehr die Frage: Was war eigentlich das Problem des Lernenden? Welche Informationen kann ein Lehrer aus Fehlern entnehmen?

Reflexion

Man kann sich natürlich fragen, was uns, die wir uns hier mit der Praxis des Deutschunterrichts auseinander setzen wollen, überhaupt definitorische und andere theoretische Fragen angehen. Tatsache ist, dass ein Lehrer, bevor er einen Fehler korrigiert, diesen zunächst einmal erkennen muss. Die Fehleridentifizierung gehört also tagtäglich zur Praxis und wird ja nicht immer nur aus einem „Sprachgefühl" heraus vorgenommen. Jeder Lehrer hat wohl seine „eigene kleine Theorie" darüber,

– was überhaupt ein Fehler ist und worin er konkret besteht (Fehleridentifizierung*),

– wie er einen Fehler beschreibt und einordnet (Fehlerbeschreibung*),

– worin für ihn die Ursache für den Fehler besteht (Fehlererklärung*),

– ob er den Fehler im Hinblick auf eine Benotung als schwer oder leicht einschätzt (Fehlerbewertung*),

– welche Maßnahmen er im Umgang mit Fehlern für sinnvoll hält (Fehlertherapie*).

Diese teils sicher begründeten, teils aber auch intuitiv erstellten Theorien wollen wir hier diskutieren und vielleicht ein wenig verändern, wenn dies sinnvoll erscheint. Die Grundvoraussetzung dafür ist:

Fehler müssen zunächst einmal als Fehler erkannt werden.

Die Identifizierung von Fehlern setzt einen Begriff von Korrektheit voraus, der in den oben genannten Definitionen sehr unterschiedlich verstanden wird. Kriterien, ob etwas grammatisch korrekt (Grammatikalität*), sprachlich üblich (Akzeptabilität*) und einer Situation angemessen ist (Angemessenheit*) spielen in den Definitionen eine mal mehr, mal weniger entscheidende Rolle. Das, was ein deutscher Muttersprachler versteht und eventuell akzeptieren würde (**Definition E**), wird möglicherweise von den Regeln der Grammatik eines Lehrbuchs völlig abgelehnt (**Definition F**). Außerdem besteht auch unter Muttersprachlern keineswegs Einigkeit darüber, was als allgemeiner Gebrauch (**Definition C**) gelten kann.

Listen Sie bitte Äußerungen aus Ihrer Muttersprache auf, die zwar häufig gebraucht werden, die aber nicht von allen Sprechern als korrekt eingestuft würden.

Hört man häufig, empfinde ich aber nicht als korrekt:

_____

_____

_____

_____

_____

_____

_____

_____

Wir haben es also auch in Ihrer Muttersprache mit sprachlichen Phänomenen zu tun, die von bestimmten Menschen benutzt werden, die aber möglicherweise in Grammatiken Ihrer Sprache nicht behandelt werden. Man spricht dann von unterschiedlichen Normen und einem unterschiedlichen Gebrauch (zum Begriff der *Norm für den Fremdsprachenunterricht* vgl. Königs 1983).

Auch im Deutschen existieren natürlich solche Phänomene. Folgende Äußerungen hört man von Deutschen, auch wenn sie nicht grammatischen Lehrbuchregeln entsprechen:

1. *Ich bin größer wie du.*

2. *Ich gehe jetzt nach Hause, weil ich habe furchtbaren Hunger.*

3. *Ich mache das, trotzdem ich keine Zeit habe.*

4. *Ich gehe woirgends (= irgendwo) hin.*

5. *Das kann man allewegens (= überall) finden.*

Von der Duden-Grammatik werden solche Äußerungen teilweise (1. und 2.) unter die Rubrik *gesprochene Sprache* eingeordnet. Teilweise (3. bis 5.) kann man sie als *dialektale Varianten** bezeichnen. (Die Beispiele 4 und 5 wird man vergeblich in einem Wörterbuch suchen). Von Lehrern, die Deutsch als Fremdsprache unterrichten, würden alle Äußerungen sehr wahrscheinlich als fehlerhaft bewertet werden.

Wenn hingegen ein Schüler einem Lehrer sagen würde *Mach gefälligst einen ordentlichen Deutschunterricht!*, so wäre dieser Satz grammatisch und lexikalisch als korrekt zu bewerten. Er widerspricht im Grunde keiner sprachlichen Regel und ist keiner dialektalen Variante zuzuordnen. Und doch ist er sozial unangemessen in einer Lehrer-Schüler-Beziehung. Der Schüler würde damit wahrscheinlich in den meisten Ländern dieser Erde nicht glücklich werden.

Etwas, was einer Definition gemäß als Fehler gilt, kann also einer anderen Definition gemäß durchaus akzeptiert werden.

2.1.2 Die Fehlererkennung

Wir sind nun zwar theoretisch ein kleines Stück weitergekommen, werden aber jetzt an einem schriftlichen Lernertext praktisch erproben, was wir tatsächlich als Fehler identifizieren. Den folgenden Text über ein selbst gewähltes Thema schrieb eine marokkanische Studentin. Sie gab mir diesen Text mit der Bitte um Verbesserung ihres schriftlichen Ausdrucks.

Lesen Sie den Text und unterstreichen Sie alles, was Sie als Fehler ansehen.

Die Frau

Die Frau lebt innerhalb der Gesellschaft, sie ist also ein wichtiger Mitglied. Früher – vor der Emanzipation gemeint – gab es die sogenannte 2 ganz unterschiedliche Welt: in der einen Seite befindet sich die Welt der Männer und in der anderen Seite die der Frauen.

Alle Männer hatten das Recht auf die Arbeit, aber nur eine kleine Menge 5
von Frauen konnten einer außerhäuslichen Arbeit nachgehen. Der Mann verhält sich immer Mächtig und Autortär. Er meint, daß er ewig der Meister ist: Er will befehlen, den letzten Wort behalten. Außerdem übersieht der Mann die Leistungen und Fähigkeiten der Frau. Er betrachtet sie als milde Kreatur und für andere als eine dumme, die zu Hause 10
bleiben muß, d. h., sie hat nichts mit der Arbeit zu tun. Zum Glück hat sich heutezutage diese Situation verbessert: Sie geht neben dem Mann in der Schule, anstrengend lernt sie und am Ende bekommt sie eine Stelle. So hat die Frau ihre Fähigkeit zum Lernen und Arbeiten gezeigt sogar angewiesen. 15

Obwohl die Frau wie der Mann ausgebildet ist, will der Mann nicht gestehen, daß sie die Arbeit wie er und noch besser als ihn erledigen kann. Er meint, daß er der einzige beste Arbeiter ist. Um seine Autorität auf die Frau zu behalten, will er gern, daß sie wie früher bei sich bleibt, um sich Kinder und Haus zu widmen. Egoistisch, so muß man ihn bezeich- 20
nen: Einerseits lehnt er vollkommen ab, zu Hause zu bleiben, er sagt, daß es ein Bereich der Frau ist, andererseits strebt er nach der Einsperrung der Frau innerhalb der 4 Wände. Die Freiheit wollte nur er haben.

Die Emanzipat der Frau hat ein wichtiges Ziel erreicht: Sie hat die zwei Welt beseitigt, um nur eine Welt für Männer und Frauen zu behalten. In 25
dieser einzigen Welt arbeitet die Frau so anstrengend wie der Mann: Sie steht um 6 Uhr, bereitet das Frühstück vor gibt ihrem Mann und Kinder was zu essen, hält das Haus in Ordnung und dann geht sie zur Arbeit. Um 12 Uhr muß sie wieder zu Hause, um das Mittagessen auf den Familientisch zu bieten. Wieder muß sie schnell das Geschirr spülen, Wäsche 30
waschen, um die Kinder und Haus kümmern und dann zur Arbeit. Endlich Abends kehrt sie erschöpft wieder nach Hause, sie wünscht nur eine Dusche und dann ins Bett, leider dazu hat sie keine Zeit. Sie ist gezwungen, alles zu tun: Sie bereitet das Abendessen, sorgt auf Kinder, Haus, während der Mann nicht die Mühe gab, ihr zu helfen: Er verhält sich wie 35
ein Kind, er verlangt, daß das Essen pünktlich gereicht wird, daß seine Kleidung immer sauber und in Ordnung in seinem Schrank zu sein. So behandelt er die Frau als ein Tier oder eine Machine. Die Frau aber ist ein Mensch mit Fleisch und Blutt. Sie kann nicht die beide Arbeit in und aus dem Haus allein erledigen. Der Mann muß ihr ein bißchen helfen und nicht 40
sich in einer Ecke setzen, um Zeitung oder Zeitschriften zu lesen, während die arme Frau vollkommen müde das Essen vorbereitet.

Leider ist es so bei uns, daß Probleme für Frauen, die zwischen Arbeit und Haus stehen, scheinen: z. B. Eheproblematik, Kindererziehung, Mangel an Zeit, Vernachlässigung der Mann mit Kinder. 45

Jamila, Marokko

1. *Wenn Sie mit Kollegen diese Studieneinheit durcharbeiten, vergleichen Sie bitte Ihre Resultate und überprüfen Sie, wie viele Fehler Sie jeweils angestrichen haben. Wenn Sie bei einigen Fehlern unterschiedliche Resultate haben, diskutieren Sie bitte, warum.*

2. *Überprüfen Sie die von Ihnen angestrichenen Fehler auch anhand der sprachlich korrekten Wiedergabe des Textes im Lösungsschlüssel.*

Bei einigen Äußerungen waren Sie wahrscheinlich sicher, dass es sich hierbei um Fehler handelt. Hierzu gehören die für die nächste Aufgabe ausgewählten Beispiele.

Aufgabe 16

Wogegen verstoßen die folgenden Äußerungen von Jamila?

Äußerung	Verstoß gegen (z. B. Genus, Kasus, Lexik, Orthographie, Wortart, Satz bau, Ausdruck ...)
ein wichtiger Mitglied	Genus
die zwei ganz unterschiedliche Welt	
in der einen Seite	
der Mann verhält sich Mächtig	
Autortär	
den letzten Wort behalten	
heutezutage	
hat ihre Fähigkeit ... angewiesen	
besser als ihn	
Autorität auf die Frau zu behalten	
Emanzipat	
sie steht um 6 Uhr	
gibt ... Kinder was zu essen	
Um 12 Uhr muß sie wieder zu Hause	
sorgt auf Kinder	
so behandelt er die Frau als ein Tier	
eine Machine	
Vernachlässigung der Mann mit Kinder	

Bei anderen Äußerungen dagegen haben Sie möglicherweise Probleme gehabt, den Sinn zu rekonstruieren und zu entdecken, wo sich der Fehler eigentlich befindet.

Aufgabe 17

Was könnten die folgenden Sätze aus dem Text von Jamila alles aussagen?

Äußerung	mögliche Aussageabsicht
sie geht neben dem Mann in der Schule	
er betrachtet sie als milde Kreatur	
sie hat nichts mit der Arbeit zu tun	

Bei wieder anderen Äußerungen haben Sie sicherlich gestutzt. Hier haben Sie möglicherweise nicht unbedingt sofort einen Fehler entdeckt, aber als richtiges Deutsch haben Sie es vielleicht auch nicht empfunden.

<u>Aufgabe 18</u>

Wie würden Sie die Fehler korrigieren?

fehlerhafte Äußerung	*korrigierte Äußerung*
anstrengend lernt sie	
um das Mittagessen … zu bieten	

Und schließlich haben Sie manchmal sicher auch überlegt, ob ein Deutscher es wirklich so formulieren würde.

<u>Aufgabe 19</u>

Wie könnte man die folgende Äußerung besser formulieren?
„… *er strebt nach der Einsperrung der Frau* …"

_____

_____

_____

Die beiden nächsten Texte stammen von einem Marokkaner und einer Engländerin. In ihnen kommen einige interessante Fehler vor, bei denen nicht unbedingt klar ist, ob man sie überhaupt als Fehler bezeichnen kann.

<u>Aufgabe 20</u>

Lesen Sie nun die beiden folgenden Texte und unterstreichen Sie das, was Sie spontan als Fehler bezeichnen würden. Überlegen Sie dann, ob es sich wirklich um Fehler handelt.

Text 1

Es würde mich freuen!

Es würde mich freuen, wenn ich eine Rose wäre. Denn ich würde die Gärten zieren, die Luft parfümieren und die Bienen ernähren. Ob Geburtstag oder Hochzeit würde ich die Zeremonie segnen. Auch auf Gräbern und in Tempeln würde ich Erbarmen und Würde mitziehen. Obendrein würde ich die Kranken trösten und die Herzen der Geliebten miteinander 5 verbinden. Noch würde ich Häuser und Paleste verschönern und die Seele der Autoren und Künstler befeuern und würde das Leben vieler kleinen Tiere sichern.

Es würde mich freuen, wenn ich Symbol des Glücks, der Schönheit, Hoffnung und Liebe wäre. 10

Ich würde mich nicht ganz freuen, daß ich auch Dornen brauch, um zu erleben.

Hsaine, Marokko

Text 2

Fremd

Fremd ist zu erkennen, daß man jetzt Ausländerin keine Einheimische ist.

Fremd ist, die Schwierigkeiten der AusländerInnen zu erkennen.

Fremd ist, Deutsch zu sprechen.

Fremd ist, sich zu bemühen, sich mit Leuten anzufreunden.

Fremd ist die Deutsche Mark!   5

Fremd ist, über die umgekehrte Straße zu gehen.

Fremd ist, in ein Taxi auf der rechten Seite einzusteigen.

Fremd ist, in die D-Toilette (Damentoilette) zu gehen.

Fremd ist, meinen Steckeradapter zu gebrauchen.

Fremd ist, leckere Kuchen von der Bäckerei zu essen.   10

Fremd ist nicht so schlecht.

Vicky, England

Sind die folgenden Äußerungen für Sie Fehler oder vielleicht so etwas wie „dichterische Freiheit", also Freiheit eines kreativen Lernenden?

– *„… die Seele der Autoren und Künstler befeuern …" (Text 1, Zeile 7)*

– *„Ich würde mich nicht ganz freuen …" (Text 1, Zeile 11)*

– *„… die umgekehrte Straße …" (Text 2, Zeile 6)*

Aufgabe 21

Nicht nur in der Theorie, sondern auch in der Praxis ist es offensichtlich nicht immer einfach zu entscheiden, was als Fehler zu bezeichnen ist und was nicht.

Ein Fehler kann zudem auch dann vorliegen, wenn eine Äußerung korrekt ist, sie aber gar nicht der Äußerungsabsicht des Sprechers entspricht. Hierbei geht es darum, dass der Lernende möglicherweise etwas ganz anderes ausdrücken wollte, als seine Äußerung vermuten lässt und dass ihm dies nicht gelang, weil z. B. ein lexikalischer Fehler seine Äußerung verfälscht. Das heißt, es kann eine grammatisch, lexikalisch und situativ durchaus korrekte und angemessene Äußerung vorliegen, die aber nicht der Äußerungsabsicht des Sprechers entspricht. Wir hätten es in solchen Fällen dann mit verdeckten Fehlern* zu tun. Zum Beispiel sagte in einer Diskussion ein marokkanischer Student folgenden Satz: *Man kann die arabische Sprache in der Universität nicht üben.* Diese Äußerung könnte so verstanden werden, dass es keine Möglichkeiten gibt, Arabisch zu lernen und/oder schon erworbene arabische Sprachkenntnisse zu praktizieren. Gemeint war damit allerdings: Man kann die Sprache nicht „ausüben", d. h., man kann sie gar nicht sprechen, da die meisten Fächer in der Universität auf Französisch unterrichtet werden. Manchmal sind solche verdeckten Fehler nur aufgrund des gesamten Kontextes und des Vorwissens zu erkennen.

Sie können sich natürlich vorstellen, dass verdeckte Fehler häufig äußerst schwer aufzuspüren sind und dass man dazu schon detektivische Arbeit leisten muss. Im Grunde wird man sie vor allem über Nachfragen herausbekommen. Es kann äußerst

Theorie-und Praxisproblem: Was ist ein Fehler?

wichtig sein, solche Fehler aufzudecken, weil sonst möglicherweise der Lernende über die Bestätigung der an sich ja richtigen Äußerung falsche Schlussfolgerungen ziehen kann.

Bei den folgenden Beispielen handelt es sich um Äußerungen eines italienischen Studenten während einer freien Diskussion über den Vergleich der Studiensysteme in Deutschland und Italien.

Aufgabe 22

Was, glauben Sie, möchte der Student sagen? Was hat er jedoch tatsächlich gesagt?

In Deutschland ich habe gefühlt eine große Ehrfurcht, einen großen Respekt für den Studenten. Und das ist wirklich gut. Bei uns ist es so, manchmal die Professoren haben keinen Respekt vor den Studenten. Das ist wirklich nicht gut. So ich würde sagen, weil wir sind erwachsene Leute.

Also in unserer Uni – in den ersten zwei Jahren – gibt es nur einen Professor. Und dann ändern wir den Professor.

Es existiert außerdem noch eine andere Art von verdeckten Fehlern, die deshalb kaum aufzuspüren sind, weil der Lernende sie erst gar nicht begeht, d. h., er vermeidet es, über kompliziertere Sachverhalte zu sprechen, da er Angst davor hat, Fehler zu machen. Diese Fehler existieren – auch wenn sie möglicherweise nie geäußert werden – dennoch im Kopf des Lernenden. Sie kommen nie an die Oberfläche, d.h., sie können nicht korrigiert werden und setzen sich dann im Kopf des Lernenden unter Umständen ein Leben lang fest.

Als Letztes möchte ich Ihnen noch einen – teilweise schwer zu erkennenden – Fehlertypus vorstellen.

Aufgabe 23

> *Schauen Sie sich die folgende mündliche Äußerung an. Liegt hier ein Fehler vor? (S = Schüler, L = Lehrer)*
>
> *S: Ich bin hier bis Juni.*
>
> *Betrachten Sie diese Äußerung nun im Kontext der dazugehörigen Lehrerfrage.*
>
> *L: Wie lange bist du schon in Deutschland?*
>
> *S: Ich bin hier bis Juni.*

Man könnte diesen Fehler als rezeptiven Fehler bezeichnen, als Fehler also, der dadurch entstanden sein kann, dass der Lernende etwas falsch verstanden hat. Solche Fehler sind – wie Sie gesehen haben – oft nur über den Kontext zu entdecken.

Sie haben bei den Aufgaben dieses Kapitels sicher nicht nur diskutiert, ob ein Fehler vorhanden ist, sondern auch schon, was das denn für ein Fehler ist und wie dieser Fehler möglicherweise entstanden ist. Mit diesen Fragen werden wir uns im Folgenden beschäftigen.

2.2 Ursachen für Fehler

Aufgabe 24

> *Welches sind Ihrer Meinung nach die Hauptursachen für Fehler in Ihren Lerngruppen? Belegen Sie diese Ursachen bitte mit Beispielen.*

Ursachen	Beispiele

Auch zu diesem Thema müssen wir uns ein wenig mit der Fachdiskussion auseinander setzen. Sie kann uns dabei helfen, die Ursachen von Fehlern bei unseren Schülern noch genauer zu erkennen.

Aufgabe 25

> *Welche Vorteile und welche Nachteile sehen Sie für Ihren Unterricht darin, sich mit Fehlerursachen auseinander zu setzen?*

Vorteile	Nachteile

Wir wissen von uns selbst sehr gut, dass es die unterschiedlichsten Gründe, Bedingungen und Anlässe gibt, die für Fehler beim Sprechen und Schreiben in der Fremdsprache verantwortlich sein können. In vielen Fällen sind sogar mehrere Ursachen im Spiel. Ich möchte Ihnen nun darstellen, welche Ursachen in der Fachliteratur (vgl. z. B. Koutiva/ Storch 1989; Raabe 1980) genannt werden.

2.2.1 Einfluss der Muttersprache oder anderer (Fremd-)Sprachen – die Interferenz*

Anhand einiger Beispiele soll Ihnen zunächst verdeutlicht werden, was unter dem Begriff *Interferenz* in diesem Zusammenhang zu verstehen ist.

Ein französischer Muttersprachler wird im Deutschen häufig folgenden Fehler begehen und sagen: *Er fragte ihr* ... (statt: *Er fragte sie* ...). Im Deutschen steht nach dem Verb *fragen* das direkte Objekt (Akkusativobjekt), im Französischen nach dem Verb *demander* (= *fragen*) das indirekte Objekt (Dativobjekt). Die Ursache dieses Fehlers könnte also ein negativer Transfer* sein, d. h., die Struktur der Ausgangssprache (Französisch) wird auf die Struktur der Zielsprache* (Deutsch) übertragen.

<u>Aufgabe 26</u>

Welche Übertragungen von der französischen auf die deutsche Sprache könnten für die folgenden Fehler verantwortlich sein?
(Diese Aufgabe setzt Französischkenntnisse voraus.)

1. „Die Eltern müssen Freiheit an ihre Kinder geben."

_____

2. „Kann man davon sicher sein?"

_____

3. „Sie versuchte, ihn zu helfen, sie wollte von ihm einen starken Mann machen."

_____

4. „Ich möchte lieber Englisch lernen. Es klingelt gut."

_____

Von einer englischen Muttersprachlerin stammt die folgende Äußerung: *Wir haben uns in einem Seminar kennen gelernt, und seitdem <u>verpassten</u> wir viel Zeit zusammen.* Sehr wahrscheinlich wurde hier der Ausdruck: *We <u>passed</u> our time together (= Wir*

verbrachten unsere Zeit miteinander.) einfach „eingedeutscht", d. h., das englische Wort *pass* wurde mit dem ähnlich klingenden deutschen Wort *verpassen* verbunden. Es wurde also ein Wort einfach übertragen.

Aufgabe 27

Welche Übertragungen von der englischen auf die deutsche Sprache könnten für die folgenden Fehler verantwortlich sein?
(Diese Aufgabe setzt Englischkenntnisse voraus.)

1. „Ich hatte ein bisschen Angst vor ihm, er gab mir Gänsehaut."

   _____

2. „Ohne zu sagen mache ich immer noch Fehler in Deutsch."

   _____

3. „Ich erinnere mich noch gut an dieses furchtbar verbrannte Huhn, das du damals gekocht hast, wenn wir zu euch kamen."

   _____

4. „Ich wusste nicht was zu sagen."

   _____

Aufgabe 28

Stellen Sie nun aus Ihrer eigenen Unterrichtspraxis Fehlerbeispiele zusammen, von denen Sie annehmen, dass sie aus einer Übertragung aus der Muttersprache resultieren.

Schreiben Sie sowohl die fehlerhafte Äußerung im Deutschen als auch die Äußerung in Ihrer Muttersprache auf, die Ihrer Meinung nach für den Fehler verantwortlich ist. Wenn möglich, vergleichen Sie bitte Ihre Beispiele in der Gruppe.

Fehlerbeispiel im Deutschen	Äußerung in der Muttersprache

Wahrscheinlich haben Sie einige typische Interferenzfehler* benennen können. Sie werden von einigen Forschern als eine der wichtigsten Fehlerursachen genannt. So sind Vertreter der kontrastiven Erwerbstheorie*, zu der z. B. Lado (1967) und Fries (1962) gerechnet werden, der Meinung, dass man Fehler voraussagen könnte, wenn man die Unterschiede zwischen den einzelnen Sprachen erkannt und beschrieben hätte. Man müsste dafür die Ausgangssprache (die Muttersprache bzw. Erstsprache) und die Zielsprache (die Sprache, die gelernt werden soll) analysieren und vergleichen, d. h. sie miteinander kontrastieren. Wo Elemente und Regeln in beiden Sprachen gleich sind – so glauben die Vertreter der kontrastiven Erwerbstheorie –, treten kaum Fehler auf; denn hier können Übertragungen (Transfers) vorgenommen werden, ohne dass dabei

Fehler auftreten. Völlig unterschiedliche Spracherscheinungen würden dagegen zu Lernschwierigkeiten und – bedingt durch negativen Transfer – zu Interferenzfehlern führen.

Entgegen dieser Aussage haben Sie wahrscheinlich auch schon die Erfahrung gemacht, dass Schüler kaum größere Lernschwierigkeiten haben, selbst wenn große strukturelle Unterschiede zwischen ihrer Ausgangs- und der zu lernenden Zielsprache auftreten. Ein Unterschied kann auch darin bestehen, dass es in der Zielsprache eine Struktur gibt, die in der Muttersprache nicht existiert. So gibt es im Chinesischen z. B. keine Flexion und keine Konjugation. Dennoch behauptete die Mehrheit einer meiner chinesischen Lernergruppen, Flexion und Konjugation im Deutschen stellten für sie keine Probleme dar. Würde man der kontrastiven Erwerbstheorie folgen, müssten doch gerade hier die größten Lernschwierigkeiten auftreten. Die chinesischen Lernenden dagegen erklärten, dass das Sprachverständnis zunächst einmal dadurch erleichtert würde, dass man z. B. beim Verb zusätzliche Markierungen hätte und daran gewöhne man sich einfach. Diese Begründung mag nun zwar nur für diese Gruppe gelten, sie illustriert jedoch, dass Divergenzen zwischen Sprachen nicht immer zu Lernschwierigkeiten führen müssen.

2.2.2 Einfluss von Elementen der Fremdsprache selbst – Übergeneralisierung*, Regularisierung* und Simplifizierung*

Wahrscheinlich haben Sie schon in den Aufgaben 26 – 28 darüber nachgedacht, dass ein Fehler nicht nur aus der Muttersprache resultiert, sondern dass auch Übertragungen innerhalb der Zielsprache für Fehler verantwortlich sein können. Selbst das schon erwähnte Beispiel *Er fragte ihr* muss ja nicht nur unbedingt durch die Struktur der französischen Sprache bedingt sein. Es wäre ja auch möglich, dass jemand *Ich frage dir* durch eine Analogie ableitet, nämlich in Anlehnung an *Ich sage dir*.

Aufgabe 29

Unterstreichen Sie zunächst bei den folgenden Äußerungen die Fehler und versuchen Sie dann herauszufinden, wie die Fehler entstanden sein könnten.

1. „Ich gehte in Oviedo in die Schule."

2. „Ich traf keine Problemen, Freundschaften zu gewinnen."

3. „Es bietete mir große Freude."

4. „Es ist einen wichtigen Hinweis, immer mit Fahrschein zu fahren."

5. „Wenn ohne Fahrschein fahren, dann muss zahlen."

6. „Wenn Menschen aus unterschiedlichen Kulturen sich aufeinander treffen, gibt es Missverständnisse."

7. „Er möchtet wie ein Erwachsener behandelt werden."

8. „Wenn ich mein Studium in Deutschland betreiben, dann verbessere ich meinen Mundwerk."

9. „Ist das ein Mädchen oder ein Junger?"

Vertreter einer anderen Erwerbstheorie, zu der z. B. Dulay und Burt (vgl. Dulay/Burt 1974, Burt 1975) gerechnet werden, gehen davon aus, dass Erst- und Zweitsprach-erwerb im Wesentlichen gleichartig verlaufen (Identitätshypothese*). Sie behaupten, dass Fehler, die durch Übertragungen von sprachlichen Phänomenen innerhalb der Zielsprache entstehen (intralinguale* Fehler), die Fehler, die durch Übertragungen aus der Ausgangssprache auf die Zielsprache (interlinguale* Fehler) entstehen, bei weitem in ihrem Einfluss auf die Lernersprache übertreffen. Intralinguale Fehler ergeben sich – so vermutet man – aufgrund notwendiger Entwicklungsstadien im Verlauf des Spracherwerbsprozesses.

Sie wissen sicherlich aus Erfahrung, dass es Fehler gibt, die in allen Lernergruppen immer wieder im gleichen Lernstadium auftreten und die keine Übertragungen aus der Muttersprache sein können. Einige zentrale Prozesse, die jeder Lernende vornimmt, sind dabei Übergeneralisierung, Regularisierung und Simplifizierung.

➤ Als **Übergeneralisierung** bezeichnet man z. B. die Ausweitung einer Kategorie oder Regel auf Phänomene, auf die sie nicht zutrifft. Schauen Sie sich dazu noch einmal die Beispiele 2, 3, 4, 9 in Aufgabe 29 und die dazugehörenden Lösungen an.

➤ Eine **Regularisierung** liegt dann vor, wenn ein unregelmäßiges Phänomen zu einem regelmäßigen gemacht wird. Schauen Sie sich dazu noch einmal die Beispiele 1, 3, 6, 7 in Aufgabe 29 und die dazugehörenden Lösungen an.

➤ Unter **Simplifizierungen** werden Vereinfachungen verstanden, z. B. solche Phäno-mene wie der Gebrauch nichtflektierter oder nichtkonjugierter Formen, Vermei-dung von komplexen Strukturen wie Nebensatzkonstruktionen usw. Schauen Sie sich dazu noch einmal die Beispiele 5 und 8 in Aufgabe 29 und die dazugehörenden Lösungen an.

Strenge Vertreter der Identitätshypothese behaupten, dass ein Lernender aufgrund angeborener mentaler Mechanismen – unabhängig von seinem Alter und seiner Muttersprache – eine Fremdsprache in Sequenzen erwirbt, die dem Muttersprach-erwerb in dieser Phase ausgesprochen ähnlich sind. Ein Fremdsprachenlerner würde also ähnliche Fehler machen wie ein Kind, das die Sprache als Muttersprache erwirbt.

Aufgabe 30

Stellen Sie bitte einige häufig vorkommende Fehler zusammen, die Kinder Ihrer Muttersprache machen. Gibt es entsprechende Fehler, die Sie auch von Lernenden gehört haben, die Ihre Muttersprache als Fremdsprache lernen?

Fehler von Kindern Ihrer Muttersprache	*gleicher Fehler von Lernenden Ihrer Muttersprache*

2. Wie erklären Sie sich solche Übereinstimmungen?

Viele der Fehler, die sich auf Prozesse wie Regularisierung und Übergeneralisierung zurückführen lassen, sind keinesfalls „dumme" Fehler. Es wird eigentlich schon eine ganze Menge über die Sprache gewusst. Sprache hält sich allerdings „leider" nicht immer an logische Regeln.

Wir haben nun interlinguale und intralinguale Fehler betrachtet, wissen aber, dass noch ganz andere Vorgänge im Kopf des Lernenden die fremdsprachliche Produktion be-einflussen können.

2.2.3 Einfluss von Kommunikationsstrategien*

Aufgabe 31

1. *Welchen Ausweg benutzt die koreanische Schülerin, um das zu äußern, was sie sagen möchte? (S = Schülerin, L = Lehrerin)*

S: *Bei uns kommen die Professoren immer mit Krawatte und weißem Hemd und Anzug, aber hier kommen die Professorinnen auch mit Jeanshose und Bluse, meistens so offene.*

L: *Ausschnitt, Ausschnitt*

2. *Welche Auswege benutzen Sie, wenn Sie mit jemandem Deutsch sprechen und Sie merken plötzlich, dass Ihnen ein Wort, ein Ausdruck oder auch eine grammatische Struktur fehlt?*

_____

_____

_____

_____

_____

Kommunikationsstrategien sind Verfahren, die ein Lernender benutzt, um eine kommunikative Aufgabe zu bewältigen. Wenn er z. B. ein Wort in der Fremdsprache nicht kennt, kann er versuchen,

➤ es zu umschreiben,

➤ sich über Gestik und Mimik verständlich zu machen,

➤ seinen Gesprächspartner oder den Lehrer um Hilfe für sein Problem zu bitten, etwa, ihm das fehlende Wort in der Fremdsprache zu nennen,

➤ es in der Muttersprache zu äußern,

➤ es in einer anderen Fremdsprache zu äußern,

➤ ein Wort neu zusammenzusetzen.

Alle diese genannten Verfahren sind Strategien, die weiterhelfen und die dazu dienen, Lücken in der Fremdsprache zu kompensieren; sie werden deshalb auch Kompensationsstrategien* genannt. Solche Strategien können natürlich auch zu Fehlern führen.

Es besteht aber auch die Möglichkeit, dass ein Lernender versucht, nur das zu sagen, was er korrekt produzieren kann, und nicht das äußert, was er eigentlich sagen möchte. Er reduziert aus Angst vor Fehlern seine Kommunikationsabsicht. Sie können sich vorstellen, dass bei einem solchen Vorgehen vielleicht weniger grammatische Fehler auftauchen, dass es aber auf einer anderen Ebene zu „Fehlern" kommen kann wie etwa zu sehr starken sprachlichen Vereinfachungen oder inhaltlichen Verzerrungen.

Man nennt diese Art der Kommunikationsstrategien Vermeidungs*- oder Ausweich-strategien*. Man kann wohl behaupten, dass ein gewohnheitsmäßiger Einsatz von Vermeidungsstrategien dem Weiterlernen nicht sehr förderlich ist. Diejenigen Berei-che der Fremdsprache, die als schwierig empfunden werden, werden umgangen; man äußert sich nur, wenn man sich „auf sicherem Boden" befindet. Da dadurch viele Hypothesen, die man über die Sprache hat, nicht überprüft werden und als problema-tisch wahrgenommene Ausdrucksformen vermieden werden, können sich falsche Hypothesen über Sprache im Kopf des Lernenden sogar festsetzen, und es kommt dann zu dem, was in der Forschung Fossilisierung genannt wird. Vermeidungsstrategien können also zu einem möglichen Hindernis für das Weiterlernen werden.

Literaturhinweise

Mehr über Kommunikationsstrategien können Sie nachlesen bei Færch/Kasper (1983): *Plans and Strategies in foreign language communication* und bei Kasper (1986): *Learning, Teaching and Communication in the Foreign Language Classroom.*

2.2.4 Einfluss von Lernstrategien

Aufgabe 32

Schauen Sie sich bitte die folgenden Beispiele aus Unterrichtssituationen mit italienischen und spanischen Schülern an. Notieren Sie dann in Stich-worten, wie es bei den Schülern zu den Fehlern gekommen sein könnte.

Beispiel 1:

S: *Also in Italien soll man zwei verschiedene Fremdsprachen studieren und lernen. Man kann auch noch andere Sprachen auswählen; es gibt keine ..., kein kein Dach oder so ...*

L: *keine Grenze*

S: *ja, keine Grenze*

L: *keine Obergrenze*

S: *ja ja, keine Über ..., keine Obergrenze*

Beispiel 2:

S: *Also, wir haben in Spanien keinen Raum, um dorthin zu gehen und zu studieren, kein Zusammenraum ...*

L: *Gemeinschaftsraum*

S: *Gemein ..., gemein?*

L: *Gemeinschaftsraum*

S: *Gemeinschaftsraum*

Beispiel 3:

S: *Mit den Professoren in Italien haben wir ganz off ..., wie sagt man, offenlich gesprochen.*

L: *offen*

S: *offen?*

L: *offen gesprochen*

S: *offen gesprochen*

Beispiel 1: _____

_____

Beispiel 2: _____

_____

Beispiel 3: _____

_____

Auch hier haben wir es – so kann man mit Recht behaupten – mit Kommunikationsstrategien zu tun, und zwar wiederum mit Strategien, die eine sprachliche Lücke ausgleichen sollen. Man gewinnt allerdings in diesen Beispielen zusätzlich den Eindruck, dass die Schüler die Hilfe des Lehrers herausfordern, aufgreifen, nachfragen und weiterverwenden, dass sie also nicht nur ihre Äußerungsabsicht realisieren, sondern ihre Sprachkenntnisse erweitern wollen. Das Interesse der Schüler an den Hilfen ist offensichtlich. Man könnte also von einem Einsatz von Lernstrategien* sprechen.

Unter Lernstrategien versteht man vom Lernenden (möglicherweise) bewusst geplante Vorgehensweisen beim Lernen einer Fremdsprache, die zielgerichtet angewendet und gehandhabt werden können. So ist es z. B. durchaus sinnvoll, so viel wie möglich Übertragungen aus anderen Sprachen, Übertragungen idiomatischer Wendungen auf neue Kontexte (dieses Vorgehen des Lernenden sollte nicht gleichgesetzt werden mit den oben schon angeführten Interferenzen), Versuche von Neubildungen von Wörtern zu wagen und auszuprobieren. Dieses **bewusste** Ausprobieren führt zum Weiterlernen – es kann natürlich auch zu Fehlern kommen. Trotz allem kann man dieses Ausprobieren in der Regel als lernfördernd bezeichnen, und sei es nur deshalb, weil sich eine Annahme des Lernenden über die Zielsprache nicht bestätigt hat, es zum Fehler gekommen ist und der Lehrer den Fehler dann korrigieren kann.

Natürlich kann man als Lehrer nicht „in die Köpfe seiner Schüler hineinschauen" und sofort erkennen, welche Ursache ein Fehler hat, ob der Schüler bewusst etwas ausprobieren wollte, ob er den Lehrer vielleicht sogar zu einer Weiterhilfe oder einer Korrektur herausfordern wollte.

Auch die Beispiele aus Aufgabe 32 müssen nicht entstanden sein, weil die Schüler bewusst und kreativ Wortbildungen vorgenommen haben.

Im Übrigen kann auch eine Lernstrategie wie *Ich rede bewusst viel im Unterricht, damit ich auch viel übe und dort korrigiert werde, wo ich noch viele Fehler mache* zu einem erhöhten Fehleraufkommen führen. Wer viel redet und etwas ausprobiert, was er im Unterricht noch nicht gelernt hat, der macht natürlich mehr Fehler als jemand, der nur das sagt, was er auch wirklich sprachlich korrekt äußern kann. Er zeigt damit vor allem auch, in welchen Bereichen er noch Schwierigkeiten hat.

Mehr über Lernstrategien erfahren Sie in der Studieneinheit *Lernerautonomie und Lernstrategien.*

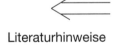

Literaturhinweise

Sie können auch in der Fachliteratur, vor allem bei Oxford (1990): *Language Learning Strategies* und bei Rampillon (1985): *Lerntechniken im Fremdsprachenunterricht* sowie (1995): *Lernen leichter machen* weiterlesen, in der dieses Thema sehr praxisorientiert und mit guten Vorschlägen für die Arbeit mit Lernenden behandelt wird.

2.2.5 Einfluss von Elementen des Fremdsprachenunterrichts – Übungstransfer*

Aufgabe 33

> *Befanden Sie sich schon einmal in der Situation, dass Sie z. B. eine grammatische Struktur mit einer Gruppe so intensiv geübt hatten, dass einzelne Schüler diese Struktur auch dort einfach weiter anwendeten, wo sie überhaupt nicht hingehörte? Nennen Sie bitte ein Beispiel.*

Ich erhielt plötzlich in einer Gruppe, in der der Konjunktiv II geübt wurde, auch weiterhin mündliche Äußerungen im Konjunktiv II, obwohl sie eigentlich im Indikativ hätten stehen müssen (Übungstransfer).

Es kann also vorkommen, dass bestimmte Phänomene viel intensiver geübt werden als andere und dadurch überrepräsentiert sind. So wird das Pronomen *er* von Lernenden manchmal auch verwendet, wenn es eigentlich um eine weibliche Person geht. Dies kann damit zusammenhängen, dass in Lehrwerken – vor allem in Beispielen – das maskuline Pronomen viel häufiger vorkommt als das feminine. Man nennt solche Fehler auch unterrichts- oder lehrerinduzierte Fehler*.

2.2.6 Einfluss durch persönliche Faktoren

Aufgabe 34

Können Sie Fehler Ihrer Schüler benennen, die diese von Zeit zu Zeit immer wieder machen, obgleich Sie sicher sind, dass sie die korrekten Formen kennen? Woran könnte das liegen?

Fehlerbeispiele	Ursache

Aufgabe 35

Lesen Sie die folgenden Ausschnitte aus dem Text einer französischen Studentin. Welches grammatische Phänomen wird im ersten Teil korrekt, im zweiten aber inkorrekt verwendet? Woran könnte das Ihrer Meinung nach liegen?

> Die Franzosen sind höflicher als die Deutschen und auch freundlicher. Die Deutschen sind hilfsbereit nur, wenn sie die Leute schon kennen – sonst sind sie verschlossen, sie machen fast nie den ersten Schritt.
>
> Aber hinsichtlich der Kurse an der Universität äußern sich die Deutschen viel mehr als die Franzosen, die eher passiv und schüchtern sind. Sonst, im Allgemeinen, sind die Deutschen mehr diszipliniert als die Franzosen.

Bei den persönlichen Störfaktoren haben wir es natürlich mit einem weiten Feld zu tun, bei dem wir die tatsächlichen Ursachen nur sehr schwer identifizieren und auseinander halten können. Ist jemand müde, lustlos, kann er sich in diesem Moment nur gerade nicht an etwas erinnern? Vor allem werden Sie wohl auch das Phänomen kennen, dass man in einer bestimmten Situation (z. B. einer mündlichen Prüfung) vor Aufregung Fehler macht, die man eigentlich überwunden glaubte. Natürlich treten solche Ursachen beim mündlichen Sprachgebrauch häufiger auf als beim schriftlichen.

Auch deutsche Muttersprachler sind im Übrigen nicht gegen Fehler gefeit. Ich hoffe, dass Sie zur Erholung über die Äußerungen eines deutschen Radiosprechers lachen können, die ich aus einem Buch von Helen Leuninger ausgewählt habe.

„Als die letzten Takte der h-Moll-Messe von Johann Sebastian Bach verklungen waren, setzte der Sprecher mit gebührendem Ernst ein:

‚Sie hörten die h-Mess-Molle.' Nach kurzem Stocken wagte er einen zweiten Versuch:

‚Verzeihung, die h-Moss-Melle.' Nachdem der dritte Anlauf geglückt war, wurde allerdings noch der Vorname des Komponisten mit ‚Johann Sebaldrian' angegeben."

Leuninger (1993); Klappentext

2.2.7 Einfluss durch soziokulturelle Faktoren

Aufgabe 36

1. *Blättern Sie bitte noch einmal zurück zu Aufgabe 10 auf Seite 16f. und den dort beschriebenen Situationen 1 und 2. Rekapitulieren Sie zunächst, was dort passiert war.*

2. *Stellen Sie sich nun zusätzlich folgende Situation vor, die mir ein deutscher Informatiker in China beschrieb:*

   Nachdem er nach einer mehrmaligen Vorführung eines Computers nur gefragt hatte, ob denn alles klar sei und diese Frage immer bejaht wurde, war er äußerst erstaunt, dass immer wieder Fehler bei der Bedienung gemacht wurden. Nach einer gewissen Zeit reagierte er daher wütend und laut. Seine chinesischen Partner reagierten mit einem Lächeln, das er dazu noch als Auslachen empfand.

   a) *Was könnte in der hier beschriebenen Situation passiert sein?*

   _____

   _____

   _____

   b) *Haben Sie schon einmal in Ihrem Land Situationen erlebt, in denen das verbale oder auch nonverbale Verhalten aus einer anderen Kultur auf die Kultur Ihres Landes übertragen wurde und es dadurch zu Verhaltensfehlern bzw. zu Einschätzungsfehlern kam? Wenn ja, geben Sie einige Beispiele.*

   _____

   _____

   _____

In den genannten drei Situationen aus Aufgabe 10 und 36 haben wir es mit Fehlern zu tun, die entstanden sind, weil das Verhalten in den unterschiedlichen Kulturen verschieden interpretiert wurde. Es kann also sein, dass ein verbales oder auch nonverbales Verhalten aus der eigenen Kultur auf die Zielkultur übertragen wird, das dort dann als nicht angemessen, ja manchmal sogar als grober Verhaltensfehler gesehen wird. Man kann hier von kulturellen Interferenzen* sprechen. Diese Fehler werden häufig von Sprechern der Zielkultur nicht der mangelnden fremdsprachlichen Kompetenz des Sprechers, sondern seinem Verhalten, manchmal sogar seinem „Charakter" angelastet.

Aufgabe 37

Versuchen Sie herauszufinden, welche der in dieser Studieneinheit genannten Ursachen bei Ihnen selbst manchmal dafür verantwortlich sind, wenn Sie Fehler in einer Fremdsprache machen.

Die Sprache des Lernenden ist – so wissen wir aus Erfahrung – nicht etwas, was sich linear und gleichmäßig vom Nullpunkt bis hin zur Perfektion entwickelt. Der Lernende bildet ein spezifisches Sprachsystem heraus, das zwar Merkmale der Muttersprache und der Zielsprache aufweist, das aber auch ganz spezifische Merkmale besitzt, die keine der beiden Sprachen hat. Man spricht hier von Interlanguage* oder Interimsprache*. Dieses ganz spezifische Sprachsystem ist variabel, durchlässig und instabil, es verändert sich in Richtung Zielsprache, kann sich allerdings ebenso zurückbewegen in Richtung auf ein schon überwunden geglaubtes Stadium.

Sie haben sicherlich auch schon die Erfahrung gemacht, dass Sie manchmal ganz hervorragend eine Fremdsprache sprechen und an anderen Tagen glauben, Sie hätten einfach alles verlernt. Manchmal kommt man längere Zeit kaum einen Schritt weiter und manchmal macht man in kürzester Zeit einen „großen Sprung vorwärts".

Die Interlanguage wird außerdem nicht nur als flexibel beschrieben, sondern gleichzeitig als systematisch, d. h., sie befindet sich zwar in Veränderung, ist aber dennoch, z. B. für bestimmte Strukturen, fast wie eine eigene Sprache zu beschreiben. Gerade auch an der Fehlerentwicklung lässt sich aufzeigen, wie sich die Lernersprache* entwickelt und wie sich ein Lernender sein eigenes System aufbaut und konsequent bestimmte Fehler immer wieder macht (z. B. Wortstellung im Nebensatz).

Die Entwicklung der Lernersprache wird – der Interlanguagehypothese* zufolge – durch fünf zentrale psycholinguistische Prozesse* – Sprachentransfer*, Übungstransfer, Lernstrategien, Kommunikationsstrategien, Übergeneralisierungen – bestimmt. Diese Prozesse müssen nicht, können aber zu Fehlern führen, wie wir oben schon gesehen haben.

In der Interlanguagehypothese – Vertreter sind unter anderem Corder (1967) und Selinker (1972) – wird versucht, unterschiedliche Erklärungsansätze zu verbinden. Auf unseren Bereich übertragen heißt dies, dass man nicht versuchen darf, Fehlern nur **eine** Ursache zuzuschreiben. Fehler entstehen nicht nur, weil man etwas von einer auf die andere Sprache überträgt (Interferenz) oder weil man innerhalb einer Sprache Übertragungen vornimmt (z. B. Übergeneralisierung) – sie können, wie wir schon gesehen haben, die unterschiedlichsten Ursachen haben. Der Lernende wird in der Interlanguagehypothese als **kreativ** und **kognitiv** (bewusst verarbeitend) tätig gesehen.

Die Entwicklung der Lernersprache ist ein Prozess, bei dem der Lernende fortwährend Annahmen über Eigenschaften und Regelmäßigkeiten der neuen Sprache formuliert und durch Anwendung überprüft. Bei einigen Lernenden kann man dieses Ausprobieren von Annahmen über Sprache manchmal „direkt sehen". Sie kennen bestimmt auch Lernende, die mit fragendem Blick etwas sagen und von Ihnen eine Bestätigung, eine Korrektur oder eine Weiterhilfe erwarten. Aufgrund Ihrer Reaktion werden die Annahmen der Schüler über Sprache also entweder bestätigt oder modifiziert. Hypothesen werden aber nicht nur produktiv abgetestet, sie können auch rezeptiv überprüft werden. Der Lernende vergleicht dabei das, was er hört oder liest (sprachlicher Input*), mit seinen eigenen Annahmen über Sprache und verändert oder bestätigt sie dementsprechend.

Literaturhinweise

Mehr über die hier nur sehr kurz angesprochenen unterschiedlichen Erwerbshypothesen* können Sie in dem Aufsatz von Bausch/Kasper (1979): *Der Zweitspracherwerb. Möglichkeiten und Grenzen der „großen Hypothesen"* und bei Edmondson/House (1993): *Einführung in die Sprachlehrforschung* nachlesen. Zur Lernersprache finden Sie bei Sharwood Smith (1994): *Second Language Learning: Theoretical Foundations* einen guten Überblick.

Aufgabe 38

Stellen Sie bitte Fehlerbeispiele ihrer Lernergruppen zusammen und versuchen Sie, die Fehler auf ihre unterschiedlichen Ursachen hin zu untersuchen. Es ist dabei wichtig, dass Sie die Gruppen ein wenig kennen. Vor allem sollten Sie natürlich die Muttersprache der Gruppe beherrschen, um auch Übertragungen aus der Mutter- in die Fremdsprache herausfinden zu können.

Fehler	mögliche Ursachen

Literaturhinweis

Wenn Sie sich noch weiter über Fehlerursachen informieren möchten, so empfehle ich Ihnen den Beitrag von Raabe (1980): *Der Fehler beim Fremdsprachenerwerb und Fremdsprachengebrauch.*

Zum Abschluss möchte ich Sie darauf hinweisen, dass Sie bei der Suche nach Fehlerursachen sicherlich auf Probleme stoßen werden. **Eine eindeutige Zuordnung ist meist nicht möglich.** Dies haben Sie sicherlich auch schon bei den bisherigen Aufgaben und Beispielen erkannt. Um ein Urteil etwas besser abzusichern, ist es daher sinnvoll, sich bei der „Quelle" kundig zu machen, nämlich die Lernenden selbst bei der Suche nach den Ursachen einzubeziehen. Von Zeit zu Zeit sollte man auch im Unterricht gemeinsam besprechen, woher denn ein Fehler kommt. Manchmal stößt man dabei – wie wir gesehen haben – auf ausgesprochen „kluge" Fehler. Wir werden

Hinweis

auf diesen Aspekt der Fehlerbehandlung noch in den Kapiteln 3 und 4 zur Fehlerkorrektur zurückkommen.

Halten wir an dieser Stelle zunächst fest: Der Lernende ist kreativ und kognitiv tätig. Fehler können ein wichtiges Indiz für seine Tätigkeit des Testens von Hypothesen über Sprache sein: **Auch Fehler machen den Meister.**

2.3 Fehlerbeschreibungen und -klassifikationen*

Mit Fehlerklassifikation ist eine Zusammenstellung von Fehlertypen nach bestimmten Gesichtspunkten gemeint.

Aufgabe 39

Überlegen Sie und notieren Sie sich dann bitte in Stichpunkten, welchen Nutzen Fehlerklassifikationen für Sie haben könnten.

Man kann Klassifikationen vornehmen,

➤ um überhaupt eine Ordnung und Zusammenstellung nach bestimmten Kriterien festlegen zu können. Dies ist z. B. in Fehleranalysen* für die unterschiedlichsten Zwecke gemacht worden. Für Sie könnte eine Klassifikation sinnvoll sein, um Fehlerbereiche zu sammeln, die Ihren Lernenden die größten Schwierigkeiten bereiten. Eine Zusammenstellung der schriftlichen Fehler ist dabei natürlich viel einfacher als eine Zusammenstellung von mündlichen Fehlern, die Sie während des Unterrichts mitnotieren oder auch auf Tonträger (Kassettengerät) aufnehmen könnten.

➤ um eine begründetere Bewertung durchführen zu können, z. B. wenn man Fehler danach ordnen will, ob man sie als schwerwiegende oder weniger schwerwiegende Fehler beurteilt? Dies wird im Wesentlichen bei schriftlichen Fehlern der Fall sein.

➤ um dem Lernenden durch Korrekturzeichen an seinen schriftlichen Produktionen klar zu machen, wo seine Probleme liegen. So kann man Lernenden Hilfen zur Selbstkorrektur ihrer Produktionen geben. Beim letzten Punkt bewegen wir uns schon auf dem Gebiet der Fehlerkorrektur. Wir werden auf den Nutzen von Korrekturzeichen noch in Kapitel 3 eingehen, wenn wir uns mit schriftlichen Korrekturen beschäftigen.

Hinweis

Ich habe Ihnen im Folgenden einige mögliche Aufteilungen und Klassifikationen zusammengestellt, die im Prinzip auf **schriftliche** und **mündliche** Fehler angewendet werden können.

2.3.1 Eine Klassifikation nach Fehlerursachen

Wir haben in Kapitel 2.2 schon gesehen, dass die Ursachen für schriftliche und mündliche Fehler unterschiedlich sein können. So werden Müdigkeit und äußere Störungen eher zu Fehlern im mündlichen Bereich führen – bei schriftlichen Produktionen dagegen kann man seinen Text noch einmal überprüfen, man hat mehr Zeit beim Formulieren usw. Andere Ursachen hingegen tauchen sowohl bei schriftlichen als auch bei mündlichen Fehlern auf, wie negativer Transfer aus der Muttersprache, Übergeneralisierung etc.

Rückverweis

Aufgabe 40

> 1. *Wie könnte eine Klassifikation nach Fehlerursachen Ihrer Meinung nach sinnvoll vorgenommen werden? Sie können sich an der Aufteilung in Kapitel 2.2 auf Seite 30ff. orientieren – es gibt jedoch sicherlich noch andere, vielleicht sinnvollere Aufteilungen.*
>
> 2. *Überlegen Sie bitte, ob und wann eine solche Klassifikation sinnvoll ist. Welche Probleme tauchen dabei vor allem auf?*

2.3.2 Eine Aufteilung in Performanz*- und Kompetenzfehler*

Sehr bekannt wurde die Aufteilung in Performanz- und Kompetenzfehler, die auf Corder (1967) zurückgeht.

➤ Unter **Kompetenzfehler** – auch als engl. *error* bezeichnet – versteht man einen Fehler, der vom Lernenden nicht selbst erkannt werden kann. Entweder hat er z. B. eine Struktur noch gar nicht gelernt und macht daher Fehler, oder er hat etwas falsch verstanden.

➤ Unter **Performanzfehler** werden meist Verstöße gerechnet, die vom Lernenden erkannt und eventuell selbst korrigiert werden können, wenn sie ihm bewusst gemacht werden. Performanzfehler können wiederum aufgeteilt werden in Fehler, die durch noch unvollkommene Automatisierungen von bekannten Strukturen entstanden sind (engl. *mistakes*), und in Versprecher (engl. *lapses*).

Für die Praxis gefällt mir eine Abwandlung dieser Kategorisierung von Edge (1989). Er versucht, Fehler nach ihrem Ort im Lern- und Unterrichtsprozess zu kategorisieren und unterteilt in:

➤ **Ausrutscher** (engl. *slips*), d. h. Fehler, die ein Lernender selbst korrigieren kann, wenn er sich seine schriftliche Produktion noch einmal anschaut oder wenn er darauf aufmerksam gemacht wird, dass er einen (mündlichen) Fehler begangen hat.

➤ **Irrtümer** (engl. *errors*), d. h. Fehler, die ein Lernender (nach Meinung des Lehrers) eigentlich nicht machen sollte, da das entsprechende sprachliche Phänomen im Unterricht schon behandelt wurde. Der Lernende hat es z. B. nicht verstanden oder vergessen. Diese Fehler kann der Lernende nicht selbst korrigieren, auch wenn er darauf hingewiesen wird.

➤ **Versuche** (engl. *attempts*), d. h. Fehler in Bereichen, die der Lernende eigentlich noch nicht kennt und die er deshalb auch kaum korrekt ausdrücken kann.

<u>Aufgabe 41</u>

> *1. Überlegen Sie bitte, ob Sie Fehler Ihrer Schüler nach diesen Kategorien klassifizieren können.*
>
> *2. Welche Vorinformationen benötigen Sie dazu?*
>
> *3. Welchen Nutzen könnte die Klassifikation von Edge für Sie haben?*

2.3.3   Eine Aufteilung in kommunikations- und nicht kommunikationsbehindernde Fehler

➤ Unter **kommunikationsbehindernden Fehlern** versteht man Fehler, die eine Aussage unverständlich werden lassen

➤ Bei **nicht kommunikationsbehindernden Fehlern** kann man den Sinn der Aussage verstehen. Es kann sich dabei aber durchaus um schwerwiegende Grammatikfehler handeln

<u>Aufgabe 42</u>

> *1. Geben Sie bitte Beispiele für kommunikationsbehindernde und nicht kommunikationsbehindernde Fehler Ihrer Schüler an.*
>
> | *kommunikationsbehindernde Fehler* | *nicht kommunikations- behindernde Fehler* |
> | --- | --- |
> | | |
> | | |
> | | |
>
> *2. Bitte überlegen Sie, welchen Nutzen eine solche Zweiteilung für Sie haben könnte.*
>
> *3. Welche Schwierigkeiten könnten sich bei dieser Einteilung ergeben?*

2.3.4   Eine Klassifikation nach Sprachebenen

Unter diesem Aspekt könnte man Fehler aufteilen in:

➤ **phonetische/phonologische Fehler***, also Aussprache- oder Orthographiefehler,

➤ **morphosyntaktische Fehler***, also Fehler in der Morphologie (z. B. Endungsfehler beim konjugierten Verb) oder in der Syntax (z. B. Satzstellungsfehler),

➤ **lexikosemantische Fehler***, also ein falsches Wort in dem betreffenden Kontext und/oder eine Bedeutungsveränderung,

➤ **pragmatische Fehler***, also z. B. ein Stilbruch, eine Äußerung, die in der betreffenden Situation nicht angemessen ist, ein kulturell unangemessenes Verhalten,

➤ **inhaltliche Fehler***, also z. B. eine Äußerung, die inhaltlich falsch ist wie: *Berlin liegt in Süddeutschland*. Diese Kategorie stimmt nicht ganz mit den anderen überein, da wir hier die Sprachebenen völlig verlassen, was allerdings auch beim pragmatischen Fehler schon zum Teil gegeben war. Mir scheint sie allerdings der Vollständigkeit halber für eine Klassifikation in der Unterrichtspraxis ganz nützlich zu sein.

Aufgabe 43

1. Lesen Sie bitte die beiden folgenden Texte und unterstreichen Sie zunächst die fehlerhaften Ausdrücke.

Text 1

> Sehr geehrte Kleppin Karin
>
> Ich bin Ihr Student, der im Jahre 1991 seine Abschlußprüfung gemacht hat. Ich bin bis jetzt ein Arbeitslose. In der letzten Woche war ich in Rabat, wo ich Abdou begegnet bin. Er sagt d. h. Abdou, daß ein Mann, ein großer Verkäufer der Teppiche zwei Studenten der Germanistik brauche. Dieser 5
> Mann sein noch in Deutschland. Ich bin bereit mit diesem Verkäufer zu arbeiten, da ich schon Erfahrungen in diesem Bereich in Marrakesch habe. Ich war also als Verkäufer in dem touristischen Komplex „Dar S Aissa" von Marrakesch. Ich kann auch eine Rede halten über verschiedene Arten von Teppiche vor einer deutschen Gruppe des Tourismus. 10
>
> Ich brauche auch einige Adressen der deutschen Firmen hier in Marokko und eben die Firmen, die einen Germanisten brauchen.
>
> In der Erwartung auf eine positive Antwort von Ihnen sage ich Ihnen fröhliche Weihnachten und wünsche ich Ihnen alles Gute.
>
>   Hochachtungsvoll 15
>
>   Ihr Student Azzedine

Azzedine, Marokko

Text 2

> Gibt es eine Typische Deutschen? In Deutschland vielleicht nicht, aber in meinem französischen Geist gibt es ein Vorbild des typischen Deutscher.

> Wie sieht er aus? Normalerweise ist er größer als uns. Was das Gesicht und das Kopf betrifft, müssen seine Haare blond sein und seine augen sind blau. Er hat die Gestalt eines stark Mannes oder manchmal sehr 5
> schlanker Menschen. Er trägt eine Lederhose, raucht gedrehte Zigaretten und fürchtet nicht, in der Kneipe zu viel Bier zu trinken und zu viel Bratwürste mit Pommes zu essen. Wenn er älter wird, läßt er seinen blonden Bart wachsen und er beansprucht seine Staatsangehörigkeit durch seinen tyroleren Hut. Die Frauen, als sie Omas geworden sind, 10
> treffen sich in der berühmten Konditorei der Stadt, in der sie wohnen, und dann verbringen sie ihre Zeit, Kuchen mit Schlagsahne zu essen.

Es gibt auch viele Verschiedenheiten zwischen alle Deutsche aber man
würde ein ganzes Buch brauchen, um die Bezeichnen eines Deutsches
zu beschreiben.   15

Dominique, Frankreich

2. *Ordnen Sie nun die Fehler aus beiden Texten den folgenden Klassifika-*
   tionen zu.

   Fehler:

   Orthographie: eine Typische Deutsche;
   _____

   _____

   Morphosyntax: _____

   _____

   _____

   _____

   Lexikosemantik: _____

   _____

   _____

   _____

   Pragmatik: _____

   _____

   _____

   _____

   Inhalt: _____

   _____

2.3.5   Eine Klassifikation mit weiter gehender Fehlerkennzeichnung

Aufgabe 44

1. *Verwenden Sie, wenn Sie korrigieren, bestimmte Zeichen für bestimmte*
   Fehler? Listen Sie bitte die von Ihnen verwendeten Fehlerkennzeich-
   nungen* auf.

   _____

   _____

   _____

   _____

   _____

2. *Korrigieren Sie nun den folgenden Lernertext mit Ihren Fehler-*
   kennzeichnungen.

Ich kenne einen typisch deutschen Studenten. Ich gibt es zu, es gibt
anderen eigenschaften deutscher StudenInnen, aber diese Person trägt
viele, die zusammen einen deutschen Studenten schildern.

Er geht in die Kuche, und er grüßt mich mit lauter dröhnender Stimme
„Morgen", und er erstrecke mich. Er trägt seine irdene Teekanne kom- 5
plett mit durchhängenden Tuchtiesieb. Er sieht „typisch Deutsch" aus;
von seinen ovalen Brillen über ein Paar Sandeln mit Schnallen, bis sein
weißes T-Shirt und Hosenträger. Er ißt nicht vile. Das heißt, er ißt
Knäckebrot, Oliven, Salami und ausgefallene Käse, und er wirft mir einen
engstirnigen Blick, wenn ich etwas Koche! Er hat eine Notiz für die 10
Herrentoilette geschrieben. Kurz gesagt „Brauche die Toilette nur, wenn
du toilettenfähig bist." Das heißt, wenn man nicht zu viel getrunken hat.
Sehr ordentlich. Er ärgert sich, wenn er die Mülleimern ausräumt, weil er
glaubt, er sei die einzige Person, die diese lästige Pflicht tut. Und endlich
studiert er schwer und viel. 15

Vicky, England

Es hat immer wieder die unterschiedlichsten Versuche zur Fehlerklassifikation gegeben, vor allem auch, wenn es um Leistungsbewertung geht. Solche Klassifikationen
findet man teilweise auch in einigen Richtlinien zum Fremdsprachenunterricht, die in
Deutschland in den einzelnen Bundesländern von den Kultusministerien herausgegeben werden (vgl. z. B. Kultusministerium des Landes Nordrhein-Westfalen 1993).
Teilweise existieren eigene Materialien zur Leistungsbewertung (vgl. z. B. Der Kultusminister des Landes Nordrhein-Westfalen 1984). Die Fremdsprachenlehrer an den
Schulen sollten sich den jeweiligen Richtlinien entsprechend verhalten.

Die Fehlerklassifikationen in den unterschiedlichen Richtlinien trennen nach **Inhalt**
(z. B. logischer Bruch im Text, Widerspruch), **Ausdrucksvermögen** (z. B. unhöfliche
oder auch ungenaue Formulierung, falsches Sprachniveau, unidiomatische Wendung)
und **Sprachrichtigkeit**. Der Bereich der Sprachrichtigkeit wird weiter aufgeteilt. Es ist
äußerst schwierig, eine in sich stimmige Klassifikation zu erstellen. Die Kategorien
überschneiden sich, die Fehler sind nicht immer klar zuzuordnen.

Ich werde Ihnen nun **eine** Klassifikationsmöglichkeit für den Bereich der Sprachrichtigkeit vorstellen, die ich aus unterschiedlichen Richtlinien zusammengestellt und
etwas vereinfacht habe. Sie bezieht sich auf die **Satzebene** und nicht auf die Textebene,
da Fehler auf der Textebene häufig schwerer zu identifizieren sind als Fehler, die nur
der Textebene zuzuordnen sind. Sie beziehen sich z. B. manchmal auf das Fehlen der
geeigneten Konjunktion, sind an der falschen Wortwahl zu erkennen und/oder lassen
sich unter den sehr vagen Begriff *Stil* einordnen. Sie können die Klassifikation auf
die Textebene hin erweitern, indem Sie z. B. durch ein zusätzliches Zeichen – z. B.
für Satzverknüpfungen – anmerken, dass es sich vor allem um ein Phänomen auf der
Text-ebene handelt. Sie können je nach Ihren Bedürfnissen aber auch Kennzeichnungen streichen.

Die folgende Klassifikation, die aus Gründen der Praktikabilität alphabetisch angeordnet ist, ist **nur eine Möglichkeit unter vielen** anderen und auch nicht sinnvoller als jede
andere. Wir werden darauf noch in Kapitel 3.3.2 zurückkommen.

Hinweis

Die Art der Fehler und ihre Kennzeichnung

A	Falscher Ausdruck: Im Gegensatz zur falschen Wortwahl würden hierunter umfassendere Strukturen fallen, wie etwa unidiomatische Wendungen, z. B.: *Wir haben Schwierigkeiten gefunden.* (anstatt: *Wir sind auf Schwierigkeiten gestoßen.*) *Sie machte den ersten Fuß.* (anstatt: *den ersten Schritt*) *Er machte einen Skandal mit seiner Frau.* (anstatt: *Er machte ihr eine Szene.*)

Art	Verwendung des falschen **Art**ikels, z. B.: *Ich mag die Blumen.* (anstatt: *Ich mag Blumen.*) Der erste Satz wäre dann ein Fehler, wenn man sagen möchte, dass man Blumen an sich mag.
Bez	Falscher syntaktischer oder semantischer **Bez**ug, z. B.: *Die Frau arbeitete in der Fabrik seines* (anstatt: *ihres*) *Mannes.* *Ich gibt* (anstatt: *gebe*) *es zu.*
Gen	Verwendung des falschen **Gen**us, z. B.: *Zwischen England und Frankreich liegt nur die* (anstatt: *der*) *Kanal; der* (anstatt: *das*) *Kind.*
K	Falscher **K**asus, z. B.: *Ich studiere zwei verschiedenen* (anstatt: *verschiedene*) *Fremdsprachen.* *Es gibt einen großen* (anstatt: *ein großes*) *Problem.* *Aus religiöse Gründe* (anstatt: *aus religiösen Gründen*) *ist das nicht möglich.*
Konj	Verwendung der falschen **Konj**unktion, z. B.: *In einem arabischen Land soll ein Mann eine Frau nicht küssen, obwohl sie befreundet* (anstatt: *auch wenn/selbst wenn*) *sind.* *Wenn* (anstatt: *als*) *ich gestern aufwachte.*
M	Falscher **M**odusgebrauch; z. B.: *Wenn ich reich war* (anstatt: *wäre*)*, würde ich nach Deutschland in Urlaub fahren.*
mF	**m**orphologischer **F**ehler, nicht existierende Formen von Verben, Adjektiven und Substantiven, z. B.: *Er grüßt mich mit dröhender Stimme* (anstatt: *dröhnender*)*.* *Das Gebirge erhebte* (anstatt: *erhob*) *sich vor mir.*
Mv	Falsches **M**odal**v**erb, z. B.: *Du musst hier nicht rauchen* (anstatt: *darfst*)*.*
Präp	Verwendung der falschen **Präp**osition, z. B.: *Ich kümmere mich über* (anstatt: *um*) *die Kinder.* *Er behandelt sie als* (anstatt: *wie*) *ein Tier.*
Pron	Falscher **Pron**omengebrauch, z. B.: *Ich frage diesen* (anstatt: *ihn*)*.* *Ich habe dem* (anstatt: *ihm*) *geholfen.*
R	Falsche **R**echtschreibung, z. B.: *Sie studirt* (anstatt: *studiert*)*.* *Wenn Man* (anstatt: *man*) *jemanden begrüßt, ...*
Sb	**S**atz**b**au: unverständlicher Satz aufgrund mehrerer gleichzeitig auftauchender Fehler, z. B.: *Lehrer fragt Schüler auf Tafel.* (gemeint ist: *Der Lehrer forderte den Schüler auf, an die Tafel zu kommen.*)

St	Satzstellung: falsche Wort- oder Satzgliedstellung, z. B.:
	Gestern <u>ich habe</u> (anstatt: *habe ich*) *viel gegessen.*
	Ich bin nicht ins Kino gegangen, sondern <u>habe ich</u> (anstatt: *Ich habe*) *viel gearbeitet.*
T	Falscher **T**empusgebrauch, z. B.:
	Bevor ich <u>esse</u> (anstatt: *gegessen habe*), *habe ich mir die Hände gewaschen.*
W	Falsche **W**ortwahl, z. B.:
	Er wirft mir einen <u>engstirnigen</u> Blick zu (anstatt: *skeptischen*).
	Ich wollte Geld <u>gewinnen</u> (anstatt: *sparen*).
	Das ist <u>gewöhnlich</u> bei uns (anstatt: *üblich*).
Z	Falsche oder fehlende **Z**eichensetzung, z. B.:
	Ich weiß__ dass ich nichts weiß. (anstatt: *Ich weiß, dass ich nichts weiß.*)

Weiterhin können Sie folgende Kennzeichnungen benutzen:

√	Fehlen von Elementen, z. B.:
	Heute regnet √. (anstatt: *Heute regnet <u>es</u>.*)
⊢—⊣	Überflüssige Elemente, die zu streichen sind, z. B.:
	Ich bin seit einem Tag zu Hause ~~geblieben~~ (anstatt: *Ich bin seit einem Tag zu Hause.*)
↶	Umstellungen, z. B.:
	Morgen <u>ich mache</u> alles anders (anstatt: *mache ich*).

Aufgabe 45

Wenn Sie die obige Fehlerkennzeichnung ausprobieren möchten, dann benutzen Sie den folgenden Text dazu, und vergleichen Sie – falls Sie mit Kollegen zusammen diese Studieneinheit durcharbeiten – Ihre Resultate.

Wenn man nach Ausland nur während Ferien für ein paar Tagen fährt und wenn man sich entscheidet, im Ausland definitiv zu leben oder für eine Bestimmte Zeit wie einen Staatsbürger dieses Landes leben zu versuchen, empfindet man nicht die gleichen Eindrücken.

Ich bin nach Deutschland für Aufenthalte von einer Woche bis zu einem 5
Monat gefahren und habe immer in einer Familie gewohnt. Deswegen habe ich mich gedacht: Deutschland ist toll, die Landschaften sind schön (mindestens in Saarland, Baden-Württemberg und Hessen), die Einwohner sind nett (Aber ich hatte nur Familien, die Franzosen empfangen, kennengelernt und Schüler, die französisch lernen und, die das Leben 10
und die Kultur in Frankreich kennenlernen wollten, getroffen). Hätte ich in einem Hotel übernachtet, hätte ich schon wahrscheinlich einige Nachteile bemerkt, weil ich allein gewesen wäre und ich mich allein um alles kümmern müssen hätte.

Das Leben bei den Familien scheinte einfach, da ich gar nichts zu tun 15
hatte. Deshalb, sobald ich die Möglichkeit gehabt habe, nach Deutschland zu fahren, um zu studieren, habe ich diese Gelegenheit genießen wollen. Aber wenn man allein in einem Studentenwohnheim ist und alles selber machen muß, bemerkt man, daß das Leben nicht schöner oder einfacher im Ausland als zu Hause in ihrem eigenen Land ist. Besonder, 20

2.3.6 Ein ungewöhnlicher Klassifikationsversuch

Ich möchte Ihnen, obgleich es natürlich noch viel mehr Klassifikationsmöglichkeiten gibt, einen recht ungewöhnlichen Klassifikationsversuch nicht vorenthalten. Vielleicht regt er Sie ja auch zu „kreativen" eigenen Versuchen an. Es ist ein Versuch von Knapp-Potthoff. Sie unterteilt in:

„1. Fehler, die man mit Überzeugung gemacht hat,

2. Fehler, die man zum Glück nicht gemacht hat,

3. Fehler, die die anderen nicht sehen,

4. Fehler, die man gemacht hätte,

5. Fehler, die man selbst korrigieren kann,

6. Fehler, die man in Kauf nimmt,

7. Fehler, die man absichtlich macht,

8. Fehler, die kaum vermeidbar sind,

9. Fehler, die nicht nötig wären,

10. Fehler, die man jetzt nicht mehr machen sollte."

Knapp-Potthoff (1987), 215f.

Aufgabe 46

1. Versuchen Sie herauszufinden, welche Arten von Fehlern hinter den zehn oben genannten Klassifikationen stecken könnten.

Das, was Knapp-Potthoff unter ihrer ungewöhnlichen Klassifikation versteht, finden Sie im Lösungsschlüssel (Seite 124f.). Sie müssen jedoch nicht zu den gleichen Ergebnissen gekommen sein, es gibt sicherlich noch eine Menge weiterer sinnvoller Interpretationsmöglichkeiten.

2. Wahrscheinlich haben Sie eigene Lernerfahrungen, auf die Sie zurückgreifen können; denn diese Klassifikation geht – wie Sie sehen – nur vom Lernenden selbst aus. Können Sie Fehler, die Ihnen noch aus Ihrer Lernervergangenheit her in Erinnerung sind, hier zuordnen?

Aufgabe 47

Überprüfen Sie bitte, ob Sie eine der hier vorgestellten 10 Klassifikationen für Ihren Unterricht gebrauchen können. Welche gefällt Ihnen am besten und zu welchem Zweck könnten Sie sie gebrauchen?

2.4 Einschätzungen und Werturteile zum Fehler

Wir haben uns bisher damit beschäftigt, was man als Fehler bezeichnen kann, wie Fehler entstehen und wie man sie beschreiben und kennzeichnen kann. Für den Unterricht besonders wichtig ist allerdings, welcher Stellenwert Fehlern zugeschrieben wird und welche Emotionen und Reaktionen sie hervorrufen. Sie erinnern sich sicherlich noch an die am Anfang dieser Studieneinheit zitierten Aussagen von Lehrern und Lernenden zur Fehlerkorrektur, in denen schon viele Einstellungen zum Fehler zum Ausdruck kamen. In diesem Kapitel werden wir uns nun mit fachdidaktischen

Meinungen und Ergebnissen auseinander setzen, die Ihnen auch in der methodischen Fachliteratur, in Handbüchern, Lehrerhandreichungen und offiziellen Richtlinien begegnen können.

Die folgenden Aussagen zum Fehler existieren zu einem großen Teil so oder ähnlich in der Fachliteratur oder entsprechen der Meinung von Fremdsprachenlehrern.

1. Der Fehler ist die Sünde des Lernenden.

2. Ein einmal gemachter Fehler lebt weiter. Er ist wie ein Virus, der sich auf die anderen Lernenden der Lerngruppe überträgt. Es müssen daher grundsätzlich alle Fehler korrigiert werden, damit kein Lernender in dem Glauben gelassen wird, die fehlerhafte Aussage sei richtig.

3. Es kommt darauf an, von vornherein zu verhindern, dass Lernende Fehler machen. Dies erreicht man durch eine sinnvolle Anordnung der Progression im Lehrwerk und verstärktes Üben in fehlerträchtigen Bereichen.

4. Das Tödlichste für den Fremdsprachenunterricht ist es, fehlerfreie Leistungen von den Lernenden zu erwarten. Das tötet die Sprechbereitschaft.

5. Fehler zeigen die Kreativität des Lernenden beim Umgang mit der Sprache an, d. h., sie weisen darauf hin, dass er Analogien bildet, Übertragungen aus anderen Sprachen vornimmt und Hypothesen über Regeln erstellt.

6. Fehler sind ein hervorragendes Instrument zur Diagnose. Sie zeigen dem Lehrer, was der Lernende noch nicht verstanden hat und in welchen Bereichen noch zusätzliche Übungen zu machen sind.

7. Fehler gehören einfach zur Lernersprache. In bestimmten Stadien des Lernprozesses treten immer wieder die gleichen Fehler auf.

8. Wer viel arbeitet, macht viele Fehler, wer wenig arbeitet, macht wenig Fehler, wer keine Fehler macht, der ist ein faules Schwein. (Volksmund)

Aufgabe 48

Kreuzen Sie bitte auf der Skala an, welche der acht Aussagen Ihrer eigenen Auffassung am meisten oder am wenigsten entspricht, und überlegen Sie, warum.

am meisten	*1*	*2*	*3*	*4*	*5*	*am wenigsten*
Nr. 1						
Nr. 2						
Nr. 3						
Nr. 4						
Nr. 5						
Nr. 6						
Nr. 7						
Nr. 8						

Aufgabe 49

Ordnen Sie nun die acht Aussagen zum Fehler den folgenden Fragen zu:

a) Welche Aussagen passen zu Ihren Lehrern? Versuchen Sie sich dabei an Ihre Schulzeit zu erinnern.

b) Welche Aussagen würden Ihre Schüler wohl wählen?

_____

_____

c) Welche Aussagen passen zu den in Ihrem Land offiziell vertretenen Richtlinien, Ministerialerlässen (falls es sie gibt)?

_____

_____

Exkurs: Einstellungen zum Fehler im Wandel der Geschichte des Fremdsprachenunterrichts in Deutschland

An dieser Stelle möchte ich Ihnen einen ganz kurzen Überblick über den recht großen Wandel der Einstellungen zum Fehler geben. Die einzelnen „Epochen" sind zwar nicht direkt den genannten Werturteilen zuzuordnen, dennoch werden Sie einige Übereinstimmungen feststellen.

Den Fehler als Sünde zu bezeichnen – diese Einstellung fand man noch bei vielen Forschern Anfang der Sechzigerjahre vor. Nach dem Zweiten Weltkrieg bis in die Sechzigerjahre hinein war es vor allem die starke **Steuerung des Lernenden** über bestimmte Übungsanordnungen (programmierte Instruktion*), die den Lernerfolg sichern sollte. Es handelt sich hier insbesondere um die audiolinguale Methode*.

Vielleicht haben auch Sie Erfahrungen mit Übungen im Sprachlabor gemacht, das in dieser Methode sehr häufig zum Einsatz kam. Die Übungen für das Sprachlabor wurden auf Tonträger (Tonband) so angeordnet, dass korrekte, fehlerfreie Äußerungen des Lernenden bestätigt wurden, indem die richtige Äußerung auf die Lerneräußerung folgte und vom Lernenden nochmals wiederholt werden musste. Fehlerhafte Äußerungen sollte der Lernende aufgrund der nachfolgenden korrekten Äußerung selbst erkennen und dadurch abstellen, dass er die Übung so lange wiederholte, bis er keine Fehler mehr machte. Damit glaubte man, sei das Phänomen internalisiert und automatisiert. Man ging davon aus, dass z. B. bei einem so „(über-)gelernten" (engl. *overlearned*) Grammatikbereich keine Fehler mehr auftreten würden. Sollten doch wieder Fehler auftreten, so konnte dies nur an mangelnder Übung und mangelndem Imitieren der korrekten Äußerungen liegen.

⟸ Eine Darstellung der Methodenkonzeptionen finden Sie in der Studieneinheit *Methoden des fremdsprachlichen Deutschunterrichts*.

Seit dem Ende der 60-er Jahre hat sich die Einsicht durchgesetzt, dass man eine Sprache, auch eine Fremdsprache, nicht vorrangig über die möglichst fehlerfreie Imitation von sprachlichen Vorbildern lernt.

Eine **positive Einstellung zu Fehlern** bildete sich auch durch die Beschäftigung mit dem Spracherwerb der ersten Sprache (Erstspracherwerb*) heraus. Kein Mensch würde die von der Erwachsenensprache abweichenden Äußerungen eines Kindes als fehlerhaft abwerten. Im Gegenteil: Man freut sich sogar über „lustige" Fehler, die häufig einer gewissen Logik nicht entbehren.

Ein paar besonders schöne Beispiele von Kindern, die Deutsch als Zweitsprache* lernen, können hier vielleicht auch Ihnen – als kleine Erholung – Freude bereiten. Sie sind einem Buch von Helga Glantschnig entnommen. Gefragt wurde nach dem Begriff in der linken Spalte, den die Kinder erklären sollten.

Beispiel

„Blume	Ist Kind von Wiese
Blut	Rot da drinnen. Wenn man runterfällt, kann man die Blut sehen. Wie roter Saft, rote Coca-Cola. Hat jeder Mensch. Ohne ist Knochen und Haut.
Cousin	Von meine Vetter seine Bruder Kleiner. Wie ein Bruder, aber kein echtes, wirkliches. Ein Kunstbruder. Mädchen heißt Kusinerin.

Herz	Das Herz schlägt im Bauch. Ist ein Kreislauforgan. Wenn ich kein Herz habe, bin ich im Grab.
Katze	In der Nacht ist sie den ganzen Tag wach.
Kleid	Das ist nur für Frauen. Weil die Männer haben nicht schöne Beine. Zum Anziehen. Zum Tanzen. Ist von oben bis unten schön.
Wahrheit	Ist immer mit ohne Fehler, wenn alles ist richtig, ganz ganz richtig. Nichts Gelügtes.
Zahl	Wenn in einer Welt keine Zahl gibt, dann kann man nicht wissen, wie viele Personen oder Männer in einer Stadt leben.
Zehen	Fußfinger. 10 Stück. Sind weiß, und manchmal ist Schmutz drin, Schwarzes. Und man kann die Zehen abschneiden, wenn sie lang sind. Die Zehen kommen vor den Fußnägeln.
Zitrone	Eine Zitrone ist sauer, und die kann man schneiden und in Tee schütteln."

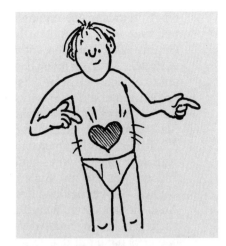
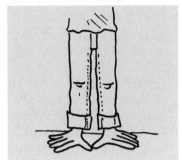

aus: Glantschnig (1993), 50, 61, 62, 124, 134, 135

Bei vielen Fehlern kann man recht gut erkennen, was ein Kind schon gelernt hat, welche Regelmäßigkeiten der Sprache es schon erkannt hat. Dies kann man aus Fehlern viel besser schließen als aus korrekten Äußerungen, denn korrekte Äußerungen könnten auch pure Imitation von gehörten Äußerungen sein. Eine ähnliche Einstellung bildete sich auch für den Fremdsprachenerwerb heraus. Hier wurden **fehlerhafte Äußerungen** ebenfalls **als Informationsquelle** für **Erwerbsprozesse** angesehen.

Der Unterschied lag darin, dass man Fehlern beim Erstsprachenerwerb den Status der Vergänglichkeit zusprach: Sie wurden als notwendiges, aber vorübergehendes Stadium im Spracherwerb erkannt. Ähnliches gilt nun nicht unbedingt für den Fremdsprachenunterrricht und auch nicht für den ungesteuerten Zweitspracherwerb*, der typisch für viele Immigranten ist, die die Sprache des neuen Landes bei der Arbeit, beim Einkaufen usw. erwerben, aber nicht an einer Institution wie z. B. dem Goethe-Institut lernen.

Literaturhinweis

Wenn Sie sich näher mit der Unterscheidung zwischen Fremdsprachenunterricht und Zweitspracherwerb beschäftigen möchten, so finden Sie einen gut lesbaren Überblick hierzu bei Rösler (1994): *Deutsch als Fremdsprache.*

Zwar glaubten einige Forscher eine Zeit lang, dass Fehler im Fremdspracherwerbsprozess, wenn man ihn einem natürlichen Erwerbsprozess annäherte, von allein verschwänden, d. h., man wollte den Unterricht so gestalten, dass er Lernen in einer ungesteuerten Situation* ähnelte (z. B. viel authentisches Sprachmaterial geben, sich nicht allzu sehr um grammatische Progression kümmern, den Lernenden viel frei sprechen lassen). In der Realität verläuft der Spracherwerb jedoch nicht so, dass man von Stadium zu Stadium schreitet und unterwegs die Fehler „einfach verliert". Es kann durchaus dazu kommen, dass bestimmte Fehler immer wieder auftauchen und nie ganz verschwinden. Solche Fehler nennt man dann, wie schon erwähnt, Fossilisierungen. Übrigens verschwinden auch beim Erstspracherwerb nicht alle Fehler von selbst. Die Mutter und/oder andere Bezugspersonen korrigieren oder geben häufig das richtige sprachliche Vorbild. Sie gehen dabei meist nur anders vor als viele Lehrer. Sie tadeln das Kind nämlich in der Regel nicht. Manchmal erregt ein besonders lustiger Fehler die lächelnde Aufmerksamkeit der Umgebung, manchmal wird einfach nur die richtig gestellte Äußerung wiederholt und natürlich in die Kommunikation eingepasst. Man nennt diese Form der Korrektur auch **implizite*** oder **indirekte Korrektur***.

Der Fehler spielt nun seit Ende der 60-er Jahre in der Forschung eine zentrale und positive Rolle. Man geht davon aus, dass er beim kreativen Prozess der Aneignung einer Fremdsprache unumgänglich ist, ja dass er diesen Prozess sogar widerspiegelt und man eben an einigen Fehlern besonders gut erkennen kann, was eventuell im Gehirn des Lernenden vor sich geht, vielleicht sogar, welche Lernschwierigkeiten auftreten. Zwar gilt nicht, dass nur das, was der Lernende fehlerhaft äußert, für ihn auch eine Lernschwierigkeit darstellt. Man kann nicht einfach davon ausgehen, dass ein Fehler immer auf eine Lernschwierigkeit hinweist: Müdigkeit kann schuld sein, der Fehler kann aber auch entstanden sein, weil der Lernende etwas ausprobieren wollte.

Rückverweis

Sie erinnern sich sicherlich noch an die vorigen Abschnitte, vor allem an das Kapitel 2.2, in dem wir die unterschiedlichsten Ursachen für Fehler zu klären versucht haben. Außerdem haben wir es häufig mit vorsichtigen Lernenden zu tun, die lieber nur das äußern, was sie mit Sicherheit grammatisch und lexikalisch korrekt formulieren können. Sie vermeiden alles für sie Schwierige, um nur ja keine Fehler zu machen. Auch hier kann man natürlich nicht davon ausgehen, dass keine Lernschwierigkeiten vorliegen. Im Gegenteil: der Lernende ist nur nicht mutig genug, Fehler zu zeigen. Wir haben es dann mit den so genannten „verdeckten" Fehlern zu tun, die sich leicht im Kopf des Lernenden lebenslang festsetzen.

In neuester Zeit geht man in der Sprachlehrforschung immer mehr davon ab, sich ausschließlich mit den tatsächlich auftretenden Fehlern eines Fremdsprachenlernenden zu beschäftigen, vielmehr versucht man, **potenzielle Lernschwierigkeiten** zu identifizieren, die sich in Fehlern äußern können, aber nicht müssen (vgl. Bausch 1995; Bausch/Serra-Borneto 1997). Wenn sie sich in Fehlern äußern, dann sollten sie uns Lehrern als wichtige Informationsquelle dienen. Was für den Lehrer ein Fehler ist, kann für den Lernenden durchaus im Einklang mit seinen eigenen fremdsprachlichen Regeln stehen, mit seiner Übergangskompetenz*, oder – wie wir früher gesagt haben – mit seiner Interlanguage. Wir haben schon gesehen, dass diese Interlanguage keine chaotische Menge von einzelnen Regeln und Versatzstücken darstellt, sondern, dass sie ein zwar variables und flexibles, aber dennoch ein – in Teilen – in sich stimmiges System darstellt. Der Lernende weiß, dass dieses System vorläufig und bruchstückhaft ist. Wo aber die Defizite liegen, das kann er natürlich nicht wissen, und dazu braucht er die Hilfe des Lehrers.

Hinweis

Wie diese Hilfe aussehen kann, das werden wir in den Kapiteln 3 und 4 dieser Studieneinheit besprechen.

Aufgabe 50

Stellen Sie jetzt bitte noch einmal zusammen, wozu Fehler dienen können und was man im positiven Sinne mit ihnen anfangen kann. (Vielleicht können Sie eine solche Liste mit Beispielen aus Ihrer eigenen Lern- oder Lehrerfahrung belegen.)

_____

_____

_____

_____

_____

_____

_____

3 Die schriftliche Fehlerkorrektur

Was korrigiert man wie? Wie geht man nach der Korrektur vor? Dies sind die zentralen Fragen, mit denen wir uns im Zusammenhang mit der Korrektur von schriftlichen Schülerproduktionen in diesem Kapitel beschäftigen und auseinander setzen werden.

Nun gibt es natürlich einen Unterschied zwischen Arbeite*" die vom Lehrer benotet werden, und schriftlichen Aufgaben, die nicht benotet werden (sollten). Bei ersteren dienen Korrekturen als Ausgangspunkt für die folgende Bewertung und Benotung. Diese Korrekturen werden meist von den Schülern nicht sehr geschätzt: je größer ihre Anzahl, desto höher ist auch die Wahrscheinlichkeit einer schlechten Note. Korrekturen von schriftlichen *Aufgaben* können eher als Hilfen des Lehrers vom Schüler akzeptiert werden. Wahrscheinlich haben Sie auch die Erfahrung gemacht, dass sich die Schüler bei der Rückgabe von zensierten (benoteten) Arbeiten vor allem für die Note interessieren und dafür, ob eventuell ein Fehler ungerechtfertigterweise angestrichen wurde. Wie die Äußerungen berichtigt werden können, dazu reicht manchmal nicht einmal mehr das Interesse. Entweder sind die Schüler froh, dass eine gute Note dabei herausgekommen ist – dann brauchen sie sich ja um eine Verbesserung nicht mehr zu bemühen. Oder sie ärgern sich über die schlechte Zensur – dann wollen sie die Arbeit lieber schnell weglegen und vergessen.

Wir gehen im Weiteren nicht gesondert auf den Zusammenhang von Korrektur, Bewertung und Benotung bei Prüfungen und Tests ein. Den Bereich der Fehlerbewertung werden wir kurz ansprechen.

Zur Leistungsmessung, zum Prüfen und Testen können Sie auf die beiden schon erwähnten Studieneinheiten *Testen und Prüfen in der Grundstufe, Einstufungstests und Sprachstandsprüfungen* und *Probleme der Leistungsmessung, Lernfortschrittstests in der Grundstufe* zurückgreifen.

Wir wollen hier diskutieren, wie eine Fehlerverringerung in fehlerträchtigen Bereichen angestrebt werden kann. Da Fehler jedoch durchaus auch positiv zu sehen sind – sie zeigen uns an, was wir mit den Lernenden noch üben müssen, was wir noch einmal erklären müssen – wollen wir allerdings eine Verringerung der Fehler nicht dadurch erreichen, dass Lernende zu Vermeidungsstrategien greifen, indem sie etwas so einfach formulieren, dass es kaum zu Fehlern kommt. Wir wollen versuchen, zu einer Fehlerbehandlung zu gelangen, die **Fehler und Korrekturen im Zusammenhang mit Lernfortschritten** sieht. Zu diesem Zweck müssen wir zu einer Trennung von **test-* bzw. prüfungsorientierter*** versus **aufgabenorientierter** Fehlerkorrektur* kommen. Bei der test- bzw. prüfungsorientierten Fehlerkorrektur steht die Leistungsmessung im Vordergrund, bei der natürlich immer auch die sprachliche Richtigkeit eine Rolle spielt und bei der es für den Lernenden darum geht, möglichst wenige Fehler zu machen. Bei der aufgabenorientierten Fehlerkorrektur stehen hingegen der Lernprozess und der Lernfortschritt im Mittelpunkt – wir brauchen den Fehler also als Chance zum Weiterlernen. Meiner Meinung nach ist es durchaus sinnvoll, dass Sie diesen Unterschied auch Ihren Lernenden bewusst machen.

Wir werden uns also im Folgenden auf die **aufgabenorientierte Fehlerkorrektur** konzentrieren, die – so ist zu vermuten – bei den Lernenden nicht die oben beschriebenen Abwehrreaktionen hervorrufen dürfte. Auf die Korrektur von Übungstypen wie Lückenübungen, Transformationsübungen, Multiple-Choice etc. werden wir dabei verzichten können, denn Korrekturen dieser Aufgabentypen sind in der Regel problemlos. Im Grunde könnten Sie sogar, wenn es sich nicht um Prüfungen oder Tests handelt, den Lernenden einen Lösungsschlüssel an die Hand geben und die Korrektur dann selbst vornehmen lassen. Diese Art der Selbstkorrektur von Übungen, bei denen es in der Regel nur eine richtige Lösung gibt, halte ich sogar für sehr sinnvoll: Der Lernende muss sich dann selbst noch einmal mit seinem Produkt und seinen Fehlern auseinander setzen und diese mit der richtigen Lösung vergleichen. Möglicherweise merkt er sich dadurch besser, wie die grammatische Struktur oder die lexikalische Einheit aussehen sollte.

Sollten Ihre Lernenden die Möglichkeit haben, mit computerunterstützten Lernprogrammen zu arbeiten, so stehen gerade bei Grammatik- und Wortschatztrainingsprogrammen teilweise schon ausgezeichnete Korrekturfunktionen zur Verfügung. Fehlerträchtige Bereiche werden wiederholt vorgelegt, der Lernende kann sich seine Fehler korrigiert ausdrucken lassen, eine Fehlerstatistik wird geführt. Die Entwicklung von computerunterstützten Lernprogrammen schreitet schnell voran.

In der Fernstudieneinheit *Computer im Deutschunterricht* können Sie sich über den Stand der Entwicklung von computergestützten Lernprogrammen informieren.

Auf die unterschiedlichen Arten von Korrekturmöglichkeiten bei geschlossenen Übungstypen wollen wir hier nicht weiter eingehen, da Sie das meiste von dem, was im Folgenden an Vorschlägen diskutiert wird, auch hierauf anwenden können.

Um ein Vielfaches komplizierter als die Korrektur von geschlossenen Übungstypen ist natürlich die Korrektur von freien schriftlichen Produktionen. Hierbei werden wir uns vor allem mit folgenden Fragen beschäftigen:

– *Was ist falsch? Was kann ich noch akzeptieren?*

– *Vermerke ich nur, dass ein Fehler vorliegt oder vermerke ich am Rand, was für ein Fehler vorliegt?*

– *Schreibe ich die richtige Form in die Lernerproduktion hinein?*

– *Wie gehe ich mit den von mir korrigierten Produktionen um?*

– *Wie bringe ich die Lernenden dazu, sich aktiv mit meinen Korrekturen auseinander zu setzen?*

Festzuhalten ist hier: Man sollte unbedingt unterscheiden zwischen einer Korrektur, die der Leistungsmessung dienen soll, und einer Korrektur, die zum Ziel hat, einen Lernfortschritt in den noch fehlerhaften Bereichen zu erzielen.

3.1   Was heißt schriftliche Fehlerkorrektur?

Nicht nur der Lernende hat bei schriftlichen Arbeiten Zeit, sich Gedanken über seine Äußerungen zu machen: Er kann verschiedene Formulierungen ausprobieren, Entscheidungen revidieren, alles noch einmal am Schluss überprüfen – und dann vielleicht doch die falsche Alternative wählen. Auch der Lehrer hat bei den schriftlichen Korrekturen mehr Zeit und kann daher – anders als bei der mündlichen Fehlerkorrektur – begründetere und reflektiertere Entscheidungen treffen. Er kann überlegen, bei wem er wie reagiert, ob er Verfahren individuell ausrichtet usw.

Aufgabe 51

1. Kreuzen Sie an, welche der folgenden Möglichkeiten Ihrer Auffassung von schriftlicher Fehlerkorrektur am meisten entspricht.

a) ☐ *Der Lehrer macht nur deutlich, dass er mit einer Äußerung nicht einverstanden ist. Er unterstreicht z. B. den fehlerhaften Teil.*

b) ☐ *Der Lehrer macht deutlich, dass er mit einer Äußerung nicht einverstanden ist, und gibt dem Lernenden zusätzlich eine Hilfe. Er streicht z. B. den Fehler an und kennzeichnet ihn außerdem genauer (z. B. lexikalischer Fehler, Fehler beim Genus, Modus, Tempus etc.).*

c) ☐ *Der Lehrer markiert den Fehler und schreibt die korrekte Äußerung auf.*

d) ☐ *Der Lernende verbessert schließlich seinen Fehler. Dies macht er entweder nach einer Fehlermarkierung des Lehrers selbstständig oder er schreibt die vom Lehrer korrigierte Aufgabe noch einmal ab.*

2. Wie gehen Sie normalerweise vor?

Häufig wird unter Fehlerkorrektur etwas ganz Unterschiedliches verstanden. Ich schlage Ihnen vor, die weiteste und alles umfassende Definition für Korrektur* zu wählen: **Als Korrektur bezeichnen wir, dass mangelndes Einverständnis mit Teilen der Lernerproduktion gezeigt wird.**

Man kann dann die schriftliche Korrektur weiter aufteilen in unterschiedliche Schritte einer Korrektursequenz, die nacheinander, vermischt oder auch unabhängig voneinander angewendet werden können:

Schritt 1: **die einfache Fehlermarkierung*,** d. h., es wird nur angemerkt, **dass** ein Fehler vorliegt, ohne näher zu kennzeichnen, um was für eine Art Fehler es sich handelt

Schritt 2: **die Fehlerkennzeichnung mit Korrekturzeichen**

Schritt 3: **die Berichtigung durch den Lehrer**

Schritt 4: **die Berichtigung durch den Lernenden selbst.**

Wir werden in den Kapiteln 3.3.1 – 3.3.4 noch auf die Art und Weise der Durchführung der einzelnen Schritte ausführlicher eingehen.

Hinweis

3.2 Wie viel an schriftlicher Korrektur ist notwendig und welche Fehler sollte man korrigieren?

Aufgabe 52

> 1. *Welche Argumente sprechen für eine Korrektur aller Fehler, welche dagegen? Versuchen Sie bitte, aus der Sicht Ihrer Schüler zu argumentieren.*
>
> 2. *Bemühen Sie sich, grundsätzlich alle Fehler zu markieren, oder lassen Sie teilweise Fehler „durchgehen"?*
>
> 3. *Gehen Sie bei schriftlichen Arbeiten, die benotet werden, anders vor als bei Arbeiten, die Sie zur Übung schreiben lassen?*

Wenn klar ist, dass Fehler durchaus auch positiv zu sehen sind und – vor allem –, dass sie ein notwendiges Durchgangsstadium darstellen, dann sollten alle schriftlichen Fehler – meiner Meinung nach – zumindest markiert werden. Wenn man als Lehrer im schriftlichen Bereich Fehler nicht anmerkt, muss der Lernende davon ausgehen, dass kein Fehler vorliegt. Woher soll er denn wissen, dass man – aus welchen Gründen auch immer – etwas nicht anstreicht?

Natürlich sind Schüler manchmal entmutigt, wenn sie ihre Arbeit voller Fehlermarkierungen zurückerhalten. Daher sollten Sie auch **positiv hervorheben**, wenn den Schülern eine **Äußerung geglückt** ist. Man spricht hier von Positivkorrekturen* und meint damit, dass auch gelungene Äußerungen vermerkt werden sollen.

Bei der schriftlichen Korrektur sollten also alle Fehler vermerkt werden. Wie man dabei vorgehen kann, wird in Kapitel 3.3 beschrieben.

3.3 Wie kann man bei der schriftlichen Fehlerkorrektur vorgehen?

Aufgabe 53

> *Denken Sie bitte an Ihre Zeit als Lernender zurück.*
>
> 1. *Wie sind Ihre Lehrer mit schriftlichen Korrekturen verfahren?*
>
> 2. *Was haben Sie mit den Korrekturen Ihrer Lehrer anfangen können? Haben Sie sie gründlich angeschaut?*

3. Wenden Sie heute ähnliche Korrekturverfahren an wie damals Ihre Lehrer? Wenn ja, warum? Wenn nein, warum nicht?

_____

_____

_____

3.3.1 Die einfache Fehlermarkierung

Aufgabe 54

1. Wie gehen Sie vor, wenn Sie Fehler nur markieren möchten?

_____

_____

2. Benutzen Sie bei der Fehlermarkierung unterschiedliche Farben? Wenn ja, geben Sie bitte die Gründe dafür an.

_____

_____

Hinweis

Bei der einfachen Fehlermarkierung geht es nur darum, anzustreichen, wo Fehler vorkommen. Eventuell können einige Schüler dadurch entmutigt werden, dass ihr Produkt – falls Sie einen Rotstift gebrauchen – voll roter Farbmarkierungen ist. Um dies zu vermeiden, könnten Sie die Fehler unterschiedlich gewichten. So könnten Sie z. B. *rot* nur die von Ihnen als wirklich schwere Verstöße (siehe hierzu auch Kapitel 3.4) beurteilten Fehler anstreichen. Die anderen Fehler könnten durch eine andere Farbe gekennzeichnet werden.

Manchmal wird vorgeschlagen, grundsätzlich für schriftliche Korrekturen eine andere Farbe als Rot zu benutzen, weil dadurch die Fehlleistung nicht so „ins Auge springe". Meiner Erfahrung nach ist es der großen Mehrheit der Schüler ziemlich gleichgültig, in welcher Farbe die Fehler angestrichen werden. Gleichgültig ist ihnen allerdings nicht, wie die Arbeiten dann besprochen werden und vor allem, ob die Schüler vor der Klasse bloßgestellt werden. Dies bestätigen auch Befragungen, die an Schulen durchgeführt wurden. Auf das Thema der Korrekturbesprechung werden wir an anderer Stelle noch genauer eingehen.

Man könnte bei der einfachen Fehlermarkierung auch mehrere Farben verwenden. So besteht z. B. die Möglichkeit, in einer bestimmten Farbe Fehler zu markieren, von denen man überzeugt ist, dass der Lernende sie nun eigentlich nicht mehr machen dürfte. In einer anderen Farbe könnte man dann die restlichen Fehler markieren, z. B.

- *lila* für Fehler, die der Schüler eigentlich nicht mehr machen dürfte, die er also selbst korrigieren soll,

- *grün* für Fehler, bei denen der Schüler versucht hat, etwas für ihn Neues, Kompliziertes auszudrücken, wobei der Versuch aber „schief gegangen ist" etc.

Natürlich kann man über Farben auch schon weitere Hilfen geben, z. B.

- *blau* für Rechtschreibfehler,

- *rot* für Grammatikfehler,

- *grün* für Lexikfehler usw.

3.3.2 Die Fehlerkennzeichnung mit Korrekturzeichen

Bei der nächsten Aufgabe handelt es sich um Ausschnitte eines Briefes, den ein chinesischer Student geschrieben hat. Er schrieb ihn in der fiktiven Rolle eines deutschen Studenten, der als Gaststudent nach Schanghai kommt.

Aufgabe 55

Lesen Sie den folgenden Text durch. Die Fehler in den Textausschnitten sind mit Korrekturzeichen versehen. Es sind die Zeichen, die ich Ihnen im Kapitel 2.3.4 (Seite 45ff.) bei der Fehlerklassifikation schon vorgestellt habe.

1. *Überlegen Sie bitte, ob Ihnen diese Zeichen als hilfreich für Ihre Schüler erscheinen.*

2. *Ersetzen Sie die Zeichen, die Ihnen nicht sinnvoll für Ihre Arbeit erscheinen, durch Ihre eigenen.*

Liebe Peter   Gen

Ich habe seit zwei Wochen in China geblieben. Tong-ji Universität   St (W), √ (Art)

liegt in Schanghai. Hier ist alles für mich neuig. Ich habe eines neue   mF, K

Leben angefangen. chinesische Sprache ist viel schwieriger zu   √ (Art)

lernen als andere Fremdsprache. … Trotzdem habe ich schon   K

viele Freunden, die sehr freundlich für mich sind. … Im Unterricht   K, Präp, K

habe ich nicht genug verstanden, weil meine chinesische Sprache

nicht sehr gut ist. Deshalb habe ich nach dem Unterricht sehr   Mr

fleißig, Chinesisch zu lernen. … Ich habe sehr eilig. Nächste mal   Z, √ (Pron), K, R

werde ich ausführlich das Leben in China schreiben.   W

Viele Grüße von

dein Ei-zhong Xu   K

Bei der Fehlerkennzeichnung durch Korrekturzeichen gibt man also an, um welche Fehler es sich handelt, und gibt dadurch dem Lernenden auch Hilfen zu einer möglichen Selbstkorrektur.

Dies könnte vor allem bei Fehlern im morphosyntaktischen Bereich nützlich sein, denn es handelt sich bei diesen Fehlern häufig nur um Fehlgriffe, die Schüler eher selbst korrigieren können als z. B. Fehler im pragmatischen Bereich, im Ausdruck und in der Wortwahl. Daher habe ich Ihnen hier zunächst einmal eine recht weite Auffächerung im morphosyntaktischen Bereich vorgeschlagen, wohingegen die anderen Bereiche, bei denen auch die Textebene einbezogen werden kann (Wortwahl, Ausdruck, Stil, Inhalt), eher global gekennzeichnet sind. Die Auffächerung, aber auch die Begrifflichkeiten sind – wie schon in Kapitel 2.3.4 erwähnt – willkürlich gewählt. Sie können sie durchaus abwandeln, nuancieren oder auch reduzieren.

Aufgabe 56

Korrigieren Sie die folgenden Fehlerbeispiele und ordnen Sie den Fehlern Korrekturzeichen zu. Falls Sie dabei die von mir vorgeschlagenen Zeichen benutzen möchten, können Sie sich an der Übersicht auf Seite 58/59 orientieren.

Fehler	Korrekturzeichen	korrekte Möglichkeit
Er hat ihr den Fehler in die Schuhe <u>geschickt</u>.	W	*Er hat ihr den Fehler in die Schuhe geschoben.*

Fehler	Korrekturzeichen	korrekte Möglichkeit
In Bochum Universität gibt sehr viele Studenten.		
Sie ist zährtlich.		
Mit ihrem Bein kann sie nicht schreiten.		
Sie trägte Pelz und Diamant.		
Sie machte schlafenlose Nächte.		
Ich kannte niemanden außer die Familie von Halil.		
Viele meinen, dass meine Freundschaft ist stark mit Halil.		
Die Frau und sein Kind kamen an.		
Ich wollte die Berge klettern.		
Ich erstatte ihnen einen Besuch.		
Vorher wir die Übung machen, erklärten wir die Grammatik.		
Der Lehrer braucht viele Dinge zu können.		
Es kommt häufig zu Missverständnisse.		
Sie versuchte, ihn zu helfen.		

A	**A**usdruck
Art	**Art**ikel
Bez	syntaktischer oder semantischer **Bez**ug
Gen	**Gen**us
I	**I**nhalt
K	**K**asus
Konj	**Konj**unktion
M	**M**odus
mF	**m**orphologischer **F**ehler
Mv	**M**odal**v**erb
Präp	**Präp**osition
Pron	**Pron**omen
R	**R**echtschreibung

Sb	**S**atz**b**au
St	**S**atzs**t**ellung
Stil	**Stil**
T	**T**empus
W	**W**ortwahl
Z	falsche oder fehlende **Z**eichensetzung
$\vee$	Fehlen von Elementen
$\vdash\!\dashv$	überflüssige Elemente, die zu streichen sind
$\curvearrowleft$	Umstellung

Unumgänglich ist es, dass die Korrekturzeichen für die Lernenden so einfach und verständlich wie nötig, aber auch so hilfreich wie möglich sind.

Deshalb sollten Sie die Korrekturzeichen an die jeweiligen Gruppen anpassen. Für jüngere Schüler brauchen Sie eine sehr einfache Klassifikation. Bei älteren Lernenden, die keine besonderen Kenntnisse über Sprache haben und die z. B. auch die Grammatikterminologie nicht kennen, reichen auch vereinfachte und/oder reduzierte Korrekturzeichen. Möglicherweise kommt man hier auch mit Farbmarkierungen (siehe Kapitel 3.3.1, Seite 56) aus. Bei Lernenden hingegen, die ein recht hohes Sprachbewusstsein besitzen, kann man wesentlich differenziertere Korrekturzeichen benutzen.

Sie sollten, falls Sie dies nicht sowieso schon gemacht haben, Ihre eigene Klassifikation für Ihre Adressatengruppe zusammenstellen, denn keine Klassifikation ist wirklich in sich stimmig und logisch. Sie können sogar – wenn Sie dies für sinnvoll halten – bei einem bestimmten Lernstadium die Zeichen für den gerade bearbeiteten Lernstoff noch weiter differenzieren und bei einem anderem Lernstadium wieder reduzieren.

Wichtig ist – wie schon gesagt – vor allem, dass die Schüler Ihre Zeichen kennen und verstehen und dass sie sie als Hilfe für ihre Selbstkorrektur benutzen können.

Manchmal kann es übrigens sogar sinnvoll sein, keine metasprachlichen Zeichen (also z. B. Grammatikterminologie wie Präposition oder Genus) zu benutzen, sondern auf (inhaltliche) Erklärungen zur Grammatik zurückzugreifen, die Sie in Ihrer Gruppe benutzt haben.

So könnten Sie z. B. Fehler auch folgendermaßen korrigieren:

Lerneräußerung	*schriftlicher Lehrerkommentar*
Ich gehe im Kino.	Wohin?
Ich arbeite heute viel, obwohl ich bin krank.	Stellung des Verbs im Nebensatz?

Versuchen Sie, schriftliche Arbeiten Ihrer Schüler daraufhin zu untersuchen, ob Sie für bestimmte Fehler ähnliche Kommentare benutzen können.

Aufgabe 57

Das Goethe-Institut schlägt im Übrigen für die Zentrale Mittelstufenprüfung im *Trainingsmaterial für Prüfer zum Schriftlichen Ausdruck* (Goethe-Institut 1997) eine Fehlerkennzeichnung vor, die sich auf Ausdrucksfehler (A), Verstöße gegen die Regeln von Morphologie und Syntax (G), Rechtschreibefehler (R) und Zeichensetzungsfehler (Z) beschränkt. Zusätzlich sollen Inhalt und Textaufbau durch Zeichen bewertet werden (Inhaltspunkte und Zeichen für besonders gelungene bzw. misslungene Textpassagen).

3.3.3   Die Berichtigung durch den Lehrer

Aufgabe 58

1. *Schauen Sie sich den folgenden Text aus Aufgabe 55 (Seite 57) noch einmal an. Er enthält diesmal einen Vorschlag zur Berichtigung durch den Lehrer.*

Lieber
Liebe Peter

bin   *China.*   *Die*
Ich habe seit zwei Wochen in China ~~geblieben.~~ Tong-ji Universität liegt in
                            neu   *ein neues*
Schanghai. Hier ist alles für mich neuig. Ich habe eines neue Leben
          Die
angefangen. chinesische Sprache ist viel schwieriger zu lernen als
     Fremdsprachen   *Freunde*
andere Fremdsprache. ... Trotzdem habe ich schon viele Freunden, die
          zu mir
sehr freundlich für mich sind. ...

Im Unterricht habe ich nicht genug verstanden, weil meine chinesische
                                        muss
Sprache nicht sehr gut ist. Deshalb habe ich nach dem Unterricht sehr
          Chinesisch lernen.
fleißig, Chinesisch zu lernen. ... (Möglich, aber nicht so gut: *Ich habe ...*
                  es   *Nächstes Mal*
fleißig Chinesisch zu lernen.) Ich habe sehr eilig. Nächste mal werde ich
                             beschreiben
ausführlich das Leben in China schreiben. (Oder: *Ich werde über ...*

schreiben.)

Viele Grüße von

deinem
dein Ei-zhong Xu

---

2. *Wann ist Ihrer Meinung nach eine derartige Berichtigung durch den Lehrer sinnvoll?*

Der Lehrer schreibt also entweder an den Rand oder über den Schülertext die richtigen Formen und lexikalischen Einheiten, d. h., er nimmt die Korrektur selbst vor. Auch die Angabe besserer Alternativen ist möglich. Es muss für den Schüler klar zu erkennen sein, ob ein wirklicher Fehler vorliegt oder ob der Lehrer nur einen „eleganteren" Ausdruck vorschlägt. Dies muss gekennzeichnet werden, sei es farbig oder indem man vor die Lehreralternative *besser:* schreibt.

Die richtige Äußerung in das Produkt des Lernenden hineinzuschreiben, ist einerseits sinnvoll, wenn man davon ausgeht, dass der Lernende sich auch durch zusätzliche Hilfen über Korrekturzeichen nicht selbst korrigieren kann. Andererseits kann dieses Verfahren verwendet werden, wenn man eine besonders häufig gebrauchte bzw. gute Formulierung für die vermutete Äußerungsabsicht mitliefern möchte. Bei Fehlern hingegen, die aus Unaufmerksamkeit oder anderen nur für den Lernenden nachvollziehbaren Gründen unterlaufen sind, sollte man eher die Möglichkeit zur Selbstkorrektur offen lassen. So hat der Schüler zum einen das Erfolgserlebnis, einen Teil seiner Fehler allein korrigieren zu können. Zum anderen wird er sich dadurch, dass er sich mit seinen eigenen Fehlern beschäftigt und so bewusst mit ihnen umgeht, bei den nächsten Malen besser an die richtige Form erinnern. Natürlich bedeutet ein solches Vorgehen mehr Arbeit für den Lehrer, da die Selbstkorrektur des Schülers noch einmal überprüft werden sollte.

Aufgabe 59

Wissen Sie eigentlich, was Ihre Schüler mit Ihren Markierungen bzw. Korrekturzeichen anfangen? Fragen Sie sie doch einmal danach.

3.3.4 Die Mischformen

Da Lernende unterschiedliche Fehler machen, die auch unterschiedliche Ursachen haben, ist es am sinnvollsten, die Korrekturverfahren zu mischen. Sie haben bei der schriftlichen Korrektur wesentlich mehr Zeit als bei der mündlichen und können deshalb auch eher auf besondere individuelle Schwierigkeiten der Lernenden eingehen und den jeweiligen Fehlerursachen gemäß verfahren.

➤ Wenn Sie der Meinung sind, dass der Fehler eigentlich nur als Versehen oder Ausrutscher des Lernenden gelten kann, so **unterstreichen** Sie ihn nur einfach, eventuell in einer besonderen Farbe.

➤ Wenn Sie der Meinung sind, dass der Lernende mit einer kleinen Hilfe den Fehler selbst korrigieren kann, dann könnten Sie **Korrekturzeichen** verwenden.

➤ Wenn Sie glauben, dass der Fehler einen wirklichen Irrtum (Kompetenzfehler) darstellt oder entstanden ist, weil der Lernende den Versuch gewagt hat etwas auszudrücken, was er eigentlich mit seinen Sprachkenntnissen noch nicht ausdrücken kann, so schreiben Sie die **berichtigte Äußerung** daneben.

Eine solch differenzierte schriftliche Fehlerkorrektur benötigt natürlich etwas mehr Platz. Daher sollte man die Lernenden bitten, bei ihren schriftlichen Arbeiten rechts und links genügend Platz für Korrekturen zu lassen (z. B. rechts für zu berichtigende Äußerungen und links für Korrekturzeichen).

3.3.5 Etwas andere Korrekturmöglichkeiten: Korrekturübungen

Im Folgenden möchte ich Ihnen einige Korrekturmöglichkeiten (die Liste ist sicherlich noch zu erweitern) zusammenstellen, die etwas weiter reichen als die üblichen Verfahren. Es handelt sich hierbei eher um Korrekturübungen. Deshalb sollten dafür möglichst keine Prüfungsarbeiten gewählt werden, da sonst der psychologische Druck dem Effekt entgegenstehen könnte. Die Korrekturübungen können in der Großgruppe, d. h. in der gesamten Klasse, durchgeführt werden, z. B. als Wettkampfspiel nach dem Motto: *Wer findet die meisten Fehler?* Sie können aber auch in Kleingruppen von 3 bis 5 Schülern, in Partner- oder Einzelarbeit gemacht werden.

> Zum Gruppenunterricht und zur Partnerarbeit finden Sie einen guten Überblick bei Schwerdtfeger (1995): *Gruppenunterricht und Partnerarbeit.*

Literaturhinweis

In diesem Zusammenhang sei auch auf die Fernstudieneinheit *Sozialformen und Binnendifferenzierung* hingewiesen.

Für die meisten Korrekturmöglichkeiten existieren folgende Varianten, die mit Blick auf die Atmosphäre in der Gruppe äußerst sensibel eingesetzt werden sollten:

1. Die Schüler bearbeiten ihre eigenen Texte.

2. Die Arbeiten werden ausgetauscht. Jeder bearbeitet den Text eines Mitschülers.

3. Alle Schüler bearbeiten denselben Text. Hierbei kann sehr gut auch in Partnerarbeit vorgegangen werden.

   Wenn Sie diese Möglichkeit wählen, dann sollten Sie allerdings bei der nächsten Korrekturaufgabe auf keinen Fall wieder die Arbeit des gleichen Schülers wählen: Denn selbst wenn Sie anonym vorgehen, werden die Schüler, deren Arbeit sie von den anderen korrigieren lassen, sich negativ angesprochen fühlen, wenn sie viel häufiger als die anderen als Beispiel herangezogen werden. Sie sollten vor allem immer betonen, wie wichtig diese Fehler auch für den Lernprozess der anderen sind, weil es eben Fehler sind, die bei den anderen in der Gruppe so oder ähnlich auch vorkommen.

4. In Gruppen werden mehrere ausgewählte Texte bearbeitet.

5. Die Lernenden selbst wählen aus ihren Arbeiten fehlerhafte Sätze aus, die sie auf ein Blatt Papier schreiben und zur Bearbeitung weitergeben.

Ich werde Ihnen im Folgenden die jeweiligen Übungsmöglichkeiten kurz beschreiben. Es handelt sich hierbei keinesfalls um eine abgeschlossene Liste. Durch die oben dargestellten Variationen bei den Arbeits- und Sozialformen, aber auch durch Veränderungen und Kombinationen bei der Aufgabenstellung lassen sich die angegebenen Übungsformen abwandeln. Es kommt darauf an, welches Ziel Sie mit der Aufgabe verbinden wollen: Geht es Ihnen bei der Aufgabe nur darum, bewusst zu machen, welche Fehler noch häufig auftreten, und wollen Sie danach erst gemeinsam mit den Lernenden die Korrekturen geben und besprechen? Oder wollen Sie die Lernenden schon dazu bringen, sich selbst zu korrigieren? Dies ist natürlich nur dann möglich, wenn es sich nicht um **Irrtümer** oder **Versuche** (= Kompetenzfehler) der Lernenden handelt. Selbst korrigieren können die Lernenden nur die Fehler, die als **Ausrutscher**

Rückverweis (= Performanzfehler) bezeichnet werden können (siehe hierzu Kapitel 2.3.2).

Bei den nun folgenden neun Übungen werde ich jeweils anhand einer Aufgabe illustrieren, welche Anweisung Sie Ihren Schülern geben könnten. Diese Aufgaben sind also nicht unbedingt dazu gedacht, dass Sie sie lösen (trotzdem finden Sie die Lösungen im Lösungsschlüssel angegeben). Sie sollen vielmehr als Beispiel dienen, wie Sie die Aufgabenstellung vornehmen könnten. Für die Aufgaben 60 – 66 habe ich kurze Textausschnitte ausgewählt. Sie stammen alle aus dem gleichen Lernertext, der von Khatima, einer Frau aus Marokko, berichtet.

Übungsmöglichkeit 1: *Finde die Fehler selbst (und korrigiere sie).*

Wählen Sie einen oder mehrere Lernertexte aus und geben Sie sie unkorrigiert und anonym als Korrekturaufgabe zurück. Die Texte sollten vorzugsweise in **Kleingruppen** oder in **Partnerarbeit** bearbeitet werden, d. h., die Lernenden sollen herausfinden, welche Fehler gemacht wurden und eventuell auch, wie diese zu korrigieren sind.

Aufgabe 60

> *Finden Sie in dem folgenden Textausschnitt die Fehler, streichen Sie sie an und versuchen Sie, sie zu korrigieren.*
>
>> Ich hatte Khatima schon als Kind gekannt. Ich war die Klassenkameradin ihrer kleinen schwester. Die Menschen, die denselben Viertel wohnten, nannten ihr Königin der Schönheit. Die schönsten reicheren Männer der Stadt wollten sie heiraten.

Bei dieser Übung gibt der Lehrer also keine Zusatzinformationen, die Fehleridentifizierung (und die Korrektur) wird den Lernenden überlassen. Sinnvoll ist diese Aufgabe natürlich nur dann, wenn es sich im Wesentlichen um Fehler handelt, die zwar immer wieder gemacht werden, die aber schon häufiger vorher korrigiert und besprochen wurden.

Übungsmöglichkeit 2: *Finde die angegebene Menge der Fehler.*

Schreiben Sie unter den Lernertext nur die Anzahl der Fehler und lassen Sie die Lernenden versuchen herauszufinden, welches die Fehler sein könnten. Bei dieser Möglichkeit bietet sich unter anderem ein Wettkampfspiel an. Zum Beispiel: *Welche Gruppe findet am schnellsten die angegebene Fehlerzahl?*

Aufgabe 61

> *Lesen Sie den folgenden Textausschnitt. Er enthält fünf Fehler. Finden Sie diese Fehler heraus, streichen Sie sie an und versuchen Sie, sie zu korrigieren.*
>
>> Man hatte Khatima während langen Jahren nicht in der Stadt gesehen, bis sie in einem sehr schlechten Zustand wiedererscheinte. Als sie mich kukte, habe ich gefühlt, dass sie mir sprechen oder nur begrüßen wollte.

Übungsmöglichkeit 3: *Du hast 3, 4, 5 ... Fragen offen, um die korrekte Lösung zu finden.*

Unterstreichen Sie die Fehler in den Lernertexten und geben Sie jeweils eine ausgewählte Arbeit an Kleingruppen zurück. Die Schüler können Ihnen (eine vorher festgelegte Anzahl von) Fragen stellen und Sie zu Rate ziehen. Direkte Fragen danach, wie der Ausdruck korrekt heißen müsste, sind verboten.

Aufgabe 62

Lesen Sie den folgenden Textausschnitt, in dem die Fehler unterstrichen sind. Falls Sie die Fehler nicht sofort korrigieren können, haben Sie drei Fragen offen, die Ihnen dabei helfen können, die Äußerung doch noch zu korrigieren.

> Khatima sagte: „<u>Siehst du mich</u>, ich hinke und <u>mein rechtes</u> Hand kann ich nicht bewegen. Mein Leben ist <u>geendet</u>. Ich bin für die Menschen verrückt und meine Eltern warten auf <u>mein</u> Tod. <u>Ich beschäme sie.</u>"

Fragen der Lernenden könnten möglicherweise sein: *Ist „Hand" nicht Neutrum? Man sagt doch „Sein Leben endete", warum dann nicht „Sein Leben ist geendet?" Ich habe aber in einem Buch gelesen „Er beschämte sie". Was heißt das denn?*

Eine andere Variante:

Der Lehrer darf auf die Fragen der Schüler nur mit *Ja* oder *Nein* antworten. Dieses Verfahren kann gewählt werden, wenn man die Lernenden noch stärker dazu anregen möchte, ihre eigenen Hypothesen über Sprache zu äußern.

Ein Ziel bei dieser Übung ist es, die Lernenden dazu zu bringen, ihre Hypothesen über Sprache in den Fragen zu äußern und sie sich damit auch stärker ins Bewusstsein zu bringen. Der Lehrer erhält dadurch mehr Informationen darüber, was im Kopf seiner Schüler vor sich geht und/oder welche Ursachen Fehler manchmal haben. Er kann dann z. B. mit weiteren Erklärungen reagieren.

Übungsmöglichkeit 4: *Ein paar Hilfen, damit du dich besser selbst korrigieren kannst.*

Unterstreichen Sie die Fehler und geben Sie eine zusätzliche Hilfe an, indem Sie z. B. den Fehler kennzeichnen, (z. B. falsche Präposition, falscher Artikel, falscher Satzbau usw.) oder den Schüler durch andere Hilfen zu einer richtigen Version führen. Lassen Sie auch hierbei wieder selbst oder durch die Mitschüler korrigieren.

Aufgabe 63

In dem folgenden Textausschnitt sind die Fehler genauer gekennzeichnet. Schreiben Sie die richtigen Formen über die Fehler.

> Khatima wurde mit <u>ein</u> Mann aus einem anderen Land verheiratet.　k
>
> Ihr Mann war ein reicher Diplomat. Sie <u>trägte</u> Pelz und <u>diamant</u>. Sie　ᴍF, R + k
>
> lebte in <u>ein großes</u> Haus, wo es viele Hausangestellten gab. Aber　k, k
>
> wie ein arabischer <u>poet</u> sagt. „Man soll nicht auf die Würze des　R
>
> Lebens sich verlassen, weil alles im Leben unvollständig ist."

Das Ziel dieser Übung kann sein, dass der Lernende über derartige kleine Hilfen zur Selbstkorrektur gelangt und damit möglicherweise auch erkennen lernt, in welchen Bereichen seine hauptsächlichen Probleme liegen.

Übungsmöglichkeit 5: *Ordne die Fehlerkennzeichnungen den entsprechenden Fehlern zu.*

Schreiben Sie ungeordnet die Fehlerkennzeichnungen unter die Arbeit. *Wer findet die Stellen, wo die Kennzeichnungen hingehören?* Auch hier können Sie natürlich zu zweit zusammenarbeiten lassen und einen kleinen Wettkampf organisieren: *Wer hat die meisten richtigen „Plätze" herausgefunden?*

Aufgabe 64

> *Unterstreichen Sie die Fehler im Text und ordnen Sie die Fehlerkennzeichnungen unter dem Text bitte den Fehlern im Text zu.*
>
> > Khatima machte einen Unfall mit ihrem Auto und wurde sehr verletzt. Mit ihrem Bein konnte sie nicht mehr schreiten. Sie machte schlafenlose Nächte. Khatima kehrte zurück nach ihrem Land bei ihrer Familie.
> >
> > Sie hat von ihrem Mann ihre Scheidung bekommen.
>
> *2 x A(usdruck)*
> *1 x m(orphologischer) F(ehler)*
> *2 x Präp(osition)*
> *2 x W(ortwahl)*

Ein wichtiges Ziel kann sein, dass der Lernende die Fehlerkennzeichnungen seines Lehrers auch wirklich erkennen und verstehen lernt – denn nur dann haben die Hilfen eine echte Funktion. Dieses Ziel kann mit der vorhergehenden Aufgabenstellung nicht so gut erreicht werden, da der Lernende den Fehler möglicherweise korrigieren kann, ohne die Fehlerkennzeichnung zu verstehen.

Übungsmöglichkeit 6: *Erforsche die Fehlerursachen.*

Geben Sie je einer Gruppe von ca. drei bis vier Lernenden eine Arbeit mit Fehlermarkierungen (auch Fehlerkennzeichnungen möglich) zurück und lassen Sie die Gruppe herausfinden, warum diese Fehler gemacht wurden. Die Gruppe kann eventuell die Verfasser hinterher befragen, ob ihre Hypothesen über die Fehlerursachen stimmen. Natürlich können auch die Ursachen der eigenen Fehler erforscht werden. Bei dem ersteren Verfahren hat man allerdings den Vorteil, dass intensiver über Ursachen geredet und diskutiert wird.

Aufgabe 65

> *Schauen Sie sich die folgenden Fehler (unterstrichene Passagen/⌐⌐) an. Welche Ursachen könnten zu diesen Fehlern geführt haben?*
>
> > Khatima sagte: „Meine Schwestern schlagen mir. Als ich reich war, waren sie sehr freundlich. Ich machte ihnen viele Geschänke. Jetzt jede hat ihren Wagen."

Eine interessantere Variante dazu wäre:

Die Lernenden selbst suchen aus ihren eigenen Produktionen z. B. 10 Sätze mit „interessanten" Fehlerursachen aus, die sie auf ein Blatt Papier schreiben. Die Blätter werden mit einem Partner ausgetauscht. Die jeweiligen Partner sollen herausfinden, welche Ursachen zu den Fehlern geführt haben können. Die Partner stehen als Informationsquelle zur Verfügung und helfen, die Ursachen zu entdecken.

Hinter dieser Aufgabenstellung steht die Annahme, dass man sich korrigierte Formen wahrscheinlich besser merken kann, wenn man bei bestimmten Fehlern zunächst die Ursachen erkannt hat.

Übungsmöglichkeit 7: Vergleiche deine Version mit der Lehrerversion.

Eine Lernerproduktion wird ausgewählt. (Vorsicht: Es sollten immer die Lernenden gewechselt werden.) Die fehlerhafte Version und eine vom Lehrer erstellte fehlerfreie Version, in der auch stilistische Mängel verbessert wurden, werden an Kleingruppen verteilt. Die Schüler sollen die Fehler in der fehlerhaften Version anstreichen und darüber diskutieren, um welche Fehler es sich handelt (z. B. es handelt sich um einen grammatischen Fehler oder um eine bessere Formulierung). Sie können dabei immer die fehlerfreie Version einsehen und auch den Lehrer bei Fragen und besonderen Problemen heranziehen.

Vergleichen Sie bitte die noch nicht korrigierte Version einer Schülerin mit der fehlerfreien korrigierten Version des Lehrers. Streichen Sie die Fehler an und überlegen Sie, um welche Fehler es sich hier handelt. (Denken Sie bitte daran, dass sich dieser Text inhaltlich an die Textbeispiele 1 – 6 anschließt.)

Aufgabe 66

In dieser Version finden Sie noch ein paar Fehler:

> Ich habe nichts gesagt, ich habe Khatima begrüßt und ich bin weggegangen. Vielleicht sollte ich sie trösten, aber wie und mit was? Ihr Kummer ist sehr groß und ich wusste nicht was sagen.

Diese Version enthält keine Fehler mehr:

> Ich habe nichts gesagt. Ich habe mich von Khatima verabschiedet und ich bin weggegangen. Vielleicht hätte ich sie trösten sollen, aber wie und womit? Ihr Kummer ist sehr groß und ich wusste nicht, was ich hätte sagen können.

Bei dieser Aufgabenstellung geht es darum, dass die Lernenden sich bewusst und intensiv mit ihren Fehlern und dem Vergleich mit der korrekten Version auseinander setzen.

Übungsmöglichkeit 8: *Sieh deine Fehler einmal mit ganz anderen Augen.*

Die Lernenden erhalten ihre eigenen Arbeiten zurück, die entweder nur mit Korrekturzeichen versehen oder vollständig korrigiert sind, also bei denen die korrekten Einheiten über oder neben die Arbeit geschrieben wurden. Die so vom Lehrer bearbeiteten Lernerproduktionen werden von den Schülern daraufhin überprüft, ob sie sie z. B. nach folgenden Gesichtspunkten hin klassifizieren können:

1. *Fehler, bei dem ich eigentlich überzeugt war, dass es keiner war.*
2. *Fehler, den ich selbst gut hätte korrigieren können, wenn man mich bei der Arbeit darauf hingewiesen hätte.*
3. *Fehler, der für mich einfach nicht vermeidbar war.*
4. *Fehler, der absolut nicht nötig war.*
5. *Fehler, der mir eigentlich so viel besser gefällt als der korrekte Ausdruck.*

Ich habe mich hier wiederum an der etwas ungewöhnlichen Klassifikation von Knapp-Potthof orientiert, die wir in Kapitel 2.3.6 (Seite 48) schon bearbeitet haben. Vielleicht fallen Ihren Schülern ja noch ganz andere Aussagen zu ihren Fehlern ein. Sie sollten auf jeden Fall mit Ihren Schülern deren Aussagen zu den eigenen Fehlern besprechen. So erfahren Sie, was Ihre Schüler sich bei der Produktion gedacht haben, und Ihre Schüler können sich wahrscheinlich besser merken, wo sie noch Probleme haben, und bei der nächsten schriftlichen Arbeit stärker auf diese Bereiche achten.

Hier kann ich Ihnen natürlich kein Beispiel geben, da es ja um sehr persönliche Aussagen geht und wir unsere eigenen Texte heranziehen müssten.

Übungsmöglichkeit 9: *Mit Fehlern kann man auch spielen.*

Die Lernenden spielen mit bestimmten Arten von Fehlern (vgl. hierzu auch die Übungen für den Englischunterricht von Köhring 1987). Diese Übung fällt etwas aus den anderen Korrekturübungen heraus, da hier nicht versucht werden soll, die eigenen schon gemachten Fehler zu „therapieren". Die Schüler sollen vielmehr bewusst – und zum Spaß – Fehler einsetzen. Ich sehe hier schon Ihre ablehnenden Gesichter vor mir – und Sie haben völlig Recht. Natürlich kann es nicht darum gehen, bewusst orthographische, grammatische oder lexikalische Fehler zu machen, die sich dann vielleicht einprägen. In dieser Übung sollte nur – ganz bewusst – mit pragmatischen Fehlern gespielt werden.

In der Regel sollten Übungen dieser Art vorbereitet werden, indem den Lernenden zunächst Dialogmodelle – z. B. auch mit kulturellen Missverständnissen – vorgestellt werden. Ausgezeichnete Beispiele hierfür finden sich in dem Lehrwerk *The Culture Puzzle* von Levine u. a. (1987). Zwar bezieht sich dieses Buch auf den Kontext *Ausländer in den USA* und deren interkulturelle Probleme. In der Regel wird jedoch ein Deutschlehrer, der den kulturellen Hintergrund seiner Schüler und den deutschen Kontext kennt, eigene Beispiele daraus ableiten können. Wenn erst einmal mit vorgegebenen Beispieldialogen gearbeitet wurde, in denen pragmatische Fehler oder auch kulturelle Missverständnisse eingebaut wurden, dann dürften die Lernenden selbst z. B. einen Dialog schreiben können, in dem die Personen das für das entsprechende Land bzw. für die entsprechende Situation „angemessene" Sprachniveau nicht einhalten, Höflichkeitsfloskeln, Komplimente, Gefühlsäußerungen und vieles andere mehr ungewöhnlich verwenden. Sie können einen Dialog in einer Situation konstruieren, in dem z. B. Vorstellungen von „Zeit" aufeinander prallen (z. B. bei Einladungen), in dem aber auch das Klären von Missverständnissen thematisiert werden kann. Halten Sie die Vorlagen bewusst sehr einfach, damit die Lernenden nicht durch das perfekte Vorbild abgeschreckt werden. Ich gebe Ihnen im Folgenden ein Beispiel für einen konstruierten Dialog, in dem pragmatische Fehler und Missverständnisse enthalten sind.

<u>Aufgabe 67</u>

1. *Analysieren Sie den folgenden Dialog bitte daraufhin, was hier „schief gelaufen" ist. Welche Erklärungen gibt es dafür? Wie könnte man das Missverständnis klären? (Es handelt sich um ein Gesprächsende, das so zwischen einem arabischen Studenten und einer deutschen Studentin hätte stattfinden können.)*

> Andrea: (*nach einem Gespräch in der Cafeteria der Universität*)
> Ja also, ich muss jetzt los. Hab noch eine Menge zu tun. Tschüs, wir sehen uns. Komm mal vorbei.
>
> Jamil: Ja gut, ich komme morgen zu dir. Wo wohnst du?
>
> Andrea: (*sieht ihn irritiert an*) Na ja, tschüs dann (*geht schnell weg*).

2. *Schreiben Sie eine Geschichte oder einen Dialog über eine Situation, in der die Personen unangemessen reagieren und das der Situation angemessene Sprachniveau nicht einhalten. Denken Sie dabei an Missverständnisse, die aufgrund von Unterschieden zwischen Ihrer Kultur und der Kultur der Zielsprache entstehen könnten. Wenn Sie diese*

_____

_____

_____

_____

_____

_____

Ein solches Spielen mit pragmatischen Fehlern wäre ebenfalls in der mündlichen Kommunikation als Rollenspiel möglich. Die vorgeführten Spiele mit eingebauten pragmatischen Fehlern können gut als Vorlage für die Großgruppe benutzt werden: *Welche pragmatischen Fehler kommen vor? Auf welche Vorerfahrungen und kulturellen Hintergründe ist dabei zu schließen? Wie reagiert man auf Situationen, in denen man merkt, dass einem etwas Ähnliches unterlaufen ist?* Ein solches Vorgehen eignet sich vor allem für Gruppen, die schon einmal in einem deutschsprachigen Land waren und dabei schon Erfahrungen mit kulturellen Missverständnissen gemacht haben.

3.4 Die Fehlerbewertung und -gewichtung*

Wir werden uns mit der Fehlerbewertung und -gewichtung nur im Rahmen der Ziele dieser Studieneinheit auseinander setzen, die der Reflexion der eigenen Korrekturtätigkeit dienen soll.

Wir werden hier diskutieren, ob es Kriterien gibt, die wir für die Einteilung in „schwere" bzw. „leichte" Fehler (also die Fehlergewichtung) benutzen können. Selbst wenn die schriftliche Korrektur nicht für eine Benotung eingesetzt wird, kann man über die Korrektur hinaus Gewichtungen der Fehler mit angeben. Die Frage ist allerdings: Wann liegt ein schwerer Fehler und wann ein leichter vor?

> *Nehmen Sie bei der Korrektur schon Fehlergewichtungen vor? Was bezeichnen Sie als „schweren Fehler"? Geben Sie bitte Ihre Gründe dafür an.*

Aufgabe 68

Sie wissen, dass Fehler den Sinn einer Äußerung verändern können, dass sie andererseits darauf aber auch keinerlei Auswirkungen zu haben brauchen. Manchmal führt ein Fehler dazu, dass man nicht mehr versteht, was der Lernende eigentlich sagen wollte, manchmal würde man den Fehler nicht einmal bemerken, wenn man die Äußerung nicht geschrieben sähe, sondern nur gesprochen hörte.

Wir haben es also teilweise mit kommunikationsbehindernden Fehlern (für Deutsche oder auch für andere Kommunikationspartner) zu tun, die man ja möglicherweise als schwerere Fehler bewerten könnte als nicht kommunikationsbehindernde Fehler.

Nun ist es meist so, dass grammatische Fehler weniger stark das Verständnis behindern als lexikalische. In der Regel weiß man auch bei einem grammatischen Fehler, was der Lernende sagen wollte. Bei lexikalischen Fehlern ist oft der Sinn nicht klar. Noch stärker können pragmatische oder inhaltliche Fehler zu Missverständnissen führen. Soll man daher solche Fehler als „grobe" Verstöße bewerten oder sind grobe Fehler vielmehr solche, die der Lernende in seinem Lernstadium nicht mehr machen sollte? Oder sind Fehler als besonders schwer zu werten, die z. B. gerade in der Gruppe eingeübte grammatische Phänomene betreffen?

Schauen Sie sich die folgenden Sätze an, in denen die Fehler unterstrichen sind. (Die Beispiele stammen aus mehreren Texten, in denen das jeweilige Klischee vom „typischen Deutschen" beschrieben wird.)

1. Welche Fehler würden Sie als „schwere" und welche als „leichte" Fehler bewerten? Ordnen Sie sie bitte auf der anschließenden Skala ein und geben Sie Ihre Gründe für die Einordnung an.

a. Ich kenne einen typisch deutschen <u>Student</u>.
b. Ulrich <u>trägt</u> seine Gesundheitsschuhe <u>an</u>.
c. Sie ist größer als <u>uns</u>.
d. Er trägt einen <u>tyroleren Hut</u>.
e. Man muss ein Buch schreiben, um <u>die Bezeichnen</u> eines Deutschen zu schreiben.
f. Er arbeitet in der <u>Kuche</u>.
g. Engländer und Deutsche, Feinde in den Weltkriegen und dennoch <u>Freunden</u> in Europa.
h. Er ist laut und er <u>estrecke</u> mich.

Beispiel (leichter Fehler)	1	2	3	4	5	(schwerer Fehler)
a.						
b.						
c.						
d.						
e.						
f.						
g.						
h.						

2. Wenn möglich, vergleichen Sie die von Ihnen vorgenommenen Einordnungen mit denen Ihrer Kollegen.

Die Fehlergewichtung kann sich nach mehreren Kriterien richten. Wahrscheinlich haben Sie recht unterschiedliche Einordnungen vorgenommen.

Für die nächste Aufgabe habe ich eine Liste mit Kriterien für die Fehlergewichtung zusammengestellt. Sie werden in ähnlicher Form in den deutschen Richtlinien zu unterschiedlichen Fremdsprachen und in den so genannten *Einheitlichen Prüfungsanforderungen*, die in der gesamten Bundesrepublik für das Abitur gelten, aufgeführt (vgl. z. B. Kultusministerium des Landes Nordrhein-Westfalen 1993 und Ständige Konferenz der Kultusminister der Länder 1981).

Schauen Sie sich die folgenden Kriterien für die Fehlergewichtung an. Geben Sie bitte an, welche Kriterien Ihrer Meinung nach in besonderem Maße berücksichtigt werden sollten und welche weniger. Beachten Sie dabei, welches Ziel Sie im Unterricht haben.

1. Wirkt sich der Fehler störend auf das Verständnis aus?

2. Liegt ein Verstoß gegen grundlegende grammatische Gesetzmäßigkeiten oder ein unkorrekter Gebrauch von gängigem Wortschatz oder idiomatischen Wendungen vor?

3. Wäre der Fehler, wenn man die Äußerung vorlesen würde, hörbar?

4. Wurde das fehlerhafte Phänomen gerade erst oder schon häufig im Unterricht behandelt?

5. Handelt es sich um einen Fehler, der schon häufig vorkam und auch schon häufig korrigiert wurde?

Diese Kriterien liegen auf unterschiedlichen Ebenen. Die Entscheidung, was Sie als schweren und was Sie als leichten Fehler bewerten, kann keine starre Zuordnung sein. Sie sollte vielmehr je nach Kursziel oder auch je nach Adressatengruppe vorgenommen werden: Handelt es sich z. B. um eine Gruppe, bei der das Ziel eine korrekte schriftliche Sprachanwendung ist, oder haben wir es mit einer Gruppe zu tun, die möglichst schnell in Alltagssituationen „durchkommen" will? Natürlich kann man auch Kriterien kombinieren.

Als **schweren Fehler** könnte man z. B. bewerten:

➤ einen elementaren Verstoß gegen Lexik und Morphosyntax. Hierbei wird berücksichtigt, dass wir in der Regel im Deutschunterricht ein relativ korrektes Deutsch anstreben, mit dem der Lernende nicht nur in den elementaren Situationen zurechtkommt.

➤ einen Fehler, der ein oft geübtes sprachliches Phänomen betrifft. Hierbei würde der momentane Lernstand der Gruppe und die Lernsituation mit einbezogen.

➤ einen pragmatischen Fehler. Hierbei würde berücksichtigt, dass gerade pragmatische Fehler zu Missverständnissen im Kontakt mit Muttersprachlern führen können und dass pragmatische Fehler häufig dem „Charakter" des Sprechers und nicht der mangelnden Sprachkompetenz zugerechnet werden.

Als **leichten Fehler** könnte man bewerten:

➤ einen Verstoß, der bei einem Versuch entstanden ist, etwas auszudrücken, was kaum geübt wurde. Man würde mit einer derartigen Gewichtung z. B. auf Lernstrategien der Schüler Rücksicht nehmen. Eine solche Gewichtung würde die Risikobereitschaft der Lernenden fördern, Neues auszuprobieren und Hypothesen über die neue Sprache aufzustellen. Dies kann unvorteilhaft sein, wenn es sich um ohnehin schon stark risikobereite Lernende handelt, die dann Äußerungen versuchen, die weit über das bisher erreichte Niveau hinausgehen. Es würden unter Umständen allzu viele Fehler vorkommen, die wahrscheinlich nur mit größtem Aufwand zu korrigieren sind. Bei vielen Lernenden allerdings sollte man ruhigen Gewissens versuchen, die Risikobereitschaft zu erhöhen. Die schriftliche Korrektur hat ja den Vorteil, dass man mehr Zeit als bei der mündlichen Korrektur hat und daher zum Teil auf den Lernenden individuell eingehen kann.

➤ einen Fehler, den man, wenn man den Satz vorlesen würde, nicht hören könnte. Hier würde darauf geachtet, dass der Fehler die Kommunikation auf gar keinen Fall behindern könnte, ja dass er in der mündlichen Kommunikation nicht einmal wahrzunehmen wäre – so wie in der Unterrichtssituation.

Betrachten Sie diese Kriterien als einen Vorschlag. Sie wissen natürlich besser, was für **Ihre Gruppen** von Wichtigkeit ist. Es besteht allerdings eine Gefahr, die vor allem dann nicht außer Acht gelassen werden darf, wenn Sie im Anschluss an die Fehlergewichtung eine Note geben müssen, wenn Sie also eine Arbeit bewerten:

Lehrer sind Schülern gegenüber häufig voreingenommen: Gute Schüler werden besser eingeschätzt und man traut sozusagen seinen eigenen Augen bei den Fehlern nicht. Dieses Phänomen kennt man in der Pädagogik unter dem Namen die *Sich selbst erfüllende Prophezeiung* (engl. *self fulfilling prophecy*). Daher ist man möglicherweise geneigt, Fehler bei einigen Schülern strenger zu bewerten als bei anderen.

Man kann im Übrigen auch **Zeichen für die Fehlergewichtung** benutzen, damit auch den Lernenden bewusst wird, welche Fehler ihre Lehrer in Prüfungsaufgaben tendenziell als schwerere Fehler bewerten.

Durch Doppelung der Korrekturzeichen kann man z. B. anzeigen, ob es sich um einen schweren oder einen leichten Fehler handelt, z. B. *TT* für einen schweren Tempusfehler.

Natürlich kann man auch durch unterschiedliche Farben die Schwere der Fehler, die **Fehlergewichtung,** anzeigen. Man darf dann allerdings keine unterschiedlichen Farben für die **Fehlerkennzeichnung** benutzen, da ansonsten die Schüler verwirrt werden könnten.

Sie können zum Beispiel so verfahren:

- schwerer Fehler   *FF*   *violett*
- normaler Fehler   *F*   *rot*
- leichter Fehler   *f*   *grün*

Bei leichteren Fehlern oder bei „ungeschickten" Formulierungen kann man auch nur „unterkringeln".

Im Übrigen sollten den Lernenden **nicht nur die Mängel** einer Arbeit aufgezeigt werden. Man sollte Teile vielmehr auch dann kennzeichnen, wenn es sich um besonders gelungene Äußerungen – inhaltlich und sprachlich – handelt. Dies sind die so genannten „Positivkorrekturen", die wir bereits in Kapitel 3.2 (Seite 55) angesprochen haben.

Weitere Informationen zur Leistungsmessung finden Sie in den Studieneinheiten *Probleme der Leistungsmessung, Lernfortschrittstests in der Grundstufe* und *Testen und Prüfen in der Grundstufe, Einstufungstests und Sprachstandsprüfungen.*

Ein recht einfach zu handhabendes Bewertungsverfahren finden Sie außerdem in dem *Trainingsmaterial für Prüfer zum Schriftlichen Ausdruck*, das für die Zentrale Mittelstufenprüfung vom Goethe-Institut (1997) herausgegeben wurde.

Nur so viel sei hier noch zur **Fehlerbewertung** gesagt:

➤ Bei der Bewertung sollte nicht nur die Summe der Fehler in die Bewertung eingehen, vielmehr muss die Komplexität des Ausdrucks und der Inhalt berücksichtigt werden. Sprache, Inhalt und Ausdruck – diese drei Aspekte werden in der Regel genannt, wenn es um die Bewertung von freien Produktionen geht. Sie können sich vorstellen, dass Inhalt und Ausdrucksvermögen recht subjektive Kategorien darstellen. Eine Auszählung ist hier kaum möglich. Bei der Kategorie *Sprachrichtigkeit* könnte man – wenn man es für sinnvoll hält – einen Fehlerquotienten (F_q) errechnen. Dieser ergibt sich aus der Anzahl der Fehler (Σ, F), die zur Anzahl der Wörter (Σ, W) des Textes in Bezug gesetzt wird.

$$F_q = \frac{\Sigma F \times 100}{\Sigma W}$$

➤ Die Bewertung sollte in Verbindung mit den vorhergehenden Arbeiten stehen, wenn dies möglich ist. Es ist natürlich schwierig zu entscheiden, ob man Arbeiten an der persönlichen Lernentwicklung misst oder die Lerngruppe als Bezugsnorm nimmt. Gibt man dann eine bessere Note, wenn man bei einem Lernenden einen Lernfortschritt erkannt hat, auch wenn die Arbeit im Hinblick auf die Arbeiten der Mitlernenden als wesentlich schlechter zu bewerten ist?

➤ Die Bewertung sollte sinnvollerweise einen Lehrerkommentar zur Arbeit enthalten. Dieser Kommentar sollte dem Schüler Informationen über seinen momentanen Leistungsstand vermitteln und dabei eventuelle Fortschritte lobend hervorheben. Wichtig beim Lehrerkommentar ist, dass er aussagekräftig ist, dass er die wichtigsten Mängel und Defizite klarmacht und eventuelle Übungsmöglichkeiten aufzeigt. Bei einigen Untersuchungen (vgl. z. B. Cohen 1987) wurde herausgefunden, dass Lehrerkommentare zu schriftlichen Arbeiten den Lernenden häufig sehr geringe Informationen vermitteln. Aussagen wie *Äußerst unklar! Ich bin von dir anderes gewöhnt. Unsinnig!* sind eben nicht sehr klar und bringen den Lernenden nicht viel weiter.

3.5 Die nachträgliche Besprechung von korrigierten schriftlichen Produktionen

Aufgabe 71

Denken Sie bitte an Ihre eigene Schulzeit zurück. Gibt es Besprechungen von korrigierten Arbeiten, die Ihnen besonders im Gedächtnis geblieben sind? Wenn ja, warum erinnern Sie sich gerade an diese?

Alles, was bisher schon zum Fehler und zur Fehlerkorrektur gesagt wurde, basiert auf zwei Grundannahmen:

1. **Fehler gehören zum Lernprozess.**

2. **Ein bewusster Umgang mit Fehlern fördert das Weiterlernen.**

Man macht zwar die Erfahrung, dass die Lernenden der Besprechung von korrigierten benoteten Arbeiten nicht immer die notwendige Aufmerksamkeit schenken (vgl. u. a. Kielhöfer 1993), da wir jedoch grundsätzlich wollen, dass die Schüler aus ihren Fehlern lernen, sollte auch eine sinnvolle Besprechung erfolgen. Dies ist natürlich leichter, wenn es sich um eine nicht benotete Aufgabe handelt.

Aufgabe 72

Wie besprechen Sie korrigierte Aufgaben und was machen Sie im Anschluss an solche Besprechungen? Vergleichen Sie bitte, falls möglich, Ihr Vorgehen mit dem Ihrer Kollegen.

Folgende Punkte sollte man bei der Besprechung schriftlicher Korrekturen besonders berücksichtigen:

➤ Der **Ton macht die Musik.** Wenn Fehler mangelnder Begabung angelastet werden, so kann man sicher sein, dass die Besprechung den Lernenden nicht für die Sprache und den Unterricht motivieren kann. Fehler sollten dem Lernenden daher immer als notwendiges Durchgangsstadium dargestellt werden. Die Besprechung kann humorvoll, ernst, kritisch oder verständnisvoll erfolgen – sie sollte nur nie bloßstellend wirken. Allerdings ist es immer wieder ein Problem, dass Lernende teilweise etwas als bloßstellend und negativ empfinden, was der Lehrer manchmal gar nicht so gemeint hat.

➤ Wenn man will, dass aus Fehlern gelernt wird, so sollte man versuchen, **über Ursachen** von Fehlern zu **sprechen**: Was hat sich der Lernende dabei gedacht, als er diesen Fehler machte? Hat er ihn bewusst gemacht, weil er eine sprachliche Hypothese zu diesem Phänomen aufgestellt hatte oder weil er etwas aus seiner Muttersprache übertragen hatte oder resultiert der Fehler vielleicht auch nur aus Flüchtigkeit? Natürlich kann man nicht jeden Fehler besprechen. Aber besonders interessante oder häufig vorkommende Fehler könnten ausgewählt werden, wie auch Fehler, die zu weiterführenden Erklärungen dienen können.

➤ In jedem Fall sollte man auf die **Besprechung unverständlicher Stellen** besonderen Wert legen. Hierbei handelt es sich häufig um Versuche der Lernenden, etwas auszudrücken, was sie eigentlich noch nicht beherrschen. Wenn Lernende jedoch etwas ausprobieren, so sind sie in der Regel auch dazu bereit, das entsprechende Phänomen zu lernen. Sie zeigen damit an, was sie brauchen, um ihre Äußerungsabsicht zu realisieren. Hier könnte man also eventuell Strukturen oder lexikalische Einheiten erklären und vorziehen. Dies kann individuell oder in der Gesamtgruppe geschehen.

➤ Da Fehler anzeigen, in welchen Bereichen der Lernende noch Probleme hat, sollten in der Besprechung **Übungsvorschläge** für sprachliche Phänomene gemacht werden, die besonders fehlerträchtig waren.

➤ Bei den Fehlerbesprechungen können die **Sozialformen** verändert werden. Teilweise können Besprechungen in der Großgruppe erfolgen, teilweise aber auch individuell. Bei individuellen Besprechungen kann man für Fragen zur Verfügung stehen, man kann jedem Schüler z. B. eine bestimmte Zeit widmen. Individuelle Besprechungen können von Zeit zu Zeit äußerst wichtig sein, vor allem, wenn sich bei Einzelnen die Leistungen verschlechtern. Möglicherweise können so Ursachen erkannt und besprochen werden.

➤ Die verbesserten Fehler 20-mal aufschreiben zu lassen, bringt nicht sehr viel, da dies meist automatisch „ohne Sinn und Verstand" geschieht. Zusätzliche Übungen sind viel sinnvoller. Es kann allerdings durchaus sinnvoll sein, eine **gesamtkorrigierte Fassung anfertigen** zu **lassen**. Ein Motivationsfaktor könnte dabei sein, dass z. B. die schönsten oder die komischsten oder die interessantesten Produktionen am Ende eines Kurses in einem Kursheft zusammengefasst werden. Diese Sammlung kann dann an die gesamte Gruppe verteilt werden, sie kann z. B. als Wandzeitung angeschlagen werden. Wichtig ist, dass dem Schüler einsichtig ist, warum eine korrigierte Gesamtfassung sinnvoll ist und eventuell sogar Spaß machen kann.

➤ Es könnte den Lernenden vorgeschlagen werden, für sich selbst eine **Fehlerstatistik** zu führen: eine Statistik darüber, welche Fehler sie zu bestimmten Zeitpunkten besonders häufig machen und welche sie in Zukunft möglichst vermeiden möchten. Die konkreten Fehler müssen nicht noch einmal aufgeschrieben werden (es sei denn, die Lernenden ziehen dieses Verfahren vor). Die Lernenden könnten vielmehr in ihrer Statistik die Fehler beschreiben und dabei z. B. folgendermaßen vorgehen:

Fehlerstatistik vom 1.10. – 1.12.

Fehlerbeispiel	Fehlerart	Anzahl der Fehler	Korrektur
	Präpositionen	1	Ich treffe mich mit meiner Freundin.
		1	Er interessiert sich für Literatur.
		1	Sie kümmert sich sehr um ihre Kinder.
Summe:		3	
	Ausdrücke	1	Er macht nie den ersten Schritt.
		1	Sie schiebt mir den Fehler in die Schuhe.
Summe:		2	
	Übertragungen aus meiner Muttersprache	1	Ich helfe dir gern.
Summe:		1	

Fehlerbeispiel	Fehlerart	Anzahl der Fehler	Korrektur
	...		
Summe:			
	...		
Summe:			
	...		
Summe:			

Die Fehlerklassifikationen der Lernenden brauchen dabei nicht einmal auf einer Ebene zu liegen, sie können durchaus – wie im Beispiel oben – gemischt werden.

3.6 Wie kann man die schriftlichen Korrekturen noch effektiver machen?

Da man schriftliche Korrekturen – wenn die Gruppe nicht allzu groß ist – recht gut individualisieren kann, also in die Lernertexte Kommentare, Grammmatikkapitel, die noch zu üben sind, und andere Ratschläge hineinschreiben kann, ist es sinnvoll zu wissen, wie Ihre Gruppe mit Ihren Korrekturen umgeht. Warum fragen Sie sie also nicht? Nur: diese Befragung sollten Sie anonym vornehmen, also über einen Fragebogen, in dem Sie viele offene Fragen stellen. Geben Sie bei offenen Fragen keine Antwortmöglichkeiten zum Ankreuzen an, sondern lassen Sie Ihre Schüler ihre eigenen Anworten ausformulieren. Fragen, die mir z. B. immer weitergeholfen haben, sind:

– *Können Sie sich an eine Arbeit erinnern, bei der Sie eine schriftliche Korrektur besonders gut behalten haben?*

– *Was war das für eine Korrektur?*

– *Haben Sie eine Korrektur im Gedächtnis, die Sie als besonders negativ empfunden haben?*

Stellen Sie bitte einen Fragebogen zusammen, den Sie mit Ihren Schülern ausprobieren möchten. Sie können den Fragebogen in der Muttersprache Ihrer Schüler formulieren. Teilen Sie diesen darin auch mit, warum Sie die Informationen haben möchten. (Einige weitere Ideen hierzu finden Sie im Lösungsschlüssel.)

Aufgabe 73

4   Die mündliche Fehlerkorrektur

Wir kommen nun zur mündlichen Fehlerkorrektur, einem Bereich, der in mancher Hinsicht komplexer als der der schriftlichen Korrektur ist. Korrekturen schriftlicher Produktionen sind – wie wir gesehen haben – recht gut planbar: Sowohl der Lernende als auch der Lehrende verfügt über genügend Zeit zum Nachdenken. Der Lernende kann seine Produktion noch einmal überdenken, für ihn offensichtliche Fehler korrigieren, Alternativen abschätzen und eventuell eine andere Entscheidung treffen. Der Lehrer kann überlegen, wie er die Fehler des jeweiligen Schülers korrigiert, ob er nur unterstreicht, den Fehler benennt oder die richtige Form angibt. Er kann Ratschläge und Kommentare auf die jeweilige Person abstimmen und vieles andere mehr.

Anders sieht dies im mündlichen Bereich aus. Zwar kann sich ein Lernender bei Versprechern noch selbst korrigieren, aber wenn es darum geht, Alternativen anhand von Regeln zu überprüfen, sich zwischen zwei Möglichkeiten zu entscheiden, bei denen man sich nicht sicher ist, welche die richtige ist, dann braucht man dazu Zeit, und die hat man in der Regel nicht. Zwar geben einige Unterrichtsphasen manchmal vor, in welche Richtung die Aufmerksamkeit zu lenken ist: Beim Vorlesen achtet man auf die Aussprache, bei Grammatikübungen auf das betreffende Grammatikphänomen. Aber wenn man frei formuliert, dann wird die ganze Aufmerksamkeit schon durch die Tätigkeit an sich in Anspruch genommen. Ähnlich ergeht es dem Lehrer. Die Unterrichtssituation ist äußerst komplex, und er muss auf viele unterschiedliche Dinge gleichzeitig achten:

– *Einige Schüler passen gerade überhaupt nicht auf, sondern reden miteinander. Wie reagieren Sie?*

– *Einer „schläft" und hört überhaupt nicht zu. Versuchen Sie, ihn einzubeziehen?*

– *Außerhalb des Unterrichtsraumes hören Sie äußerst störende Geräusche. Reden Sie einfach lauter oder schauen Sie nach?*

– *Es fällt Ihnen gerade ein, dass Sie etwas zu Hause vergessen haben, was Sie in dieser Stunde noch dringend brauchen. Wie lösen Sie dieses Problem?*

Solche und viele andere Fragen tauchen häufig gleichzeitig auf, und man hat manchmal nur Sekunden, um seine Entscheidungen zu treffen. Hinzu kommen dann die Fragen, wie man auf bestimmte Fehler am besten reagiert:

– *Sollte man gerade an dieser Stelle einen bestimmten Schüler korrigieren?*

– *Stört man vielleicht seinen Redefluss und behindert ihn nur in seinen Ausführungen?*

– *Wie korrigiert man ihn am besten?*

– Ist der Fehler, den er gerade gemacht hat, ein Fehler, den er mit einem kurzen Hinweis selbst korrigieren kann?

– Verwirrt eine Aufforderung zur Selbstkorrektur ihn völlig oder kann er problemlos darauf reagieren?

– Lässt man Fehler bei bestimmten Schülern lieber einfach durchgehen?

– Was meinen dann aber die Mitschüler? Glauben die Mitschüler, dass man den Fehler bewusst nicht korrigiert hat oder ihn nicht bemerkt hat, oder halten sie die falsche Form für richtig?

– Korrigiert man etwa einen Schüler so, dass er dann etwas sagt, was er gar nicht sagen wollte und es sich sogar falsch merkt?

Alle diese Fragen muss man in Bruchteilen von Sekunden entscheiden, und dies ist kaum möglich. Man reagiert daher häufig fast automatisch und hat Routinen des Korrekturverhaltens entwickelt, auf die man schnell zurückgreifen kann und mit denen man am besten umgehen kann.

Wir haben in einer Untersuchung zum mündlichen Korrekturverhalten von Fremdsprachenlehrern herausgefunden, dass es bei Lehrern Vorlieben für Korrekturverhaltensweisen gibt, die sie lieber einsetzen als andere, und zwar unabhängig von Unterrichtsphasen (vgl. Kleppin/Königs 1991, 273). Natürlich kann man theoretisch leicht Ratschläge geben: In einer bestimmten Phase bei einem bestimmten Fehler und einer bestimmten Personenkonstellation sollte man zu **dem** oder **dem** Korrekturverhalten greifen. In der Praxis lässt sich dies aus den oben genannten Gründen häufig nicht verwirklichen, sodass man sich meist sehr ähnlich in freien und in stark gelenkten Phasen verhält. Wir haben z. B. folgendes Phänomen beobachtet: Obgleich einige Lehrer sagten, dass sie in stark gelenkten Phasen wie z. B. Grammatikübungen sehr viel korrigierten und in freien Phasen lieber überhaupt nicht, haben sie in den beobachteten Stunden keinesfalls nach Phasen differenziert. Vielmehr fuhren sie mit einem einmal begonnenen Korrekturverhalten auch im weiteren Verlauf der Stunde fort.

Finden Sie bitte über den folgenden Fragebogen heraus, was für ein „Korrekturtyp" Sie sind.

Aufgabe 74

Die Fragen beziehen sich auf die Korrektur freier mündlicher Äußerungen. Der Fragebogen ist zwar sehr vereinfacht, und Sie werden bei vielen Fragen sagen: „Also, das kommt darauf an, ob ...". Versuchen Sie dennoch, die Fragen so zu beantworten, dass die Tendenz Ihrem tatsächlichen Verhalten entspricht und nicht dem Verhalten, das Sie theoretisch für das beste halten. Sie brauchen sich nicht nur für eine Möglichkeit zu entscheiden. Sie können z. B. auch eine Reihung nach Wichtigkeit vornehmen und ungefähre Prozentangaben machen.

Fragebogen zur mündlichen Korrektur bei freier Rede

1. Korrigieren Sie eher viel oder lieber überhaupt nicht, wenn die Schüler etwas frei formulieren?

   ja, viel ☐ ☐ ☐ ☐ nein, überhaupt nicht

   Begründung:

   _____

   _____

2. Was korrigieren Sie hauptsächlich?

   ☐ Aussprachefehler

   ☐ Grammatikfehler (Morphosyntax)

   ☐ Wortfehler (Lexikosemantik)

   ☐ pragmatische Fehler

   ☐ inhaltliche Fehler

3. Wer korrigiert in Ihrem Unterricht hauptsächlich?

- [ ] der Lehrer
- [ ] die Mitlernenden
- [ ] der Lernende, der den Fehler gemacht hat

4. Wann korrigieren Sie am häufigsten?

- [ ] direkt im Anschluss an den Fehler
- [ ] am Ende einer zusammenhängenden Äußerung
- [ ] in einer anschließenden Korrekturphase

5. Fordern Sie zur Selbstkorrektur auf?

ja, sehr häufig [ ] [ ] [ ] [ ] [ ] nein, nie

Begründung:

_____

_____

6. Wenn Sie zur Selbstkorrektur auffordern: Wie machen Sie das?

- [ ] Ich sage, dass etwas falsch ist.
- [ ] Ich sage, wo der Fehler liegt.
- [ ] Ich gebe nonverbal (z. B. Stirnrunzeln, erhobener Zeigefinger) zu verstehen, dass etwas falsch ist.
- [ ] Ich gebe zusätzliche metasprachliche Hilfen*, z. B. sage ich, welche grammatische Form verwendet werden muss (z. B. Plural verwenden, dritte Person).
- [ ] Ich gebe objektsprachliche Hilfen*, z. B. nenne ich den Anfang eines Wortes, ich gebe das Gegenteil des Wortes an.
- [ ] Ich sage, wann und wo wir das Phänomen schon einmal gelernt und besprochen haben.

7. Wie korrigieren Sie häufig, falls Sie lieber direkt selbst korrigieren?

- [ ] Ich gebe nur die richtige Form an, sodass klar wird, was der Fehler war.
- [ ] Ich wiederhole die ganze Äußerung berichtigt und eher beiläufig.

8. Was machen Sie meist nach der Korrektur?

a) Bei Selbstkorrekturen durch den Lernenden, der den Fehler gemacht hat:

- [ ] Ich begnüge mich mit der Selbstkorrektur.
- [ ] Ich lasse vom Lernenden oder einem Mitlernenden die Korrektur wiederholen.
- [ ] Ich verlange oder gebe zusätzliche Erklärungen zu dem korrigierten Phänomen.

b) Bei Korrekturen durch die Mitschüler:

- [ ] Ich begnüge mich mit einer Korrektur.
- [ ] Ich lasse die Korrektur durch die Person wiederholen, die den Fehler gemacht hat.
- [ ] Ich wiederhole die Korrektur selbst.
- [ ] Ich verlange oder gebe zusätzliche Erklärungen.

c) Bei Korrekturen, die Sie selbst machen:

- [ ] Ich begnüge mich mit meiner Korrektur.
- [ ] Ich begnüge mich mit einem Verständnissignal des Lernenden, der den Fehler gemacht hat (z. B. Nicken, „Ja").
- [ ] Ich lasse vom Lernenden, der den Fehler gemacht hat, die Korrektur wiederholen.

☐ Ich lasse auch durch Mitlernende die Korrektur wiederholen.

☐ Ich verlange oder gebe zusätzliche Erklärungen.

9. Welche Sprache benutzen Sie bei Korrekturen?

☐ nur Deutsch

☐ auch die Muttersprache der Lernenden

☐ Ich beziehe auch mal bei weiteren Erklärungen andere Sprachen ein, die meine Schüler gelernt haben.

10. Wie reagieren Sie affektiv, also welchen „Ton" benutzen Sie häufig?

☐ freundlich

☐ tadelnd

☐ ironisch

☐ humorvoll

☐ neutral

Aufgabe 75

1. *Falls Sie mit Kollegen diese Studieneinheit bearbeiten, werten Sie bitte den Fragebogen gemeinsam aus. Vergleichen Sie Ihre Ergebnisse und schätzen Sie sich als „Korrekturtyp" ein. Wie würden Sie sich bezeichnen?*

Falls Sie diese Studieneinheit allein bearbeiten, schreiben Sie bitte Ihre Antworten stichpunktartig heraus und versuchen Sie, sich ein eigenes Profil zu erstellen.

_____

_____

_____

_____

_____

_____

2. *Was meinen Sie: Entspricht Ihr tatsächliches Verhalten Ihren theoretischen Einstellungen zu Korrekturen?*

Vielleicht geht es Ihnen vor allem darum, dass die Schüler sprechen und Sie sie äußerst selten unterbrechen. Vielleicht sind Sie ein Lehrertyp, der eher zur Selbstkorrektur auffordert, oder Sie bevorzugen direkte Korrekturen, die Sie sofort im Anschluss an den Fehler geben. Vielleicht gehen Sie eher so vor, wie Eltern häufig ihre Kinder korrigieren: Sie bestätigen, was gesagt wurde, und verwenden in der Bestätigung die berichtigte Form (indirekte Korrektur). Vielleicht bevorzugen Sie nonverbale Hilfen bei der Aufforderung zur Korrektur. Vielleicht wollen Sie vor allem, dass die Fehlerkorrektur sich wirklich einprägt und ziehen z. B. vor, das fehlerhafte Phänomen zu besprechen und die Korrektur mehrere Male wiederholen zu lassen. Wir werden im Verlauf dieses Kapitels noch sehen, dass es viele Möglichkeiten des Korrekturverhaltens gibt. Rezepte des „besten Korrekturverhaltens" werden Sie hier nicht bekommen. Sie sind wissenschaftlich auch nicht haltbar.

In der Fachliteratur zur Fehlerkorrektur werden häufig Ratschläge gegeben, die – wenn sie von Unterrichtspraktikern stammen – (vgl. z. B. Bebermeier 1984; Lessig 1984; Schemmerling 1984; Bliesener 1984; Ouanes 1992) – meist dem „gesunden didaktischen Menschenverstand" und einer profunden Erfahrung zuzurechnen sind. Viele dieser Ratschläge sind sinnvoll, und wir werden hier auch vieles davon aufnehmen; dennoch sind sie eher spekulativer Natur und keineswegs weltweit und für alle Lernergruppen gültig. Auch sehr differenzierte Ratschläge, sich je nach Situation, nach Lernertyp, nach Aufgabentyp, nach Lernvorerfahrungen etc. entsprechend zu verhalten, sind zwar theoretisch durchdacht, aber in der Praxis nur sehr schwer durchführbar. Die Entscheidungen, die während des Unterrichtsverlaufs zu treffen sind, sind in der Regel zu komplex.

Man weiß leider recht wenig über die tatsächlichen Auswirkungen von Korrekturverhalten. Forschungen darüber, wie **effektiv** welches Verhalten wirkt, gibt es kaum. Wenn man solche Forschungen in der **Unterrichtswirklichkeit** vornähme, so könnte man möglicherweise feststellen: In einer Gruppe, in der bei einem bestimmten sprachlichen Phänomen immer zur Selbstkorrektur angeregt wird, tauchen nach einer bestimmten Zeit bei diesem Phänomen weniger Fehler auf als in einer anderen Gruppe, in der immer direkt korrigiert wird. Doch leider wissen wir in der realen Situation dann immer noch nicht, ob sich dieser Lerneffekt tatsächlich auch bei anderen sprachlichen Phänomenen einstellen würde. Wir wissen auch nicht, ob Ihre Gruppen ähnlich reagieren würden. Wir können also immer nur von einzelnen Fällen ausgehen. Wissenschaftlich abgesicherte Ergebnisse kann ich Ihnen nicht präsentieren.

Ich werde Ihnen hier einige Untersuchungsergebnisse aus unterschiedlichen Forschungen vorstellen, die Sie aber natürlich „mit Vorsicht genießen" sollten und die Sie in Bezug auf Ihre Gruppen und deren Vorerfahrungen und Einstellungen sicher relativieren müssen.

Sagen Sie jedoch bitte nicht von vornherein: *Das geht bei mir sowieso nicht, das machen meine Schüler gar nicht mit.* Als Lehrer haben wir häufig die Tendenz, unsere gewohnten Verhaltensweisen beizubehalten, ja manchmal sogar die Tendenz, unsere eigenen Lehrer zu kopieren oder genau das Gegenteil zu machen. Es ist in jedem Fall sinnvoll und notwendig, sich immer wieder mit seinem eigenen Verhalten auseinander zu setzen und zu überprüfen, was man in seinem Verhaltensrepertoire verändern und was man neu aufnehmen könnte und sollte. Denn gerade mündliche Korrekturen stellen einen Eingriff in das Unterrichtsgeschehen dar, was äußerst starke Auswirkungen auf dessen Verlauf haben kann.

Wir werden im Folgenden mündliches Korrekturverhalten in seine Bestandteile zerlegen und die unterschiedlichen Verhaltensweisen thematisieren und diskutieren. Diese Verhaltensmöglichkeiten können wir dann mit unseren bisher gewohnten Verhaltensweisen vergleichen. Das, was wir erreichen können, ist ein **breiteres und reflektierteres Korrekturverhalten und nicht das einzig optimale Verhalten.**

Für die nächste Aufgabe habe ich elf Sequenzen aus authentischen Unterrichtssituationen zusammengestellt. Diese Sequenzen sind teilweise transkribiert nach Videofilmen zu Deutsch als Fremdsprache, die aus einem Projekt des Goethe-Instituts zum Grammatikunterricht (an Schulen) hervorgegangen sind. Die nicht aus diesem Projekt stammenden Sequenzen sind aus weiteren von mir transkribierten Videoaufnahmen oder Korrekturmitschriften ausgewählt.

Aufgabe 76

> 1. *Lesen Sie bitte die folgenden 11 Beispiele und versuchen Sie, die Besonderheiten des Korrekturverhaltens herauszufinden.*
>
> 2. *Notieren Sie, wie die Beispiele zur Korrektur vom Auftreten des Fehlers an bis zum Abschluss der Korrektur (die so genannten „Korrektursequenzen") ablaufen. Was machen die Lehrer, was die Lernenden?*
>
> *S = Schüler, Ss = mehrere Schüler zusammen, L = Lehrer/Lehrerin*
>
> **Beispiel 1:**
>
> | S: | Maria will nach Berlin zu fahren. |
> | L: | Maria will? (*L hebt die Stimme.*) |
> | S: | Maria will nach Berlin fahren. |
> | L: | Richtig, nach Modalverben ohne *zu*. |
>
> *S – Äußerung, L wiederholt, bis Fehler einsetzt, S wiederholt, L gibt Regel*

Beispiel 2:

L: Was machst du am Sonntag?
S: Am Sonntag ich gehe
L: (*schnipst mit den Fingern*)
S: gehe ich zum Tanzen.
L: Du gehst zum Tanzen.

Beispiel 3:

S: Am Weihnachten wir feiern mit die Familie.
L: Weihnachten feiert ihr mit der Familie? Wir auch, wir feiern Weihnachten auch mit der Familie.

Beispiel 4:

L: Was macht die Mutter?
Ss: Nervös.
L: Nein, Moment. Das Verb (*Pause von 3 Sek.*), „nervös" ist ein Adjektiv.
Ss: Sie wird nervös.
L: Sie wird nervös. Warum wird sie nervös?
Ss: (*unverständlich*) Denn sie …
L: Ja, ja Cercella, denn sie …
S1: Denn sie nicht …
L: Nein, sie, denn sie (*Pause von 3 Sek.*), das Verb!
S1: Äh (*unverständlich*)
L: Nein, das Verb!
Ss: weiß
L: Denn sie …
Ss: (*unverständliches allgemeines Gemurmel*)
L: Das Verb!
S2: Sie weiß nicht helfen.
L: Sie kann, sie kann nicht helfen. Denn sie **kann** nicht helfen. Nicht **weiß**.

Beispiel 5:

L: Was war auf der Straße?
S1: Der Trafic.
L: Der (*Pause von 2 Sek., die Lehrerin lacht*) Verkehr (*allgemeines Lachen*). Der Verkehr. Nicht der Trafic. Was ist das? Das ist Englisch, glaube ich (*allgemeines Lachen*). Der Verkehr. Und jetzt lesen wir.

Beispiel 6:

Ein Tonband mit einem Dialog wird in Sequenzen vorgespielt. Die Schüler sollen nachsprechen.

L: Er hat zu viel zu tun. Er kommt nicht mehr dazu. (*Fingerschnipsen als Aufforderung zur Wiederholung*)

S1: Er kommt nicht ...

L: Er hat ...

S1: Er hat kommt nicht mehr.

L: Ach nein, er hat ...

S2: Er hat zu viel ... (*Lehrer wartet ab*)

S3: zu tun.

L: Er hat zu viel zu ...

S1: zu tun.

L: zu ...

S1: tun.

L: zu tun.

S1: zu tun.

L: Ja, also bitte.

S4: Er hat zu viel zu tun.

L: Und?

S4: Und ...

L: Er kommt ...

S4: Er kommt ...

L: Er kommt (*Pause von ca. 2 Sek.*) nicht mehr ...

S4: nicht mehr dazu.

L: Ja, das bedeutet also ...

Beispiel 7:

S: Ich habe meine deutschen Freunde über den Begriff „Heimat" interviewt, aber ich habe viele Probleme getroffen.

L: Guten Tag, liebe Probleme (*macht eine Begrüßungsgeste, die Schüler lachen*). Nein, ihr habt Probleme gehabt, ihr seid auf Probleme gestoßen. Menschen kann man treffen.

S: Ja, wir haben viele Probleme gehabt. Sie wollen nicht gern über Heimat sprechen. Das ist vielleicht ein (*zögernd*) Tabu?

Beispiel 8:

> S: Gestern ich habe ...
> L: *(macht Geste der Umstellung, Verdrehung der Hand)*
> S: Gestern habe ich Wahlhelfer für die Uniwahlen gemacht.

_____

_____

Beispiel 9:

> S: Ich will einen Monat ausbleiben.
> L: wegbleiben

_____

_____

Beispiel 10:

> S: Die Parteien sind sehr aufgeteilt.
> L: zersplittert.
> S: Jesus zer ...?
> L: zersplittert, in kleine Grüppchen aufgespalten. Das sagt man auch, wenn z. B. Glas auf den Boden fällt und zerbricht; aber eben auch, wenn sich Parteien immer weiter in kleine Grüppchen aufteilen. Man spricht dann von Splittergruppen.

_____

_____

Beispiel 11:

> S: Es gibt zwei Arten von Professoren. Die einen sehr formalisch sind ... Sagt man formalisch?
> L: formal

_____

Aufgabe 77

> *Blättern Sie noch einmal zu Aufgabe 76 zurück.*
>
> *1. Können Sie unterschiedliche Korrekturverhaltensweisen der Lehrer feststellen? Welche?*
>
> *2. Gefällt Ihnen ein Vorgehen besonders gut? Warum?*
>
> *3. Gefällt Ihnen ein Vorgehen überhaupt nicht? Warum nicht?*
>
> *4. Mit welchem Vorgehen könnten Sie sich identifizieren?*

4.1 Was heißt mündliche Fehlerkorrektur?

Wir haben uns schon bei der schriftlichen Fehlerkorrektur mit einigen unterschiedlichen Definitionen dessen beschäftigt, was als Korrektur verstanden werden kann. Auf den mündlichen Bereich übertragen, haben wir auch hier mehrere Möglichkeiten (vgl. Chaudron 1977; Henrici/Herlemann 1986; Kleppin/Königs 1991).

➤ Als Korrektur wird die Selbstkorrektur durch den Lernenden bezeichnet, der den Fehler gemacht hat.

➤ Als Korrektur wird das einfache Signalisieren von Nichteinverständnis (des Lehrers oder auch eines Mitschülers) mit einer Äußerung bezeichnet.

➤ Als Korrektur wird das Signalisieren von Nichteinverständnis mit einer Äußerung im Zusammenhang mit einer dazugehörigen Hilfe bezeichnet.

➤ Von Korrektur kann man erst sprechen, wenn das zuvor fehlerhafte sprachliche Phänomen dauerhaft gesichert ist.

Aufgabe 78

> *Schauen Sie sich die folgenden Beispiele an. Was passiert bei diesen Korrekturen?*
>
> **Beispiel 1:**
>
> > *(Aus einer Diskussion über den Vergleich von Frauenbewegungen in unterschiedlichen Ländern)*
> >
> > S: Die Frauen werden untergeschätzt.
> > L: unterdrückt
> > S: unterdrückt, nein nicht unterdrückt, untergeschätzt
> > L: unterschätzt
>
> **Beispiel 2:**
>
> > *(Aus einer Beschreibung einer Hunderasse)*
> >
> > S: Es fällt ihm kein Haar.
> > L: Es fehlt ihm kein Haar. Was?
> > S: Es fällt kein Haar.
> > L: Ah, er hat keinen Haarausfall. Zum Beispiel: Er verliert sein Winterfell nicht.
> > S: Ja.

In den beiden Beispielen von Aufgabe 78 verändert der Lehrer zunächst durch seine Korrektur die Äußerungsabsicht des Schülers. Dieser Aspekt wird in eine weitere Definition integriert (vgl. z. B. Rehbein 1984). Danach ist *Korrektur* zu unterscheiden bzw. abzugrenzen von *Reparatur**.

➤ Die **Korrektur** wird als eine Handlung gekennzeichnet, bei der der Lernende das, was er eigentlich sagen will, aufgibt und die Version des Lehrers übernimmt. In dieser Definition wird auf das Phänomen hingewiesen, dass Lehrer manchmal – z. B. auch aufgrund eines Fehlers – die Äußerungsabsicht des Schülers nicht erkennen und durch die Fehlerkorrektur den Sinn verändern. In diesem Fall baut der Lernende völlig falsche sprachliche Hypothesen auf, denn er interpretiert die ihm vom Lehrer vorgegebenen sprachlichen Einheiten gemäß seiner Sprechintention. Das Lernen wird dadurch behindert. Solche Fälle sind meistens schwer zu erkennen, da der Schüler dann sprachlich nicht weiter reagiert. Im besten Fall widerspricht der Schüler dem Lehrer und macht ihm klar, dass die Korrektur nicht mit seiner Äußerungsabsicht übereinstimmt – wie in den beiden Beispielen aus Aufgabe 78.

➤ Bei der **Reparatur** passt sich der Lehrer der Äußerungsabsicht des Schülers an, übernimmt sie und gibt dem Schüler eine Formulierungshilfe.

Die Unterscheidung zwischen Korrektur und Reparatur ist theoretisch sinnvoll, in der Praxis aber kann man Reparatur und Korrektur nur dann auseinander halten, wenn der Schüler „sich wehrt" und die Korrektur des Lehrers ablehnt.

Trotz allem ist es auch für den Praktiker sinnvoll, das Problem zu kennen und häufiger einfach nachzufragen, ob seine Hilfe denn der Äußerungsabsicht des Lernenden entspricht. Selbst wenn die Verständnissicherung in der Muttersprache des Schülers erfolgen muss, stellt dies kein Problem dar, denn der Aufbau von falschen Hypothesen über die Sprache ist weitaus schädlicher für den Lernprozess als die zeitweilige und sinnvoll eingesetzte Benutzung der Muttersprache.

Korrekturen werden nicht nur gegen Reparatur abgegrenzt, sondern auch gegen folgende Reaktionen auf Fehler wie:

➤ **Ignorieren**,
d. h., der Lehrer reagiert – aus welchen Gründen auch immer – gar nicht auf den Fehler.

➤ **Missbilligen**,
d. h., der Lehrer signalisiert nur sein Nichteinverständnis – ein Vorgehen, auf das schon im Zusammenhang mit der Korrektur hingewiesen wurde.

➤ **Helfen**,
d. h., der Lehrer greift ein, bevor der Schüler den Fehler gemacht hat. Er „korrigiert" also schon im Vorfeld. Der Fehler taucht so erst gar nicht auf. Manchmal fordern Schüler ihren Lehrer durch ihr Verhalten zu einem solchen Vorgehen auf. Wenn sie sich nämlich nicht ganz sicher sind, ob das, was sie sagen wollen, auch sprachlich korrekt ist, so zeigen einige Lernende durch ein Zögern, einen fragenden Blick, durch einen Wortbeginn, manchmal auch durch eine direkte Frage an (siehe Aufgabe 76, Beispiel 11), dass sie eine Weiterhilfe benötigen. Wenn eine solche Hilfe gegeben wird, kann allerdings das gleiche Problem auftreten wie oben schon beschrieben: Die Hilfe muss nicht mit der Äußerungsabsicht des Schülers übereinstimmen.

Aufgabe 79

Schauen Sie sich das folgende Beispiel an und notieren Sie, welche Lehrer- und Lernerreaktionen hier vorkommen.

> *Eine Studentin erzählt über einen Mitbewohner im Studentenwohnheim:*
> S: Er hat Probleme, sich zu verständigen. Er ist ... (*Pause von 3 Sek.*)
> L: zurückhaltend
> S: Nein, nicht zurückhaltend, egoistisch: Er macht, was er will.
> L: Ja, egoistisch oder auch rücksichtslos.

Für die Praxis ist es vor allem wichtig, den Begriff *Korrektur* recht breit zu wählen und ihn folgendermaßen zu definieren: **Unter Korrektur ist jede Reaktion auf eine Äußerung zu verstehen, die mangelndes Einverständnis mit ihr aufweist.** Das Signalisieren, dass eine Äußerung als falsch angesehen wird, kann vom Lehrer, einem Mitlernenden oder auch dem Lernenden, der den Fehler gemacht hat, kommen. Die

Definition wird hier vor allen Dingen deshalb so breit gewählt, da wir uns mit allen Phänomenen auseinander setzen sollten, die mit Reaktionen auf Fehler zu tun haben.

Mündliche Korrekturen können im Übrigen eine kleine eigenständige Kommunikationssituation im Unterrichtsprozess darstellen, die recht ausgedehnt sein kann, die von Schülern manchmal ernster genommen wird, als Lehrer dies vermuten, und die damit den gesamten Unterrichtsverlauf beeinflussen kann (vgl. hierzu auch die Einschätzungen der Lernenden in Aufgabe 6 auf Seite 10/11).

4.2 Mündliche Korrektur: ja oder nein, viel oder wenig?

Ob Sie als Lehrer überhaupt nicht, eher wenig oder auch sehr viel korrigieren, darüber und über Ihre Gründe für Ihr Verhalten haben Sie in Aufgabe 74 (Seite 75ff.) und 75 (Seite 77) schon nachgedacht.

Aufgabe 80

> *1. Versuchen Sie noch einmal, sich an Ihre eigene Zeit als Schüler zu erinnern. Wurden Sie gern viel oder lieber gar nicht korrigiert?*
>
> *2. Korrigieren Sie jetzt als Lehrer genauso, wie Sie es sich als Schüler gewünscht haben?*
>
> *3. Welchen Eindruck haben Sie von Ihren Schülern? Fordern diese Korrekturen oder hätten sie es lieber, wenn Sie nicht korrigieren würden?*

Unsere Untersuchungen (vgl. Kleppin/Königs 1991, 272, 291) haben ergeben, dass sowohl Lernende als auch Lehrer Korrekturen als wichtig einzuschätzen scheinen. Manchmal konnten wir allerdings feststellen, dass Lehrer sehr wenig korrigierten, weil sie ihre Schüler durch Korrekturen nicht behindern wollten. Diese Schüler dagegen fanden, dass ihre Lehrer zu wenig korrigierten und wollten mehr korrigiert werden. Dieser Wunsch nach mehr Korrektur wurde in den Befragungen, die wir in Brasilien, China und Marokko bei Deutschlernenden durchführten (vgl. Kleppin/Königs 1993) bestätigt.

Es gibt natürlich immer wieder einige Lernende, die sich durch Korrekturen behindert fühlen. Dies ist möglicherweise darauf zurückzuführen, dass diese Lernenden große Hemmungen haben, sich frei zu äußern. Zusammenhängen kann es auch damit, dass sie einem Lernertyp zuzurechnen sind, der sich vor allem korrekt äußern möchte und Angst hat, Fehler zu machen. Solche Lernertypen können durch Korrekturen weiter gehemmt werden (zu *Lernertypen* vgl. Duda/Riley 1990).

Ein großer Teil der Lernenden scheint aber vor allem zu sehen, dass Korrekturen für das Weiterlernen wichtig sind. Blättern Sie noch einmal zurück zur Aufgabe 6 auf Seite 10/11. Dort finden Sie einige Lerneräußerungen zu diesem Thema.

Ich bin der Meinung, dass Korrekturen prinzipiell äußerst wichtig für jeden Lernenden sind. Fehler verschwinden meist nicht von selbst, vor allem dann nicht, wenn die Lernenden wenig Möglichkeiten haben, deutsche Muttersprachler zu hören. Selbst wenn man in einem deutschsprachigen Land Deutsch lernt und tagtäglich mit der Zielsprache konfrontiert wird, kann die Lernersprache dennoch sehr fehlerhaft bleiben. Einige Forscher führen das darauf zurück, dass die Motivation und der Anpassungswille an die Zielgesellschaft nicht sehr groß sind (vgl. den kurzen und prägnanten Überblick bei Larsen-Freemann/Long 1991, 172 – 184). Möglicherweise haben Ihre Schüler nicht allzu viele Kontaktmöglichkeiten mit authentischem Deutsch und sind daher vor allem auf Ihren Unterricht und auf Ihre Korrekturen angewiesen, wenn sie den Wunsch haben, einigermaßen korrekt Deutsch zu sprechen.

Korrekturen ja, aber mit welchem Ziel, bei wem, wann und wie? – mit diesen Fragen müssen wir uns weiter auseinander setzen, wenn wir uns einen positiven Effekt unserer mündlichen Korrekturen wünschen.

Wir werden Korrekturverhalten nun von verschiedenen Seiten her und unter verschiedenen Fragestellungen beleuchten und Punkt für Punkt behandeln. Dabei wird es zwangsläufig zu Überschneidungen kommen, da es sich natürlich um Punkte handelt, die miteinander verzahnt sind.

Exkurs: Einstellungen zur Korrektur in einigen Fremdsprachenvermittlungsmethoden

In der Geschichte der Fremdsprachenvermittlungsmethoden (vgl. Neuner/Hunfeld 1993; Neuner 1995) gab es unterschiedliche Positionen, ob und wie mündlich korrigiert werden sollte. Die Ratschläge, die sich auf das Korrekturverhalten bezogen, hatten natürlich immer auch mit der Einstellung zum Fehler zu tun (siehe dazu Kapitel 2.4).

Rückverweis

➤ Die **Grammatik-Übersetzungs-Methode (GÜM)** z. B. ist insbesondere auf die formale Sprachrichtigkeit ausgerichtet. Ein Charakteristikum besteht darin, dass der Lehrer zuerst eine Regel vorgibt. Die Schüler machen anschließend grammatische Übungen zu dieser Regel, vor allem Übersetzungsübungen. Alle vom Lehrer erkannten Fehler werden sofort korrigiert.

➤ Auch bei der schon in Kapitel 2.4 (Seite 50) erwähnten **audiolingualen (ALM)** und bei der **audiovisuellen (AVM) Methode** ist die Fehlerkorrektur ein wichtiger Bestandteil. Durch immer während Wiederholung des richtigen Vorbilds z. B. im Patterndrill* erhoffte man sich, das Auftreten von Fehlern zu vermeiden und so eine Fehlerprophylaxe* zu betreiben. Der Fehler soll also erst gar nicht auftreten, sondern im Vorfeld des freien Sprachgebrauchs schon vermieden werden. Man geht dabei davon aus, dass das Eindrillen durch häufige Wiederholung beim Schüler zu einer fast automatischen Reaktion führt. Er hat dann so häufig das richtige Vorbild gehört und wiederholt, dass er sozusagen intuitiv darauf zurückgreifen könne. Er darf dabei keinesfalls überlegen, wie die Regel lauten könnte.

Schauen Sie sich zur Verdeutlichung noch einmal das Beispiel 6 aus Aufgabe 76 auf Seite 80 an. Dort haben wir es mit einer solchen Übung zu tun.

Schüler machen nach einer Vielzahl solcher Drillübungen aller Erfahrung nach trotzdem Fehler. Sie übertragen keinesfalls intuitiv die einmal eingedrillten Strukturen auf ähnliche Äußerungen in freier Kommunikation.

➤ In der **kommunikativ orientierten Didaktik (KD)** soll die Simulation natürlicher Kommunikation so wenig wie möglich durch Eingriffe seitens des Lehrers behindert werden. Das oberste Ziel ist hierbei nämlich nicht die Sprachrichtigkeit, sondern die Kommunikationsfähigkeit. Korrekturen werden dabei nicht ausgeschlossen. Sie dürfen allerdings nicht den Ablauf der Kommunikation behindern. Leider weiß man nicht immer, wie dies denn nun bewerkstelligt werden kann.

➤ In den so genannten **„alternativen Methoden"*** werden Korrekturen häufig vollständig abgelehnt, da man davon ausgeht, dass Fehler irgendwann – wie beim natürlichen Mutterspracherwerb – von selbst verschwinden (siehe dazu Kapitel 2.2).

Rückverweis

➤ Eine recht interessante Einstellung zu Korrekturen findet sich in einer alternativen Methode, und zwar der **Suggestopädie***. Im Rahmen dieser Methode geht es unter anderem um die Schaffung einer angstfreien Atmosphäre, die das Lernen fördern soll. Der Lernende bekommt von der ersten Unterrichtsstunde an eine zielsprachige, also in unserem Fall eine deutsche Identität, einen deutschen Namen, einen Wohnort in einem deutschsprachigen Land, einen neuen Beruf etc. Er wird vom Lehrer im Unterricht in dieser neuen Rolle angesprochen, auch wenn er korrigiert wird. Vermutet wird, dass der Lernende alle Fehler und die negativen Reaktionen des Lehrers auf seine neue Rolle abschieben kann und damit auf Korrekturen positiver reagiert (vgl. hierzu Baur 1990).

Man kann wohl davon ausgehen, dass Aussagen zur Korrekturtätigkeit in den meisten Vermittlungsmethoden weniger gesichertem Wissen als vielmehr ideologischen Einstellungen entsprechen und/oder auf Erfahrungen zurückzuführen sind.

4.3 Warum korrigieren wir? – Eine kritische Überprüfung unserer Korrekturtätigkeit

Warum korrigieren wir? Eigentlich eine dumme Frage. Wir korrigieren, weil wir unseren Schülern beim Lernen weiterhelfen wollen, weil wir wollen, dass sie ihre Prüfung bestehen, dass sie sich verständlich machen können; denn manchmal können

Fehler die Kommunikation behindern, ja sogar verhindern. Wir wollen also einen Lernfortschritt unserer Schüler erzielen.

Aufgabe 81

> *Überlegen Sie, ob für Sie auch folgende Gründe dafür sprechen, Schüler zu korrigieren.*
>
> ☐ *Ich korrigiere, weil bei mir ein Fehler automatisch eine Korrektur auslöst.*
>
> ☐ *Ich korrigiere, weil Korrekturen einfach zur Lehrerrolle dazugehören.*
>
> ☐ *Ich korrigiere, damit die Schüler mich als Lehrer ernst nehmen.*
>
> ☐ *Ich korrigiere, damit die Schüler sehen, dass mir alles auffällt.*
>
> ☐ *Ich korrigiere, um die Disziplin in der Klasse aufrechtzuerhalten.*
>
> ☐ *Ich korrigiere jemanden, der mich gerade geärgert hat.*
>
> ☐ *Ich korrigiere, weil ...*

Ich vermute, dass bei uns allen von Zeit zu Zeit auch diese Gründe mitspielen. Ertappen Sie sich auch manchmal dabei, dass Sie eine Korrektur leise bei einer Lerneräußerung vor sich hinsprechen, selbst wenn Sie sich vorgenommen haben, in dieser Stunde oder Unterrichtsphase kaum zu korrigieren? Weder der Lernende, der gerade spricht, noch die anderen haben etwas davon, denn man spricht viel zu leise, als dass es jemand hören könnte. Man korrigiert also sozusagen, um sein Lehrergewissen zu beruhigen. Dies sind übrigens auch Erfahrungen vieler Lehrer, die von uns befragt wurden (vgl. Kleppin/Königs 1991). Nur: Es sind keine Gründe für Korrekturen, die sich positiv auf den Lernprozess unserer Schüler auswirken können. Es sind vielmehr Gründe, die die für Korrekturen so wichtige angstfreie Atmosphäre behindern können.

Sprechen Sie daher mit Ihren Schülern über Fehler und Fehlerkorrekturen. Sprechen Sie mit ihnen darüber, wie wichtig Korrekturen für alle in der Gruppe sind – denn potenziell sind die Fehler, die Sie gerade korrigieren, auch Fehler, die der Rest der Gruppe ebenso machen kann. Bedanken Sie sich manchmal für einen Fehler, weil er Ihnen die Möglichkeit zu einer für die gesamte Gruppe wichtigen Korrektur und Erklärung gibt. Übertreiben Sie dabei nicht, denn dann glauben Ihnen die Schüler nicht mehr. Sagen Sie Ihren Schülern, dass es für Lehrer manchmal schwierig ist, auf Fehler nicht mit einer Korrektur zu reagieren. Ermutigen Sie Ihre Schüler ruhig auch, Sie zu bitten, eine Stunde überhaupt nicht zu korrigieren, wenn sie dies – aus bestimmten Gründen – wünschen.

4.4 Wer korrigiert?

Prinzipiell bestehen folgende Möglichkeiten:

1. Der Lernende, der den Fehler gemacht hat, korrigiert sich selbst, nachdem er den Fehler selbst entdeckt hat.

2. Der Lernende, der den Fehler gemacht hat, korrigiert sich selbst, nachdem ihn die Mitlernenden darauf hingewiesen haben.

3. Der Lernende, der den Fehler gemacht hat, korrigiert sich selbst, nachdem der Lehrer ihn darauf aufmerksam gemacht hat.

4. Ein Mitlernender korrigiert, nachdem er einen Fehler entdeckt hat.

5. Ein Mitlernender korrigiert, nachdem der Lehrer auf den entsprechenden Fehler aufmerksam gemacht hat.

6. Ein Mitlernender korrigiert, nachdem der Lernende selbst angezeigt hat (durch Fragen oder auch nonverbale Signale wie unsichere Blicke), dass er einen Fehler in seiner Äußerung vermutet.

7. Der Lehrer korrigiert selbst direkt den Fehler.

8. Der Lehrer korrigiert, nachdem der Lernende, der den Fehler gemacht hat, ihm angezeigt hat, dass er in seiner Äußerung einen Fehler vermutet.

9. Der Lehrer korrigiert, nachdem ein Mitlernender signalisiert hat, dass er in der Äußerung einen Fehler vermutet.

Henrici/Herlemann (1986) fassen die wichtigsten der oben genannten Unterschiede in folgender Terminologie zusammen: **selbstinitiierte Selbstkorrektur*** (Punkt 1.), **selbstinitiierte Fremdkorrektur*** (Punkt 6./8.), **fremdinitiierte Selbstkorrektur*** (Punkt 2./3.), **fremdinitiierte Fremdkorrektur*** (Punkt 4./5./7./9.).

Wir haben es demnach mit folgenden korrigierenden Personen zu tun: die Person, die den Fehler gemacht hat, der Lehrer und die Mitschüler.

Aufgabe 82

1. Welche der oben angegebenen neun Konstellationen kommt bei Ihnen am häufigsten vor, welche kaum? Füllen Sie bitte das Schema aus.

	nie	selten	häufig	am meisten
Nr. 1				
Nr. 2				
Nr. 3				
Nr. 4				
Nr. 5				
Nr. 6				
Nr. 7				
Nr. 8				
Nr. 9				

2. Warum, glauben Sie, kommen einige Konstellationen bei Ihnen häufiger als andere vor?

3. Entspricht die Häufigkeit des Vorkommens Ihren Wunschvorstellungen?

4. Welche Konstellationen könnten Ihrer Meinung nach den Lernprozess besonders begünstigen? Was könnte sich nachteilig auswirken?

günstige Konstellationen	ungünstige Konstellationen

5. Wenn Sie mit Kollegen diese Studieneinheit durcharbeiten, vergleichen und besprechen Sie bitte Ihre Ergebnisse.

Soweit wir in unserer Untersuchung feststellen konnten (vgl. Kleppin/Königs 1991, 291 – 293), akzeptieren Schüler vor allem Korrekturen durch ihre Lehrer. Durch Mitschüler werden sie nicht so gern korrigiert. Dies mag mit Konkurrenzverhalten in den Klassen zu tun haben. Erwachsene Lernende verhalten sich anders. Nach einer

Untersuchung von Raabe (1982) scheinen sich erwachsene Lernende recht gern durch Mitlernende korrigieren zu lassen. Die Vorlieben der Lernenden haben hierbei sicherlich auch etwas mit der Einschätzung der Lehrerrolle zu tun. Wenn Schüler einen stark durch den Lehrer gelenkten Unterricht gewöhnt sind, kann es sein, dass sie ihm auch bei der Korrekturtätigkeit die entscheidende Rolle zuweisen. Wie wir allerdings später noch genauer sehen werden, haben Selbstkorrekturen und damit auch Korrekturen von Mitlernenden einen entscheidenden Vorteil: Sie fördern den bewussten Umgang mit Fehlern und die eigenverantwortliche Korrektur, an die sich die Lernenden dann möglicherweise auch besser erinnern können.

Wenn im Unterricht Mitschülerkorrekturen gefördert werden, so hat dies einen weiteren Vorteil: Die Schüler müssen sich gegenseitig gut zuhören. Hüten muss man sich allerdings davor, sozusagen „Zweitlehrer" zu schaffen, was die Unterrichtsatmosphäre negativ beeinflussen kann. Es sollte daher auch darauf geachtet werden, dass man bei der Initiierung von Mitschülerkorrekturen nicht die Frage stellt: *Wer weiß es besser?* oder: *Wer kann das korrigieren?*, sondern dass man lieber fragt: *Wer kann hier weiterhelfen?* oder: *Dies ist ein Fehler, der von allen immer wieder gern gemacht wird. Überlegen wir doch noch mal gemeinsam.*

Hier sind zwei Vorschläge, wie man eine **Mitschülerkorrektur** von Zeit zu Zeit auch als **Übung und Spiel** gestalten kann:

1. Nehmen Sie – falls Sie die Möglichkeit dazu haben – Dialoge oder Rollenspiele in der Gruppe auf Tonkassette oder Video auf, spielen Sie sie zweimal vor und lassen Sie die Fehler finden.

2. Lassen Sie die Schüler nach Fehlerarten differenzieren. Sie könnten dazu z. B. folgende Anweisungen geben: *Versucht alle grammatischen Fehler zu korrigieren. Versucht alle Aussprachefehler zu korrigieren.*

Vorsicht!

Ein solches Vorgehen ist nur in einer Gruppe möglich, in der das Gruppenklima so konkurrenzlos ist, dass sich die einzelnen Gruppenmitglieder nicht gegenseitig bloßstellen wollen. Sagen Sie Ihren Schülern, wie wichtig die Fehler und die Fehlerkorrektur für die gesamte Gruppe sind. Sonst kann es zu negativen Rückwirkungen auf die Bereitschaft zu Rollenspielen kommen.

Wenn kein Tonband oder Kassettenrekorder vorhanden ist, brauchen Sie auf diese Art der Korrekturübung aber nicht zu verzichten. Sie haben zwei andere Möglichkeiten:

➤ Lassen Sie einen Dialog schriftlich vorformulieren. Sie können dann nach der Präsentation durch die Schüler den Dialog noch einmal vorlesen (lassen) und die Fehler suchen lassen.

➤ Notieren Sie die wichtigsten Fehler mit, lesen Sie diese Fehler vor und lassen Sie sie korrigieren.

4.5 Wer wird korrigiert?

4.5.1 Anfänger und Fortgeschrittene

Aufgabe 83

1. Korrigieren Sie in Fortgeschrittenengruppen anders als in Anfängergruppen? Warum?

2. Lesen Sie die folgenden Erläuterungen im Text und vergleichen Sie diese mit Ihren Antworten.

Ich vermute, dass die meisten unter Ihnen im Anfängerunterricht wesentlich häufiger korrigieren als im Fortgeschrittenenunterricht, was nicht nur mit der Fehlerhäufigkeit zu tun haben dürfte. Wir wissen, dass sich Fehler so einschleifen können, dass sie in einem späteren Stadium des Lernprozesses nicht mehr korrigierbar sind. Vermutlich kennen Sie auch Personen, die sich schon sehr lange in Ihrem Land aufhalten, die Ihre

Sprache gelernt haben und ein recht großes Vokabular besitzen. Dennoch kann es vorkommen, dass einige eine sehr schlechte Aussprache haben oder immer wieder bestimmte grammatische Fehler begehen.

Einige der Lehrer, die wir befragt haben, sagten von sich, dass sie z. B. Aussprachefehler grundsätzlich nur im Anfängerunterricht korrigierten, später sei es sowieso zu spät. Selbst wenn man mit dieser Aussage nicht einverstanden ist, so geht man doch davon aus, dass Aussprachekorrekturen (Phonetik, Intonation und Rhythmus) im Anfängerunterricht einen viel breiteren Raum einnehmen sollten als im Fortgeschrittenenunterricht. Ausspracheschulungen (vgl. z. B. Göbel u. a. 1985) sind im Übrigen meistens für den Anfängerunterricht gemacht.

Das Gleiche gilt für grundlegende grammatische Fehler, wie z. B. im Bereich der Verbmorphologie (*du gehe*), der Artikel, der Präpositionen etc.

Dass im Anfängerunterricht in der Regel mehr Korrekturen vorkommen als im Fortgeschrittenenunterricht, hat noch weitere Gründe:

➤ Korrekturen im **Anfängerunterricht** sind meist strukturell viel einfacher und daher auch schneller auszuführen als im Fortgeschrittenenunterricht. Im Anfängerunterricht sind freie Äußerungen eher begrenzt, sodass man den Schüler nicht unterbrechen muss, um ihn zu korrigieren. Die Korrekturtätigkeit ist im Anfängerunterricht also einfacher durchführbar. Zu achten ist allerdings darauf, dass die Schüler nicht durch immer während Korrekturen entmutigt werden, sich auch einmal an freiere Äußerungen zu wagen. Man könnte durchaus auch im Anfängerunterricht korrekturfreie Phasen einrichten, in denen der Lehrer beschließt – und dies vor allem auch den Schülern mitteilt –, in einer freieren Phase (siehe hierzu auch Kapitel 4.6) für eine bestimmte Zeit gar nicht zu korrigieren. Ein solches Verhalten ist realisierbar, da man sich nicht bei jedem Fehler entscheiden muss, ob man ihn korrigiert oder nicht. Man entscheidet sich vielmehr unter bestimmten Umständen für ein bestimmtes Verhalten in einem begrenzten Zeitraum.

Hinweis

➤ Im **Fortgeschrittenenunterricht** kommen in der Regel schon längere und freiere Schüleräußerungen vor, die man nicht behindern möchte. Außerdem sind hier komplizierte syntaktische oder gar pragmatische Korrekturen zu verzeichnen, die mehr Zeit in Anspruch nehmen und damit die Anzahl der Korrekturen reduzieren. Im Fortgeschrittenenunterricht muss man sich manchmal versichern, ob die Korrektur denn tatsächlich mit der Äußerungsabsicht des Schülers übereinstimmt.

Einige Unterrichtspraktiker ziehen im Anfängerunterricht direkte* und unmittelbare Korrekturen* (häufig auch explizite Korrekturen* genannt) vor, also eine Korrektur, in der sofort nach dem Fehler die richtige Form vorgegeben wird. Als Begründung dafür wird nicht selten angegeben, dass man nicht durch Initiieren von Selbstkorrekturen Schüler immer wieder auf Regelkenntnisse verweisen möchte. Vielmehr möchte man Basisformen imitieren lassen und erhofft sich dadurch eine Automatisierung. Möglicherweise ist dies sogar eine sinnvolle Reaktion für einen Anfängerunterricht mit jungen Menschen. Bei erwachsenen Lernenden wird dagegen davon ausgegangen, dass sie eher kognitiv vorgehen (vgl. Ellis 1986, 108).

Man kann auch hier allerdings keine pauschalen und generalisierbaren Aussagen machen und ein optimales Verhalten für die unterschiedlichen Gruppen angeben. Es ist sogar sehr wahrscheinlich, dass die individuellen Vorlieben in den Gruppen eine große Bandbreite besitzen. Hinzu kommt, dass die Schülererfahrungen mit Korrekturen sich auch auf deren Vorlieben auswirken. Wir haben in unserer Untersuchung festgestellt, dass Schüler häufig die Vorlieben ihrer Lehrer übernehmen (vgl. Kleppin/Königs 1991, 292).

4.5.2 Unterschiedliche Zielgruppen und Lernziele

Wahrscheinlich wollen, können oder müssen Sie bei Ihren Gruppen auch unterschiedliche Lernziele verwirklichen. Geht es bei Schülern einer Gruppe darum, dass sie z. B. Deutsch lernen, weil sie einen **Urlaub in Deutschland verbringen** wollen, so kann bei Schülern einer anderen Gruppe das Endziel ein **Studium in Deutschland** sein.

Dementsprechend sollte auch die Anforderung an Korrektheit variiert werden. So könnten Sie sich beispielsweise bei der erstgenannten Gruppe vornehmen, nur die wirklich kommunikationsbehindernden Fehler zu korrigieren und besonders auf pragmatische Verstöße zu achten. Bei einer Gruppe, die in Deutschland studieren will, müsste man hingegen bei allen Fehlerarten und allen Fertigkeiten größeren Wert auf Sprachrichtigkeit legen.

4.5.3 Unterschiedliche Lernerpersönlichkeiten

Aufgabe 84

> *Überlegen Sie bitte, ob sich in Ihren Gruppen Lernende befinden, die große Probleme damit haben, korrigiert zu werden. Was sind Ihrer Meinung nach die Gründe dafür?*

Abgesehen davon, dass die Art und Weise des Lehrerkorrekturverhaltens zu Hemmungen bei den Schülern führen kann, existieren auch Persönlichkeitsfaktoren der Lernenden, die bewirken, dass sie sich durch Korrekturen gehemmt und gestört fühlen.

Wenn in unserer Untersuchung (vgl. Kleppin/Königs 1991, 293) Lernende Sprechhemmungen aufgrund von Korrekturen erwähnten, so hatten erstaunlicherweise diese Hemmungen absolut nichts mit der Menge der durchgeführten Korrekturen zu tun. Wir trafen sogar auf Fälle, wo Schüler – zumindest in den von uns beobachteten Stunden – gar nicht korrigiert wurden und dennoch angaben, sie fühlten sich durch Korrekturen gestört. Wir können also davon ausgehen, dass es sich hier möglicherweise um eine allgemeine Einstellung zu Korrekturen handelt. Die (psychologischen) Ursachen können unterschiedlicher Natur sein:

➤ Einige Schüler betrachten Fehler als etwas Negatives und versuchen, besonders korrekt zu reden. Der Nachteil liegt auf der Hand, und wir haben schon häufiger darüber gesprochen: Der Versuch, einen komplexen Sachverhalt auszudrücken, etwas für den Schüler Schwieriges zu formulieren, das eventuell sprachlich fehlerhaft sein könnte, wird vermieden, und dadurch wird Lernen nicht unbedingt gefördert. Natürlich gibt es Lernende, die nur so lernen wollen und können. Daher sollten Sie zwar über solche Effekte mit diesen Schülern reden, aber keinesfalls versuchen, sie in ihrem Lernverhalten grundsätzlich zu ändern.

➤ Andere Schüler betrachten Fehler als etwas, was bei ihnen normalerweise nicht vorkommen dürfte, und versuchen daher manchmal auch abzustreiten, dass sie einen Fehler gemacht haben. Hier können Sie nur darauf hinweisen, dass Fehler auch guten Schülern, ja sogar Ihnen als Lehrer, unterlaufen.

➤ Wieder andere Schüler haben schlechte Erfahrungen mit Korrekturen gemacht, fühlen sich häufig bloßgestellt und ausgelacht. Hier geht es darum, sie zu ermutigen und häufiger zu loben.

Möglicherweise haben Sie noch weitere oder ganz andere Ursachen gefunden. Es wäre vor allem wichtig, wenn Sie sich besonders auf die zuletzt genannte Gruppe konzentrierten. Leider lässt sich dies während des Unterrichts kaum verwirklichen, weil man – wie schon erwähnt – eine Menge anderer Dinge mitbedenken und entscheiden muss. Daher kann man nur raten, das Korrekturverhalten über mehrere Stunden hinweg zu variieren. Dadurch können Sie zwar nicht in jeder Stunde auf die unterschiedlichen Lernerpersönlichkeiten eingehen, über mehrere Stunden hinweg dürften Sie sie allerdings dann doch erreichen.

4.6 Korrektur und Unterrichtsphasen

Sicher haben Sie auch schon die Erfahrung gemacht, dass es manchmal für Lehrer äußerst schwierig ist, sich beim Korrekturverhalten auf wechselnde Unterrichtsphasen innerhalb einer Stunde einzustellen. Ich habe Ihnen deshalb einige Hinweise zusammengestellt, an denen Sie sich orientieren können (vgl. z. B. Bleyl 1984; Gnutzmann 1992; Henrici/Riemer 1994; Koutiva/Storch 1989; Krumm 1990; Ouanes 1992 und Timm 1992).

Ich werde Ihnen zunächst exemplarisch eine kurze Phaseneinteilung geben, die ich für eine Differenzierung von Korrekturverhalten für sinnvoll halte (vgl. Kleppin/Königs 1991, 52 – 55):

A: Vorlesen eines Textes durch die Lernenden **(Vorlesephasen)**

B: Klärung, Erarbeitung und Bewusstmachung von grammatischen und lexikalischen Strukturen und pragmatischen Regeln der Sprachverwendung **(kognitive Phasen)**

C: vorgegebene Übungen, z. B. zur Aussprache, zur Grammatik oder zum Wortschatz **(gelenkte Übungsphasen)**

D: Gruppenarbeit, z. B. für die Vorbereitung von Rollenspielen, für das Sammeln von Ideen, für die Vorstellung von zusätzlichen Informationen, für die Lösung bestimmter Aufgaben **(Gruppenarbeitsphasen)**

E: spezielles und in einem bestimmten Zeitabschnitt vorgenommenes Eingehen auf vorher gemachte Fehler **(Korrekturphasen)**

F: Unterrichtsgespräch, wie z. B. Fragen zum Text **(gelenkte Gesprächsphasen)**

G: freie Übungen, wie z. B. Diskussionen, Rollenspiele, Vorstellung von in Gruppen erarbeiteten Themen **(freie Phasen)**.

Aufgabe 85

1. Korrigieren Sie in den folgenden Unterrichtsphasen?

	ja	*nein*	*wie?*
A: Vorlesephasen			
B: kognitive Phasen			
C: gelenkte Übungsphasen			
D: Gruppenarbeitsphasen			
E: Korrekturphasen			
F: gelenkte Gesprächsphasen			
G: freie Phasen			

2. Lesen Sie die folgenden Erläuterungen im Text und vergleichen Sie diese mit Ihrem eigenen Verhalten.

➤ Kognitive Phasen (B) und gelenkte Übungsphasen (C)

Bei den Phasen, in denen speziell ein sprachliches Phänomen erklärt, erarbeitet und geübt wird, also bei kognitiven Phasen und gelenkten Übungen, sind Korrekturen an sich vorprogrammiert. Man wird z. B. keine Übung zu trennbaren und untrennbaren Verben im Deutschen machen, ohne die auftretenden Fehler zu korrigieren; denn es ist ja schließlich Sinn der Übung, das entsprechende Phänomen korrekt benutzen zu können. Auch eine Wortschatzübung hat diesen Zweck. Bei diesen Phasen kann man sehr gut mit Aufforderungen zur Selbstkorrektur (siehe Kapitel 4.7) arbeiten, da dem Lernenden das Ziel der Übung bekannt ist und er daraus schon Hilfen zur Selbstkorrektur ableiten kann. Außerdem dienen solche Phasen ja immer auch der Bewusstmachung sprachlicher Phänomene (zur *Kognitivierung im Fremdsprachenunterricht* vgl. z. B. Tönshoff 1990).

Hinweis

➤ Vorlesephasen (A)

Ebenfalls vorprogrammiert sind Korrekturen beim Vorlesen. Häufig wird das Vorlesen als Ausspracheübung eingesetzt, bei der vor allem auf den Textzusammenhang, die Intonation und den Rhythmus eingegangen wird. Auch hier wird eine häufige Korrektur kaum stören, da der Lernende den Text vorliegen hat, auf den er zurückgreifen kann. Er kann seine Konzentration voll auf das Vorlesen richten, d.h., er braucht sich keine Gedanken über die Konstruktion von Äußerungen zu machen. Bei Korrekturen in Vorlesephasen sollten Sie jedoch darauf achten, dass Sie Lernende, die sehr viele Fehler machen, nicht völlig verwirren und entmutigen. Wenn in fast jedem Wort Aussprachefehler auftreten, so ist es sicherlich besser, zunächst einmal eine Auswahl der Korrekturen nach bestimmten Fehlern vorzunehmen und dem Schüler zu raten, selbst auch als Erstes besonders auf diese Phänomene zu achten. Es ist sinnvoll, dem betreffenden Schüler zusätzliche Übungsmöglichkeiten zu verschaffen (über Tonband, Kassetten, über Hilfe von Mitschülern). Manchmal hilft auch der Rat weiter, viel zu Hause laut zu lesen.

➤ Gruppenarbeitsphasen (D)

Gruppenarbeitsphasen sind besonders günstig für Korrekturen. Hierbei können Sie nämlich den einzelnen Gruppen als „Service-Station" zur Verfügung stehen. Sie sollten also anbieten, dass die Gruppen Sie rufen können, um Fragen abzuklären, Alternativen abzuschätzen, weiterzuhelfen, zusätzliche Erklärungen zu geben, wann immer dies gewünscht wird. Sie können sich auch die Lernertexte anschauen, wenn z. B. schriftlich etwas vorformuliert wurde. Einige Gruppen schreiben ihre Ideen gern auf, wenn Gruppenarbeitsergebnisse vorgetragen werden sollen. Diese schriftlich vorformulierten Ergebnisse (z. B. Dialoge, Geschichten) können Sie während des Gruppenarbeitsprozesses schon vorkorrigieren. Wir haben es dabei fast mit einer Fehlerprophylaxe zu tun. Fehler müssen in der Endfassung der Gruppenarbeitsergebnisse nicht mehr in großer Menge auftreten, wenn Sie von den Gruppen zu Hilfe gerufen werden. Besonders günstig bei Korrekturen in Gruppenarbeitsphasen ist außerdem, dass Korrekturen besser individualisiert werden können als in der Großgruppe. Sie können sich also hierbei recht gut auf einzelne Lernertypen einstellen.

Weitere Anregungen zur Gruppenarbeit finden Sie in der Studieneinheit *Sozialformen und Binnendifferenzierung.*

Manchmal kann es übrigens durchaus nützlich sein, wenn die Gruppen beim Vorstellen ihrer Ergebnisse auch ihre Probleme – also ihre Fehlerbereiche – vorstellen. Eine Anweisung könnte hierbei lauten:

> *Jede Gruppe stellt zunächst zwei ihrer interessantesten sprachlichen Probleme und Schwierigkeiten vor, auf die sie bei der Erarbeitung ihres Ergebnisses gestoßen ist.*

➤ Korrekturphasen (E)

Korrekturen in Korrekturphasen sind eine Möglichkeit, die realistischerweise nur dann besteht, wenn der Lehrer gerade nicht in die Unterrichtshandlung eingebunden ist und wenn er sich intensiv auf die Schüleräußerungen konzentrieren und Fehler mitnotieren kann. Ein solches Vorgehen könnte dann stattfinden, wenn Lernende z. B. einen Monolog halten, eine Geschichte erzählen, einen Dialog vorspielen oder über Gruppenergebnisse berichten, aber auch in Gruppenarbeitsphasen. Häufig wird geraten, das Mitnotieren so unauffällig wie möglich zu gestalten. Dies halte ich nicht unbedingt für sinnvoll, da Schüler solche Aktionen immer bemerken und dann noch ängstlicher reagieren. Sie vermuten dann vielleicht, Sie würden sich Notizen für Zensuren oder Ähnliches machen. Wenn Sie mit Ihren Schülern darüber gesprochen haben, wie wichtig Fehler und Korrekturen für ihren Lernprozess sind, dann wird auch das offensichtliche Mitnotieren von Fehlern akzeptiert. Sich die Fehler zu merken und dann zu korrigieren, dies mag vielleicht einigen gelingen, könnte aber dazu führen, dass Sie Ihre Konzentration zu stark nur auf die Fehlerkorrektur verlagern.

➤ Gelenkte Gesprächsphasen (F) und freie Phasen (G)

Bei Fragen zum Text und vor allem in freien Phasen steht in der Regel die Mitteilung im Vordergrund. Man möchte erreichen, dass Lernende es schaffen, sich über ein Thema und in einer Situation frei zu äußern, ohne dass der Sinn durch Fehler entstellt wird. Es geht dabei vor allem darum, kommunikationsbehindernde Fehler zu korrigieren, die bei allen Fehlerarten möglich sind, vom Aussprachefehler bis hin zum pragmatischen Fehler. Sie sollten allerdings nicht vorschnell reagieren. Denken Sie an die Unterscheidung zwischen Reparatur und Korrektur (siehe Kapitel 4.1). Sie können, wenn Sie korrigieren, bevor Sie wissen, was der Lernende eigentlich sagen will, größeren Schaden anrichten, als wenn Sie gar nicht korrigieren. Denn der Lernende identifiziert möglicherweise Ihre Korrektur mit dem, was er eigentlich ausdrücken wollte. So wäre dann der nächste Fehler schon vorprogrammiert. Rückverweis

Es ist also äußerst wichtig, in freien Phasen besonders viel Geduld aufzuwenden. Lassen Sie ruhig einmal Pausen entstehen. Zählen Sie einfach bis fünf, wenn Sie ein Lehrertyp sind, der gern zu schnell eingreift. Pausen kommen einem als Lehrer, der in Aktion ist, in der Regel viel länger vor als den Schülern oder Beobachtern. Man muss sich in der Tat trainieren, um für die Lernenden sinnvolle Pausen zum Überlegen einhalten zu können.

Häufig sind übrigens Korrekturen in freien Phasen für denjenigen, der den Fehler gemacht hat, völlig wirkungslos, da sich der Lernende so auf Inhalt und Realisierung der Äußerung konzentriert, dass er die Fehlerkorrektur überhört. Dies könnte quasi als automatischer Schutzmechanismus betrachtet werden. Manchmal äußert sich eine derartige Lernerreaktion darin, dass der Lernende auf die Fehlerkorrektur einfach mit einem Nicken des Kopfes oder einer gemurmelten Zustimmung reagiert, die Korrektur aber nicht wiederholend in seine Äußerung einbezieht. Man muss sich also dessen bewusst sein, dass Fehlerkorrekturen in inhaltsbezogenen Phasen unter Umständen keinerlei Auswirkungen besitzen. Der einzige positive Effekt besteht dann darin, dass die Mitlernenden die Korrektur wahrnehmen.

Nun wäre es ja einfach, zu empfehlen, in sprachbezogenen Übungsphasen zu korrigieren und in freien Phasen keine Korrekturen vorzunehmen. Dieser Schluss griffe zu kurz, denn gerade in **freien Phasen** haben wir es häufig mit **äußerst wichtigen** und **interessanten Fehlern** zu tun. Es sind eben Fehler, die Lernende machen, wenn sie frei reden. In stark gelenkten Übungsphasen sind sie möglicherweise so durch die Arbeitsanweisung und die Übung geleitet, dass sie dort bestimmte Fehler nicht machen, die in freien Phasen später selbstverständlich auftauchen. Dies sind leider auch die Fehler, die auftreten werden, wenn Lernende später in authentischer Kommunikation stehen.

Einige Verhaltensweisen, die Ihnen helfen können, Korrekturen bei freier Rede von den negativen Begleiterscheinungen zu lösen, möchte ich Ihnen hier vorstellen:

➤ Versuchen Sie, nur wenige Fehler zu korrigieren. Versuchen Sie, in freier Rede so viel wie möglich auf indirekte Korrekturen zurückzugreifen. Solche Korrekturen kommen auch in natürlichen Situationen vor, und Sie vermeiden dadurch, dass die didaktische Ebene von Korrekturen in den Vordergrund rückt. Selbst wenn der Lernende, der den Fehler begangen hat, diese Korrektur nicht bewusst als Korrektur wahrnimmt, so kann sie doch von den Mitlernenden verarbeitet werden.

> **Beispiel:**   S: *Ich habe eine Frage zu dir.*
> L: *Ah, du hast eine Frage an mich. Und welche Frage?*

➤ Falls Sie gerade nicht direkt am Unterrichtsgeschehen teilnehmen, wie z. B. in Phasen, in denen Gruppen ihre Arbeitsergebnisse vorstellen, können Sie unter Umständen einige Fehler mitnotieren und in einer späteren Korrekturphase bewusst machen und besprechen.

➤ Wenn Sie einen Tageslichtprojektor zur Verfügung haben, so können sie bei einigen Fehlern direkt die Korrektur aufschreiben. Günstig ist, dass der Sprecher bei diesem Vorgehen nicht unterbrochen wird und dass Sie ihm nicht, wie bei einem Tafelanschrieb, den Rücken zukehren müssen.

➤ Benutzen Sie so viel begleitende Gestik und Mimik wie möglich – als besonderes Signalsystem der Korrekturhilfe für Lernende und Mitlernende. So stören Sie nicht unbedingt den Redefluss. Der Lernende kann aber darauf eingehen, falls er dies für möglich und nötig hält. (Wir werden in Kapitel 4.7 noch ausführlich auf diese Art der Korrekturhilfe eingehen.) Hinweis

➤ Planen Sie bei einigen freien Phasen, sich bei Korrekturen völlig zurückzuhalten. Sagen Sie dies auch von vornherein Ihren Schülern und sagen Sie ihnen auch, warum Sie es für nötig halten (z. B. weil es einige Lernende gibt, die Korrekturen besonders stören oder weil Sie sich selbst bei einem bestimmten Thema ebenfalls nur auf das Thema konzentrieren wollen).

➤ Besprechen Sie mit Ihren Schülern das Problem von Korrekturen bei freier Rede und geben Sie ihnen explizit die Möglichkeit, Ihre Korrekturen hierbei zu ignorieren, falls die Realisierung einer freien Rede dadurch behindert wird.

4.7 Aufforderung zur Selbstkorrektur oder Korrektur durch den Lehrer

Aufgabe 86

Schauen Sie sich zur besseren Unterscheidung zunächst noch einmal zwei Beispiele an. Wo befinden sich Aufforderungen zur Selbstkorrektur (Sk) und wo Korrekturen durch den Lehrer (Lk)?

Beispiel 1:

S: Wenn du hast Kind in deinem Magen, du sollst nicht arbeiten 50, 60 Stunden in die Woche.

L: Sag mal, wo ist bei dir denn der Magen? (*lacht und zeigt, wo sich der Magen befindet*)

S: In Schweden man sagt Magen.

L: Ah ja. Wie heißt es auf Deutsch?

S: (*schaut fragend*)

L: Bauch – und die Satzstellung im Nebensatz?

S: Verb am Ende

L: Ja, also?

S: Wenn du Kind im Bauch hast …

L: Also besser: Wenn du ein Kind bekommst …

Beispiel 2:

S: Ich habe mich nicht umsonst ausgebildet. Ich möchte später arbeiten, nicht nur Haushalt. Für mich ist wichtig, wie sich der Mann dabei behält.

L: Du hast nicht umsonst eine Ausbildung gemacht. Und dann: Wie sich der Mann verhält, nicht behält. Das ist was anderes.

Aufgabe 87

Welche Vor- und Nachteile sehen Sie bei der Aufforderung zur Selbstkorrektur bzw. der Korrektur durch den Lehrer? Bitte beziehen Sie sich nicht nur auf die Beispiele aus Aufgabe 86.

Aufforderung zur Selbstkorrektur	*Korrektur durch den Lehrer*
Vorteile:	
Nachteile:	

Wahrscheinlich war ein Argument, das Sie bei Ihrer Auflistung mit angeführt haben, folgendes: *Das kommt darauf an, ob ich davon ausgehen kann, dass sich der Schüler überhaupt selbst korrigieren kann.* Liegt nämlich ein wirklicher Irrtum oder der Versuch vor, z. B. eine Struktur zu verwenden, die noch nicht vorkam, so wird er eine Selbstkorrektur nicht leisten können. Bei anderen Fehlern hingegen, wenn sich der Lernende vertan hat, einen Fehler aus Müdigkeit oder Ähnlichem begangen hat, ist eine Selbstkorrektur schon eher möglich. Sicherlich, dieses Argument ist in der Theorie äußerst einleuchtend. Bei der schriftlichen Korrektur können wir uns daran sogar recht gut orientieren. Die Schüler haben Zeit zum Nachdenken, wenn sie ihre schriftlichen Produktionen unterstrichen oder mit Korrekturzeichen versehen zurückerhalten. Sie können diese Zeit für sich nutzen, um den Fehler zu verstehen.

Bei der mündlichen Korrektur hingegen, vor allem in einer Gruppe mit starkem Konkurrenzdruck oder bei bestimmten Lernerpersönlichkeiten, kommt ein weiteres Problem hinzu: Wenn die Korrektur nach der Aufforderung zur Selbstkorrektur **von den Mitschülern** geleistet wird, kann ein Gefühl des Versagens auftreten, das möglicherweise zu Sprechhemmungen führt.

Wenn die Selbstkorrektur hingegen geleistet werden kann, so hat der Schüler ein Erfolgserlebnis, das möglicherweise dabei hilft, das entsprechende selbst korrigierte Phänomen beim nächsten Mal besser abrufbar zu machen.

Schüler scheinen – so zeigten es unsere Untersuchungen – zu einem großen Teil Selbstkorrekturen vorzuziehen. Für sie scheinen Selbstkorrekturen wichtig zu sein als Maßnahmen, die den Lernvorgang bewusst machen. Der Wunsch nach bewusst machenden Maßnahmen taucht im Übrigen wieder auf, wenn es darum geht, zusätzliche (grammatische) Erklärungen zu einigen Korrekturen zu erhalten. Ein kleinerer Teil der Schüler, die wir befragt haben, wünscht jedoch eher direkte Korrekturen (vgl. Kleppin/Königs 1991, 291 – 293).

Über eines muss man sich allerdings im Klaren sein: Das Initiieren von Korrekturen, also Aufforderungen zur Selbstkorrektur, nimmt wesentlich mehr Zeit in Anspruch als (direkte oder indirekte) Korrekturen, die der Lehrer vornimmt. Man wird daher also sowohl weniger Sprechzeit für die Schüler in Kauf nehmen müssen als auch weniger Zeit für weitere Korrekturmöglichkeiten.

Vor- und Nachteile der Lehrerkorrektur sind komplementär zu Vor- und Nachteilen der Aufforderung zur Selbstkorrektur zu sehen: Direkte Lehrerkorrekturen sind kürzer und stören – nach Meinung einiger Praktiker – daher auch nicht so sehr den Unterrichtsverlauf wie Aufforderungen zur Selbstkorrektur. Manche Lehrer sind der Meinung, dass direkte Korrekturen aufgrund ihrer Kürze besser beiläufig benutzt werden können und damit die Fehlleistung als solche nicht so stark ins Bewusstsein treten lassen.

Wahrscheinlich haben auch Sie Vor- und Nachteile bei beiden Verhaltensweisen entdeckt und notiert, dass man beide einsetzen müsse. Ich möchte Ihnen hier nur noch einen Befund unserer Untersuchung mitteilen, der nachdenklich stimmen sollte. Allem Anschein nach gibt es unterschiedliche Korrekturtypen bei den Lehrern: Auf der einen Seite diejenigen, die hauptsächlich direkt zur Lehrerkorrektur greifen, und auf der anderen Seite diejenigen, die zunächst zur Selbstkorrektur auffordern. Dies lässt sich übrigens unabhängig von Unterrichtsphasen oder Fehlerarten beobachten. Wenn Sie zu einem dieser „Korrekturtypen" gehören, dann versuchen Sie doch einmal, sich für bestimmte Stunden Folgendes vorzunehmen: *Heute korrigiere ich einmal völlig anders. Heute fordere ich überwiegend zur Selbstkorrektur auf.* Oder: *Heute korrigiere ich überwiegend direkt.* Ein solch pauschales Arrangement ist – mit Abstrichen – durchführbar, wenn man sich ein wenig darin trainiert. So könnten Sie im Grunde wieder alle Vorteile (und Nachteile) realisieren, wenn auch nicht in einer Stunde, so doch über eine längere Zeit des Unterrichts hinweg. Dies führt zu einem differenzierteren Verhalten Ihrerseits, das dann den unterschiedlichen Lernertypen gerecht werden kann. Denn auch bei den Lernenden gibt es, wie wir gesehen haben, Personen, die Selbstkorrekturen bzw. direkte Korrekturen vorziehen.

Im Folgenden werden wir uns mit den unterschiedlichen Arten der Aufforderung zur Selbstkorrektur und den Korrekturarten beschäftigen, um hierbei unser Repertoire zu erweitern.

4.7.1 Arten der Aufforderung zur Selbstkorrektur

Aufforderungen zu Selbstkorrektur lassen sich unterteilen in verbale Aufforderungsarten* und nonverbale Aufforderungsarten*.

Verbale Aufforderungsarten

➤ Man signalisiert, dass ein Fehler in der Lerneräußerung vorkommt.

    S: *Die Leute denkst so.*
    L: *Vorsicht!*

➤ Man kennzeichnet den Fehlerort (z. B. durch explizite Wiederholung des Fehlers, durch Wiederholung der Lerneräußerung und Abbruch direkt vor dem aufgetretenen Fehler).

    S: *Das ist nur Faulkeit.*
    L: *nicht Faulkeit, sondern Faul ...?*

➤ Man nimmt eine Fehlerkennzeichnung vor (z. B. über einen metasprachlichen Hinweis).

    S: *Ich gehe heute Abend mit Eugenia im Kino.*
    L: *Wie ist das mit den Wechselpräpositionen?*

➤ Man weist auf eine mögliche Fehlerursache hin.

    S: *Ich habe ihm dann gefragt, ob ...*
    L: *Vorsicht! Im Deutschen wird das anders konstruiert als im Französischen.*

➤ Man weist darauf hin, dass oder auch wann das sprachliche Phänomen eingeübt wurde.

    S: *Wenn ich gestern einkaufen ging, habe ich einen Lebkuchen gekauft.*
    L: *Denk doch mal daran, was wir gestern geübt haben.*

➤ Man verweist auf inhaltliche, pragmatische oder logische Zusammenhänge.

    S: *Du nimmst den Zug und du musst in Köln aufsteigen (gemeint ist: aussteigen).*
    L: *Aufsteigen? Das ist nach oben. Du willst doch den Zug verlassen.*

Nonverbale Aufforderungsarten

➤ Man weist darauf hin, dass ein Fehler vorliegt (z. B. durch Kopfschütteln, Naserümpfen, erhobenen Zeigefinger).

➤ Man benutzt ein nonverbales Signal dazu, dem Lernenden eine Hilfe zu geben.

    S: *Ich hatte gern eine Katze.*

Lehrerreaktion:

S: *Gestern ich habe …*

Lehrerreaktion:

S: *Es riechte dort sehr schlecht.*

Lehrerreaktion:

Natürlich richten sich Aufforderungsarten auch nach Fehlerarten. Bei einigen Fehlern kann man hervorragend mit nonverbalen Hilfen arbeiten, bei anderen muss man unter Umständen auf längere Erklärungen zurückgreifen.

Nonverbale Aufforderungsarten haben allerdings entscheidende Vorteile, und wir werden bei den unterschiedlichen Fehlerarten noch einmal darauf zurückkommen.

Wenn ich auch ansonsten nichts davon halte, „Rezepte" zum mündlichen Korrekturverhalten zu geben, so möchte ich hier doch das Terrain des vorsichtigen Abwägens verlassen und behaupten:

Wenn Sie nonverbale Korrekturhilfen bei Fehlern geben können, so tun Sie das in jedem Fall – **nonverbale Hilfen** haben nämlich einige **unschlagbare Vorteile**:

➤ Sie sind meist viel kürzer als verbale Hilfen und daher wesentlich zeitökonomischer.

➤ Sie sind einprägsam und als Aufmerksamkeitssignal hervorragend geeignet. Die Lernenden brauchen meist keine weiteren Erklärungen, sondern können schnell reagieren.

➤ Sie beeinflussen nicht so stark den Unterrichtsverlauf wie verbale Eingriffe, da sie den Redefluss kaum stören – sie können parallel zu den Äußerungen des jeweiligen Schülers erfolgen.

➤ Sie sind flexibel einsetzbar, d. h., sie können z. B. als Korrektursignal für die Mitlernenden verwendet werden, wenn man den Sprecher nicht unterbrechen möchte. Sie können sogar vom Lernenden bewusst übergangen werden, wenn er sie gerade nicht verarbeiten kann, weil er sich z. B. sehr auf seine Äußerung konzentrieren muss. Die Lernenden übernehmen quasi die Steuerung der Korrekturhilfen.

➤ Sie sind meist günstig für die Gruppenatmosphäre, da sie häufig humorvoll sind und manchmal fast als eine Gruppengeheimsprache angesehen werden können.

Sicherlich benutzen Sie selbst verschiedene nonverbale Korrektursignale und Hilfen.

1. Stellen Sie diese nonverbalen Korrektursignale zusammen und ergänzen Sie sie gegenseitig, wenn Sie zusammen mit anderen an dieser Studieneinheit arbeiten.

_____

_____

2. Überlegen Sie bitte, ob und warum einige dieser von Ihnen benutzten Signale eventuell nur in Ihrem Land einzusetzen sind.

Sammeln Sie nonverbale Korrekturhilfen und beziehen Sie beim Erfinden von neuen Signalen auch Ihre Schüler mit ein. Diese Hilfen müssen nicht unbedingt immer einen inhaltlichen oder logischen Bezug zum Fehler haben. Die Hauptsache ist, dass sie als gemeinsames Signal mit der Gruppe abgesprochen wurden.

Einige Signale sind dabei wahrscheinlich weltweit und überall zu verwenden, andere hingegen auf Ihre Gruppe oder auf Ihr Land begrenzt.

4.7.2 Arten der Lehrerkorrektur

Wir haben es bei Lehrerkorrekturen meistens mit zwei Arten zu tun, den direkten (oder auch expliziten) und den so genannten „indirekten" (oder auch „impliziten") Korrekturen.

Beispiel einer **direkten Lehrerkorrektur**:

S: *In Deutschland die Studenten studieren sehr mehr.*
L: *viel mehr*

Beispiel einer **indirekten Lehrerkorrektur**:

S: *In der Mensa heute waren viele fliegende Blätter.*

L: *Und was stand auf den Flugblättern? Waren es politische Flugblätter?*

Von **direkten Lehrerkorrekturen** sprechen wir, wenn – wie im ersten Beispiel – der Lehrer einfach die richtige sprachliche Struktur nennt. Dies kann in vielfältiger Stimmlage geschehen und die Auswirkungen sind meist dementsprechend. Leise gesprochen erreichen die Korrekturen eventuell den Lernenden gar nicht, der den Fehler gemacht hat, sind aber häufig als Signal für die Mitschüler gedacht. Laut gesprochen und mit anderen nonverbalen (z. B. Lächeln, tadelnder Blick, erhobener Zeigefinger) oder paraverbalen (Korrektur-)Hilfen* (z. B. lustiger Tonfall, ironischer Tonfall) versehen, haben sie eine ganz andere Wirkung. Man kann also nicht grundsätzlich sagen, dass direkte Lehrerkorrekturen in den Redefluss eingreifen. Sie können genauso gut eher beiläufig und quasi nebenbei erfolgen.

Von **indirekten Lehrerkorrekturen** sprechen wir, wenn – wie im zweiten Beispiel – ein natürlicher Kommunikationsverlauf imitiert werden soll. Dabei wird z. B. die Äußerung des Schülers noch einmal aufgenommen und berichtigt wiederholt. Die indirekte Korrektur könnte auch in Form einer Nachfrage erfolgen. Dabei tut der Lehrer so, als hätte er die Äußerung möglicherweise nicht richtig verstanden und wiederholt in fragendem Tonfall. Man kann sie gut verwenden, wenn man z. B. im Unterricht über ein interessantes Thema spricht und man diese inhalts- und mitteilungsbezogene Ebene nicht verlassen möchte (siehe hierzu auch Kapitel 4.6). Ein abruptes Verlassen dieser inhaltlichen Ebene könnte durch eine Korrektur ausgelöst werden, die plötzlich dem Schüler ins Bewusstsein bringt, dass der Lehrer möglicherweise mehr auf die Sprachrichtigkeit seiner Äußerungen als auf ihren Inhalt achtet. Natürlich kann man behaupten, dass dem Schüler dies unterschwellig sowieso immer bewusst ist, doch scheinen Schüler das Behutsame einer solchen Korrektur häufig zu schätzen, selbst wenn solche Korrekturen durchaus nicht immer natürlich wirken.

Rückverweis

Kritisch kann bei indirekten Korrekturen vermerkt werden: Sie treten häufig nicht einmal ins Bewusstsein der Lernenden, die korrigiert werden, denn sie nehmen ja die Äußerung des Lernenden nur noch einmal berichtigend wieder auf. Der Lernende bemerkt daher wahrscheinlich stärker die Bestätigung als die Korrektur. Er ist zudem stark beschäftigt mit der Planung der weiteren Äußerung und auch deshalb nicht sehr aufnahmefähig für eine Korrektur. Eine bewusste Verarbeitung kann allerdings nach Bedarf von den Mitlernenden vorgenommen werden. So besteht zwar die Möglichkeit, dass indirekte Korrekturen in einer Situation keinerlei Auswirkungen haben – schaden können sie aber zum Glück nur sehr selten, denn die Kommunikation wird durch sie kaum behindert.

4.8 Korrekturen nach unterschiedlichen Fehlerarten

Im Fragebogen auf den Seiten 75–77 hatten Sie angegeben, welche Fehlerarten Sie am häufigsten in Ihrem Unterricht korrigieren. Wenn Sie ähnlich vorgehen wie die Lehrer, die an unserer Untersuchung teilgenommen haben, so werden Sie vor allem Korrekturen von Aussprache- und Grammatikfehlern vornehmen. Derartige Fehler kommen zwar weitaus häufiger vor als z. B. lexikalische und pragmatische Fehler. Dennoch dürfte sich das hohe Vorkommen vor allem von Grammatikfehlerkorrekturen sicherlich auch aus der Bedeutung erklären, die der Grammatik im Unterricht zukommt. Allem Anschein nach wird das Korrekturverhalten im Unterrichtsverlauf nicht an bestimmte Fehlertypen angepasst (z. B. bei Grammatikfehlern Aufforderungen zur Selbstkorrektur, bei Aussprachefehlern direkte Lehrerkorrektur). Dies wird man auch kaum leisten können, wenn im Verlaufe der Unterrichtsstunde unterschiedliche Fehlerarten hintereinander zu korrigieren sind. Meist bleibt man bei einem einmal gewählten und automatisierten Verhalten.

Wenn schon bei der Planung der Unterrichtsstunde zu vermuten ist, dass vor allem bestimmte Fehlertypen zu erwarten sind, so könnte das Korrekturverhalten dementsprechend ausgerichtet werden.

4.8.1 Korrekturen von Aussprachefehlern: Phonetik, Intonation und Pausensetzung

Aufgabe 89

> *Kennen Sie bei Korrekturen von Aussprachefehlern Situationen, in denen Lernende völlig blockiert waren und trotz mehrmaliger Wiederholungen und mehrmaligen Vorsprechens die richtige Form nicht realisieren konnten, obgleich es sich nicht um ein für sie schwieriges Phänomen handelte?*
>
> *Beschreiben Sie bitte eine solche Situation und die Phänome, um die es sich dabei handelte. Geben Sie bitte, falls möglich, Gründe für ein solches Lernerverhalten an.*

Rückverweis

Auch wenn man heute im Fremdsprachenunterricht sicher nicht mehr eine quasi muttersprachliche Aussprache erwartet – wie noch zu Zeiten des audiolingualen/ audiovisuellen Unterrichts – so geht man dennoch davon aus, dass Aussprachekorrekturen im Anfängerunterricht (siehe Kapitel 4.5) einen besonderen Stellenwert erhalten sollten. Denn: Aussprachefehler können auch bei besten Sprachkenntnissen in allen anderen Bereichen die Kommunikation stören, bis hin zur Unverständlichkeit von Äußerungen, und sie können sogar zu einem Abbruch der Kommunikation führen.

Aussprachekorrekturen sind vom Lernenden häufig wesentlich schwieriger zu verarbeiten als Korrekturen anderer Fehlerarten. Dies kann bei bestimmten Fehlern dadurch bedingt sein, dass der eigene Fehler vom Lernenden nicht gehört und erkannt wird, wenn er vom Lehrer einen Korrekturhinweis erhält. Die Muttersprache des Lernenden legt sich gleichsam wie ein Filter auf das Gehör und bewirkt, dass fremde Laute mit Lauten aus der Muttersprache identifiziert und dementsprechend ausgesprochen werden. Selbst falsche Wort- oder Satzakzente, die nicht immer mit dem Einfluss der Muttersprache zu tun haben, werden vom Lernenden beim Vergleich der eigenen fehlerhaften und der korrigierenden Lehreräußerung manchmal nicht erkannt. Natürlich gibt es große Unterschiede bei den Lernenden (zu *individuellen Lernervariablen* vgl. den Überblick bei Edmondson/House 1993, 163 – 177). Das Alter spielt zu Beginn des Lernens einer Fremdsprache gerade bei der Aussprache eine wesentliche Rolle. Selbst innerhalb einer gleichaltrigen Gruppe treten große Unterschiede auf. Dies führt bei einigen Lernenden zu Gefühlen des Versagens, besonders, wenn die Gruppenmitglieder sich über den betreffenden – trotz richtiger Vorgabe immer wiederholten – Aussprachefehler lustig machen.

Aussprachekorrekturen gehören mit zu den kompliziertesten Korrekturen. Sie beziehen sich häufig auf Fehler, die der Lernende nicht selbst korrigieren kann. Oft müssen sie vom Lehrer wiederholt werden, damit sie erkannt und verarbeitet werden können. Aussprachekorrekturen brauchen Zeit, denn der Lernende muss die Korrektur wiederholen, wenn sie effektiv sein soll. Dies gelingt nicht immer beim ersten Anlauf: Aussprachekorrekturen sind deshalb mehr noch als andere Korrekturen gleichzeitig auch als Übung zu betrachten.

Ich möchte Ihnen dazu ein paar grundsätzliche Ratschläge geben:

> ➤ Bei **freier Rede** sollten **Aussprachekorrekturen** möglichst **unterlassen** werden. Sie benötigen zu viel Zeit und zu viel Konzentration, behindern also die weitere Redeplanung und die Kommunikation.

> ➤ Bei vielen Fehlern lohnt es sich anzugeben, **wie und wo der Laut gebildet wird.** Manchmal reichen Tipps, wie etwa: *Beim deutschen [x], wie z. B. in den Wörtern „ich" oder „Mädchen", drückt man einfach den hinteren Teil der Zunge fest an den Gaumen.* Sie brauchen keine Fachterminologie zu benutzen, sollten allerdings den Kontrast zur Muttersprache Ihrer Schüler als Erklärung heranziehen.

> ➤ Gebrauchen Sie bei Ihrer verbalen Korrektur zusätzlich **nonverbale Signale** als **Korrekturhilfe** (nonverbale Korrekturinitiierung*), die eventuell sogar zu einer Selbstkorrektur führen können. Diese Signale sind unterschiedlicher Art und sollten den Lernenden bewusst gemacht werden. Sie sollten von diesen auch wiederholt und während ihrer Äußerungen mit eingesetzt werden.

Einige **Beispiele** hierzu:

- Sie können die Mundstellung mit beiden Händen nachahmen.

- Sie können nicht sichtbare Qualitäten des Lautes sichtbar machen. Zur Verdeutlichung: Bei dem Unterschied zwischen stimmhaften und stimmlosen Lauten können Sie z. B. die Hand auf den Kopf oder an den Hals legen. Bei stimmhaften Lauten spürt man ein leichtes Vibrieren der Stimmbänder, bei stimmlosen Lauten spürt man nichts.

- Bei Wort- oder Satzakzentfehlern können Sie durch Schlagen des Rhythmus gemeinsam mit der Gruppe arbeiten. Dies bewirkt meist mehr als ein immer während des Wiederholen der korrekten Äußerung.

- Intonationskurven können mit der Hand nachgezeichnet werden.

➤ **Vorlesen** eignet sich recht gut, da die Konzentration gebündelt auf die Aussprache gelegt werden kann. Eine sehr traditionelle Übungsform kann bei der Aussprachekorrektur helfen und sei deshalb hier wieder in Erinnerung gerufen: Der Lehrer liest in kurzen Abschnitten vor, die **Schüler wiederholen im Chor**. Man kann hierbei selbst bei größeren Gruppen recht gut Aussprachefehler erkennen und korrigieren. Die Wiederholung im Chor vermeidet darüber hinaus, dass es bei Einzelnen zu Blockierungen aufgrund von Versagensängsten kommt und sie immer nur den Fehler wiederholen.

➤ Vorlesen kann auch **in Kleingruppen** geübt werden, wobei der Lehrer durch die Gruppen geht und individuell korrigiert – auch dadurch vermeiden Sie Versagensängste, die eher in der Großgruppe auftreten.

➤ Raten Sie Ihren Schülern, **zu Hause** viel selbst **laut zu lesen**. Veranstalten Sie, um einen zusätzlichen Anreiz zu geben, **Vorlesewettbewerbe**, bei denen z. B. nicht immer nur die Person gewinnt, die am besten vorliest, sondern diejenige, die die größten Fortschritte gemacht hat. Die Gruppe könnte dabei die Jury spielen und den Sieger wählen.

➤ Da Aussprachefehler meist damit verbunden sind, dass man seine eigenen Fehler selbst nicht hört, ist es **sinnvoll, die Schüler auf Tonkassette oder Video aufzunehmen**, damit sie lernen, ihre Fehler zu hören und sich der korrekten Aussprache anzunähern. Wenn Sie ein Sprachlabor zur Verfügung haben, so eignet es sich natürlich bestens für Aussprachekorrekturen. Doch auch mit einem Kassettengerät kann man sich behelfen. Sie können jeweils einen anderen Schüler bitten, einen Text (zu Hause) auf Kassette zu sprechen. Im Unterricht können Sie dann eine Aussprachekorrektursitzung durchführen, in der die Gruppe gemeinsam die wichtigsten Aussprachefehler in der Aufnahme identifiziert und Ratschläge zur Verbesserung erarbeitet. Dies ist natürlich nur in Gruppen ohne großen Konkurrenzdruck möglich.

In vielen Ausspracheschulungen finden Sie weitere Hinweise und vor allem auch **Übungsmöglichkeiten**, wie z. B. bei Göbel u. a. (1985): *Ausspracheschulung Deutsch*, **die weitaus nützlicher als Korrekturen** sind, wenn Ausspracheschwierigkeiten auftreten.

Ausführlicher können Sie sich hierzu auch in der Studieneinheit *Phonetik lehren und lernen* informieren.

4.8.2 Korrekturen morphosyntaktischer Fehler

Es sei zunächst angemerkt, dass morphosyntaktische Fehler, also Endungsfehler beim konjugierten Verb und Fehler bei der Satzstellung, selbst bei freier Rede relativ selten zu Behinderungen der Kommunikation führen. Sie lassen sich außerdem recht einfach korrigieren. In vielen Fällen besteht die Möglichkeit, dass ein Hinweis mit einer zusätzlichen Hilfe (siehe Kap. 4.7.1) zu einer Selbstkorrektur führt. Auch direkte Korrekturen (siehe Kap. 4.7.2) durch den Lehrer können häufig rasch vom Lernenden verarbeitet und eingeordnet werden, denn die Ursachen für das Vorkommen dieser Fehler sind viel weniger als bei den Ausspracheschwierigkeiten in der Kompetenz des Lernenden zu finden; weitaus häufiger sind momentane Missgriffe (siehe Kap. 2.2 und 2.3).

Rückverweis

Schüler scheinen im Übrigen dann, wenn sie diese Korrekturen nicht verstehen, unbedingt Erklärungen zu wünschen, was wiederum für bewusst machende Korrekturmaßnahmen spricht.

Was aus dem bisher Gesagten zu Grammatikkorrekturen schon ableitbar ist, möchte ich an dieser Stelle zusammenfassen und Ihnen als Empfehlungen an die Hand geben.

➤ Sie können versuchen, die **Bandbreite** Ihres Korrekturverhaltens bei Grammatikkorrekturen zu **erweitern**. Nehmen Sie sich z. B. für eine Unterrichtsstunde **direkte Korrekturen**, für eine andere **indirekte Korrekturen**, für wieder eine andere **Aufforderungen zur Selbstkorrektur** vor. **Verzichten** Sie auch mal ganz auf Grammatikkorrekturen.

➤ Fordern Sie **nur** zur **Selbstkorrektur** auf, wenn das entsprechende **Grammatikgebiet** schon **besprochen** wurde.

➤ Wenn das Thema, über das gesprochen wird – bei **freier Rede** also – so komplex ist, dass die Lernenden ihre gesamte Konzentration dazu benötigen, in der Fremdsprache zu formulieren, dann korrigieren Sie lieber **direkt**, **eher beiläufig** und **leise** oder benutzen Sie **indirekte Korrekturen**.

➤ Sammeln Sie **nonverbale Zeichen**, die als Hilfe für eine Korrektur dienen können. Bei Grammatikkorrekturen sind sie besonders einfach zu erfinden und gut einsetzbar (zu den Vorteilen siehe Kapitel 4.7.1).

Rückverweis

➤ Greifen Sie unbedingt zu **bewusst machenden Erklärungen**, die sie **gemeinsam** mit der gesamten **Gruppe** erarbeiten können, wenn bei Grammatikkorrekturen Unverständnis signalisiert wird.

➤ **Sammeln** Sie die wichtigsten Grammatikfehler (eventuell auch aus schriftlichen Arbeiten), um **Korrekturphasen** vornehmen zu können, die **nur** der **Erklärung** und weiteren Übung der entsprechenden sprachlichen Phänomene dienen.

4.8.3 Korrekturen lexikosemantischer Fehler und idiomatischer Wendungen

Aufgabe 90

> 1. *Schauen Sie sich die folgenden Beispiele lexikosemantischer Fehler und fehlerhafter idiomatischer Wendungen an. Was fällt besonders auf?*
>
> *Beispiel 1:*
>
> > *Ein Spanier berichtet über seine Erfahrungen mit deutschen Essenszeiten:*
> >
> > S: Die Deutschen essen sehr früh. Das, das ist shockert für mich.
> > L: Was?
> > S: Das hat shockert für mich.
> > L: Das hat dich schockiert?
> > S: Das hat mich schockert.
> > L: Schockiert, nicht schockert.
> > S: Schockiert, ja.

Beispiel 2:

Eine Italienerin spricht über die Stellung der Frau in Italien:

S: Das ist natürlich eine klischeetistische Sicht.

L: (*lacht*) Oh, eine Wortschöpfung. Nein, klischeetistisch geht nicht.

S: (*lacht*) Ein Versuch aus dem Italienischen. Bei uns sagt man es so.

L: Man sagt: Das ist ein Klischee. Ein Adjektiv gibt es auch. Es heißt: klischeehaft.

---

2. *Verlaufen derartige Korrekturen bei Ihnen ähnlich? Notieren Sie bitte in Stichpunkten Beispiele, an die Sie sich erinnern.*

_____

_____

_____

_____

Lexikosemantische Fehler und fehlerhafte idiomatische Wendungen können häufig dazu führen, dass der Sinn eines Satzes mehr oder weniger stark verändert wird.

Man muss hierbei besonders darauf achten, dass sich die Korrektur der Äußerungsabsicht des Lernenden anpasst. Nachfragen ist zu empfehlen, wenn man sich der Äußerungsabsicht nicht sicher ist. Aufforderungen zur Selbstkorrektur können in diesen Fällen meistens nicht umgesetzt werden.

Korrekturen in diesen Fehlerbereichen können Sie von Zeit zu Zeit auch gut in humorvoller Weise gestalten. Sie haben z. B. die Möglichkeit, die durch den Fehler aufgetretene Sinnveränderung in die Korrektur mit einzubeziehen.

Beispiel:

Beispiel

S: *Wir kochen Weihnachten immer eine große Küche.*

L: *Ihr kocht eine große Küche? Die ist aber bestimmt schwer zu verdauen. Wie schmecken denn die Schränke?*

Ss: (lachen)

S: (lachend) *Wie sagt man auf Deutsch?*

L: *Man kann sagen: Wir bereiten ein großes Menü zu, aber die Küche, damit bezeichnet man den Raum oder die Möbel und Geräte, die zu einer Küche gehören. Man kann außerdem sagen: Das Restaurant hat eine sehr gute Küche, das heißt dann, man kocht dort sehr gut.*

Wenn Sie derartig mit Wörtern und Wortbedeutungen in Korrekturen spielen, so sollten Sie allerdings immer darauf achten, dass Ihr Humor nicht verletzend wirkt. Dies hängt hauptsächlich von der Atmosphäre in der Gruppe ab. Doch auch der Ernst einer Situation bzw. Äußerung kann einer humorvollen Korrektur entgegenstehen.

Bei Korrekturen dieser Art von Fehlern ist es – wie aus den Beispielen ersichtlich – von Zeit zu Zeit sinnvoll und notwendig, weitere Erklärungen zu geben und zusätzliche Beispiele anzuführen, um den Einsatz und die Bedeutung von lexikalischen Einheiten zu festigen. So können z. B. Wortfelder oder die Bedeutung von Verben mit unterschiedlichen Präfixen erarbeitet werden. Sie können zusätzliche Übungen einbringen, die die Bedeutung von ähnlich klingenden Wörtern abklären.

4.8.4 Korrekturen inhaltlicher und pragmatischer Fehler

Während die Korrektur inhaltlicher Fehler mit zu den Korrekturen gehört, die völlig unproblematisch vorzunehmen sind, muss man bei der Korrektur pragmatischer Fehler besonders aufmerksam und bewusst vorgehen.

Inhaltliche Fehler können wie in natürlicher Kommunikation korrigiert werden, sie kommen übrigens häufig bei thematischen Diskussionen oder der Unterrichtsorganisation vor und werden zum Teil von Mitlernenden vorgenommen.

Beispiel

Beispiel:

> S1: *Letztes Mal wir haben über unsere Interviews mit Deutschen über Rechtsradikalismus gesprochen.*
>
> S2: *Nein, letztes Mal über die Mülltrennung.*

Pragmatische Fehler kommen insbesondere in freier Rede und natürlich in authentischen Situationen vor. Bei der Korrektur pragmatischer Fehler muss man besonders aufmerksam und bewusst vorgehen.

Beispiel

Beispiel 1:

> *Lidia, eine Spanierin, nimmt den Anruf der Mutter ihres Freundes an. Die Mutter bittet sie, ihrem Sohn auszurichten, dass er zurückrufen solle. Sie schreibt ihrem Freund auf einen Zettel:*
>
> *Ruf deine Mutter an!*
>
> *Auch in anderen Situationen gebraucht sie den Imperativ, ohne aber einen direkten Befehl äußern zu wollen. Erst aufgrund der Reaktion von Freunden, die sie auf ihren schroffen Stil ansprechen, wird ihr der Unterschied im Gebrauch des Imperativs bewusst.*

Anmerkung: Im Spanischen hat der Imperativ einen anderen Stellenwert als im Deutschen. Verwendet man im Deutschen einen Imperativ, so wird er wohl meist als Befehl aufgefasst werden. Um nicht als zu direkt und unhöflich zu gelten, wird man ihn durch die Höflichkeitsfloskel *bitte* oder durch die Modalpartikel *doch* absichern. Dies ist im Spanischen nicht notwendig.

Beispiel

Beispiel 2:

> *Lin ist Chinesin. Sie trifft eine deutsche Studentin, die sie längere Zeit nicht gesehen hat, und sagt:*
>
> *Oh, bist du schön dick geworden!*
>
> *Die deutsche Studentin reagiert entsetzt, obgleich sie weiß, dass es sich dabei im Chinesischen um ein Kompliment handelt. Sie erklärt, dass sich die meisten deutschen Frauen über ein solches Kompliment wohl ärgern würden und dass es daher besser sei, es nicht zu verwenden.*

Es handelt sich in beiden Fällen um ein unangemessenes Verhalten in der Zielkultur, das aber in der Ausgangskultur nicht als unangemessen gilt. Derartige Fehler können immer wieder entstehen, wenn sprachliche und nichtsprachliche Verhaltensweisen aus der Ausgangs- auf die Zielkultur übertragen werden. Wir haben darüber schon in Kapitel 2.2 gesprochen.

Rückverweis

Weitere Beispiele für Situationen, in denen pragmatische Fehler häufig auftauchen, finden Sie in der Studieneinheit *Routinen und Rituale in der Alltagskommunikation*.

Aufgabe 91

> *Erinnern Sie sich an Situationen, in denen in der Kommunikation mit deutschsprachigen Muttersprachlern Missverständnisse auftraten? Wie haben Sie und Ihre Kommunikationspartner in dieser Situation reagiert? Notieren Sie einige Beispiele und vergleichen Sie sie – falls möglich – mit denen Ihrer Kollegen.*

Pragmatische Fehler sollten – wenn sie erkannt werden – **grundsätzlich immer korrigiert werden**. Die Begründung liegt auf der Hand: In einer authentischen Kommunikationssituation werden Fehler in der Aussprache, der Grammatik und der Lexik in der Regel von Muttersprachlern eher wohlwollend akzeptiert oder übersehen. Man weiß, dass es sich um einen Fremdsprachenlernenden handelt, und man steht solch offensichtlichen Fehlern tolerant gegenüber. Übrigens gilt dies auch für diejenigen Fremdsprachenlehrer, deren Muttersprache die Zielsprache ist. Auch sie besitzen häufig eine größere größere Toleranz gegenüber Aussprache-, Grammatik- und lexikosemantischen Fehlern als gegenüber pragmatischen Fehlern.

Pragmatische Fehler lösen eine völlig andere Reaktion aus. Sie werden von Muttersprachlern, die die Ausgangskultur des Lernenden nicht kennen, häufig als Verhaltensfehler oder sogar als charakterlich schlechte Eigenschaften bewertet.

Wir müssen auf derartige Fehler besonders achten, sie hervorheben, erklären, besprechen und Verhaltensalternativen (mit verbalen und nonverbalen Mitteln) vorstellen. Da pragmatische Fehler in der Regel wirkliche Irrtümer – und zwar der gesamten Gruppe – darstellen, sollten Sie ihnen auch besonders viel Zeit widmen. Diese Korrekturen können keine negativen Auswirkungen in Bezug auf Störungen des Kommunikationsverlaufes haben, weil die Korrektur selbst eine authentische Kommunikation über das Thema *Verhalten in zielsprachigen Ländern* darstellen kann. Bei Rollenspielen sollte eine pragmatische Korrektur erst am Ende gemacht werden, um den Spielverlauf nicht zu unterbrechen und damit möglicherweise sogar abzubrechen. Da pragmatische Fehler im Verhältnis zu anderen Fehlerarten eher selten vorkommen, dürfte es kein Problem sein, sich solche Fehler zu merken.

Aufgabe 92

> *Erinnern Sie sich an Korrekturen pragmatischer Fehler, die Sie in einer Ihrer Gruppen vorgenommen haben? Um welche Fehler handelte es sich? Wie haben Sie die Korrekturen vorgenommen?*

Mit pragmatischen Fehlern kann man im Übrigen hervorragend (spielerische) Übungen durchführen, denn hierbei geht es in vielen Fällen um die Bewusstmachung von eigenem Verhalten, das man aus seiner Ausgangskultur auf die Zielkultur überträgt und das dort nicht angemessen erscheint: So ist es zum Beispiel in einigen Ländern durchaus üblich, zu einer Einladung noch Freunde mitzubringen. Dies dürfte in anderen Ländern völlig unüblich sein, auch wenn man hierbei natürlich Unterschiede zwischen gesellschaftlichen Gruppen innerhalb eines Landes erleben wird.

Situationsangemessenes Verhalten kann man nicht einüben wie eine korrekte Aussprache oder grammatische Strukturen der Zielsprache. Wie Sie zu pragmatischen Fehlern Übungen entwickeln können, möchte ich Ihnen an den folgenden zwei Vorschlägen zeigen:

Rückverweis

➤ Sie können die schon in Kapitel 3.3.5 beschriebenen Korrekturübungen (Übungsmöglichkeit 9: *Mit Fehlern kann man auch spielen*) auch auf die mündliche Unterrichtssituation übertragen. Hierbei geht es darum, **Dialogmodelle**, in die Missverständnisse aufgrund von pragmatischen Fehlern eingebaut sind, weiterzubearbeiten, die Missverständnisse zu erkennen und zu interpretieren, die Dialoge weiterzuführen und dabei die Missverständnisse zu besprechen, das Verhalten zu erklären usw. Schauen Sie sich in diesem Zusammenhang noch einmal die beiden Beispiele in Kapitel 3.3.5 auf Seite 66/67 an.

➤ Sie können auch in Kleingruppen **Rollenspiele** entwickeln lassen, in die die Schüler pragmatische Fehler einbauen sollen. Es muss sich dabei nicht immer um „Verhaltensfehler" handeln, die nur in der Zielsprache als unangemessenes Verhalten gelten. Es können durchaus auch Verhaltensweisen thematisiert werden, die im Ausgangsland ebenfalls nicht akzeptiert würden, denn die Schüler wissen nicht immer genug über Verhaltensunterschiede. Die von der Kleingruppe bewusst eingebauten Fehler sollen beim Vorspielen von der Großgruppe entdeckt und „korrigiert" werden – es können also angemessenere Alternativen vorgeschlagen oder vorgespielt werden.

Der Lehrer sollte dabei als Informant über das Zielland zur Verfügung stehen können.

Aufgabe 93

Entwickeln Sie bitte Übungsanweisungen für das bewusste Umgehen mit pragmatischen Fehlern. Versuchen Sie, diese Übungsanweisungen für Ihre Gruppen und/oder in Bezug zu dem von Ihnen verwendeten Lehrwerk zu gestalten.

*Ein **Beispiel** zur Anregung:*

Lehreranweisung: „Bereitet in Kleingruppen ein Bewerbungsgespräch für ein Stipendium und/oder für ein Praktikum in Deutschland vor. Baut in dieses Bewerbungsgespräch Verhaltensweisen ein, die ihr in dieser Situation für unangemessen und unüblich haltet. Spielt euer Gespräch vor der gesamten Gruppe vor. Die Gruppe soll die Verhaltensfehler finden."

4.9 Der Zeitpunkt der Korrektur

Wir haben schon darüber gesprochen, wie eine Fehlerbehandlung in unterschiedlichen Unterrichtsphasen vorgenommen werden kann (siehe Kapitel 4.6). Hier möchte ich auf eine weitere Entscheidungsdimension eingehen. Wann ist der Zeitpunkt am günstigsten, eine Korrektur anzubringen bzw. zu einer Selbstkorrektur aufzufordern?

Rückverweis

– Sofort nach Auftreten des Fehlers?

– Wenn der Lernende die von ihm geplante Äußerung vollendet hat?

– In einer eigenständigen Korrekturphase?

Aufgabe 94

Welche Vor- und Nachteile haben Ihrer Meinung nach die angegebenen Korrekturzeitpunkte?

*– Korrektur **sofort** nach einem Fehler*

Vorteil	Nachteil

*– Korrektur **am Ende** eines Lernerbeitrags*

Vorteil	Nachteil

Wir waren bei unserer Untersuchung an deutschen Schulen zunächst davon ausgegangen, dass Schüler es vorziehen, nicht direkt nach dem Fehler korrigiert zu werden. Diese Annahme ließ sich nicht bestätigen. Die Schüler entschieden sich zur Hälfte für die sofortige Korrektur und zur anderen Hälfte dafür, erst ihre Äußerung zu Ende zu bringen und dann korrigiert zu werden. Auch bei den Lehrern scheinen ganz unterschiedliche Vorlieben vorzuherrschen (vgl. Kleppin/Königs 1991, 288 – 293).

Sofortige Korrekturen haben natürlich den Vorteil, dass sich der Lehrer den Fehler nicht weiter merken muss. Sie können sozusagen parallel zu den Äußerungen der Schüler erfolgen. Möglicherweise können sofortige Korrekturen von Schülern in freier Rede besser bewusst überhört werden. Das setzt allerdings voraus, dass der Lehrer den Schülern eine solche Reaktion auf Fehler ermöglicht, indem er leise und eher beiläufig korrigiert.

Korrekturen hingegen, die erst **am Ende einer Lerneräußerung** vorgenommen werden, werden häufig damit begründet, dass man den Schüler bei der Planung seiner Äußerung nicht unterbrechen wolle. Es sei außerdem eine Frage der Höflichkeit, zunächst einmal zuzuhören. Die dahinter stehende Absicht ist, den Lernenden vor allen Dingen nicht durch Korrekturen zu behindern. Es gibt jedoch Situationen, in denen sich diese an sich gute Absicht genau in ihr Gegenteil verkehrt.

Dies ist der Fall bei Dialogsituationen, in denen die Korrektur genau in den Sprecherwechsel der Dialogpartner hineinfällt. Der Dialog kann dadurch stark behindert werden, denn der Kommunikationspartner weiß nun nicht mehr, worauf er eigentlich reagieren soll: auf die Äußerung seines Vorredners oder auf die Korrektur des Lehrers? Und wie soll der Korrigierte reagieren? Soll er die Korrektur noch einmal aufnehmen und die Äußerung korrekt und vollständig wiederholen?

Wir können also insbesondere bei **Dialogen** (mit längeren Redebeiträgen) davon ausgehen, dass – wenn wir überhaupt korrigieren wollen – eine sofortige unterbrechende, eher **beiläufige Korrektur** geringere Auswirkungen auf die Fortsetzung des Dialogs hat als Korrekturen, die – gut gemeint – jeweils erst am Ende eines Redebeitrags eines Dialogpartners vorgenommen werden. Beiläufig heißt dabei, dem Schüler über eine geringe Lautstärke zu signalisieren, dass er die Korrektur einfach übergehen kann. Korrekturen begleiten so nur die Lerneräußerungen, werden vielleicht in einigen wenigen Fällen unbewusst mit verarbeitet; sie signalisieren allerdings zumindest dem Rest der Gruppe, dass es sich nicht um eine vollständig korrekte Äußerung handelt.

Rückverweis

Sie können im Übrigen auch das schon in Kapitel 4.6 auf Seite 93 beschriebene Verfahren des Mitnotierens der Korrekturen (nicht der Fehler!) auf Tageslichtprojektor wählen.

4.10 Das Lehrer- und Lernerverhalten nach der Korrektur

Schauen wir uns an, welche Möglichkeiten sich nach einer Korrektur ergeben können:

1. Ein oder mehrere **Lernende wiederholen** die vorgenommene Korrektur. Meist lassen Lehrer die Korrekturen wiederholen, damit sich die korrekten sprachlichen Einheiten besser einschleifen. Vor allem bei freier Rede sollte man nicht auf zu häufiges Wiederholen zurückgreifen, da sonst die inhaltliche Dimension völlig in den Hintergrund rückt.

2. **Von** einem oder mehreren **Lernenden** werden **Erklärungen zur Korrektur erbeten**. Hierdurch erhält der Lehrer eine ausgezeichnete Möglichkeit, das fehlerhafte Phänomen bewusst zu machen und korrekte Lösungswege aufzuzeigen. Mit einiger Wahrscheinlichkeit merken sich Lernende von ihnen selbst initiierte Erklärungen besser als Erklärungen, die der Lehrer von sich aus einer Korrektur folgen lässt.

3. Der **Lehrer** gibt **zusätzliche Erklärungen** zu einer Korrektur. Wenn es sich bei dem Fehler um einen offensichtlichen Irrtum handelt, also um einen Fehler, der vom Schüler keinesfalls selbst korrigiert werden kann, so können Erklärungen der Korrektur – vom Lehrer oder von den Mitschülern – dazu beitragen, dass das sprachliche Phänomen zumindest (zunächst einmal) verstanden wird.

4. Der **Lehrer** entwickelt **zusätzliche (Mini-)Übungen**, um das entsprechende sprachliche Phänomen zu festigen. Die Übungen können sowohl im Unterricht als auch individuell zu Hause gelöst werden. Dies ist vor allem nützlich, wenn bestimmte Fehler häufig vorkamen.

5. Der **Lehrer** zeigt mögliche **Hilfestellungen zur Selbsthilfe** auf. Er kann z. B. Tipps geben, wie und wo man am besten etwas üben kann.

6. **Lehrer und Schüler sprechen über** – vor allem häufig vorkommende – **Fehler**. Es kann sich dabei um das Herausfinden von Fehlerursachen handeln. Es kann z. B. auch darüber gesprochen werden, ob es sich um einen besonders schweren Fehler handelt, den man demnächst unbedingt vermeiden sollte, oder ob z. B. in bestimmten Situationen das korrigierte sprachliche Phänomen durchaus zu verwenden ist.

Aufgabe 95

1. *Überlegen Sie bitte, ob und unter welchen Umständen es für Ihre Schüler von Bedeutung sein kann, vorgenommene Korrekturen – auch Selbstkorrekturen – zu wiederholen. Welche der sechs oben genannten Möglichkeiten kommen in Ihren Gruppen häufig vor?*

Möglichkeit	sehr häufig	häufig	selten	nie
1.				
2.				
3.				

Möglichkeit	sehr häufig	häufig	selten	nie
4.				
5.				
6.				

2. *Gibt es außerdem andere Verhaltensweisen, die Sie nach einer Korrektur für wichtig halten?*

4.11 Die verwendete Sprache bei Korrekturen

Auch wenn ich hier keinesfalls die Diskussion aufgreifen möchte, inwieweit denn Einsprachigkeit im Unterricht durchgehalten werden sollte (vgl. hierzu Butzkamm 1995, 188 – 194), d. h., inwieweit man versuchen sollte, alles auf Deutsch zu behandeln, so möchte ich dennoch einige Gründe nennen, die dafür sprechen, bei Korrekturen auf die Muttersprache der Schüler und auf andere gelernte Sprachen zurückzugreifen (vgl. hierzu Bahr u. a. 1996, 34 – 71).

Der Rückgriff auf die Muttersprache oder andere gelernte Sprachen kann dreierlei Funktion haben. Sie können eingesetzt werden als

1. **Erklärsprache:** Dies geschieht meist dann, wenn für den Lernenden (und möglicherweise auch für den Lehrer) eine Erklärung in der Fremdsprache zu schwierig wäre.

2. **Kontrastfolie** zur Fremdsprache: Dies ist z. B. dann sinnvoll, wenn man Unterschiede zu der oder auch Ähnlichkeiten mit der Fremdsprache aufzeigen will, z. B. als Erklärung für Fehlerursachen (vgl. hierzu das Beispiel unten).

3. **Hilfsmittel für Äußerungsbedürfnisse:** Ein solcher Rückgriff auf die Muttersprache kann dann vorkommen, wenn Lernende unbedingt etwas äußern wollen, wozu sie in der Fremdsprache noch nicht in der Lage sind.

Wenn wir Fehlerursachen besprechen wollen – und dies kann für Schüler von großem Nutzen sein (siehe Kapitel 2.2 und 3.3.5) – so müssen wir konsequenterweise auch auf die Muttersprache und andere gelernte Sprachen zurückgreifen können. Ein bewusster Umgang mit Fehlern erfordert dies gleichermaßen. Auch bei Nachfragen, ob denn die Fehlerkorrektur tatsächlich der Äußerungsabsicht entspricht, muss zeitweilig die Muttersprache benutzt werden.

Rückverweis

Zusätzliche Erklärungen, Besprechungen und Hilfen sollten außerdem auch auf schon gemachte Erfahrungen in anderen Sprachen eingehen. So werden möglicherweise Verbindungen geschaffen, die das Lernen erleichtern können, weil z. B. ähnliche Phänomene auch in anderen Sprachen schon gelernt wurden.

Bei dem folgenden Beispiel handelt es sich um eine marokkanische Studentin, die sowohl marokkanisches Arabisch als auch Französisch spricht (S = Studentin, L = Lehrer):

Beispiel

S: *Ich habe zwanzig und zwei Jahren.*
L: *Moment mal. Du konstruierst jetzt wie im Französischen. Denke lieber an das Arabische. Wie konstruierst du da die Zahlen?*
S: *Ah ja, geht genauso, zweiundzwanzig Jahren.*
L: *Ja, und dann hast du auch noch etwas anderes aus dem Französischen übernommen.*
S: (fragender Gesichtsausdruck)
L: *En allemand on ne construit pas: j'ai vingt-deux ans, mais?*
   (Hilfsübersetzung: *Auf Deutsch sagt man nicht: Ich habe 22 Jahre, sondern?*)
S: *Ah oui (= Ach ja): Ich bin zweiundzwanzig Jahren.*
L: *Gut. Ich bin zweiundzwanzig Jahre.*

Versuchen Sie, Fehlerbeispiele Ihrer Schüler zu finden, bei denen es sinnvoll wäre, auf die Mutter- oder andere Sprachen zurückzugreifen. Welche Erklärungen wären für Ihre Schüler sinnvoll?

Fehlerbeispiele	*muttersprachliche Erklärungen*

4.12 Die affektive Dimension bei Korrekturen

Schon häufig wurde in dieser Studieneinheit betont, wie wichtig es ist, auf den affektiven Gehalt der Korrektur zu achten. Vor allem mündliche Korrekturen scheinen einer der Faktoren im Unterricht zu sein, die starke Auswirkungen auf die Motivation der Einzelnen, auf die Gruppe, ja auf den gesamten Unterrichtsprozess haben können. Leider sind sie recht häufig mit negativen Erinnerungen verbunden. Vor der Gruppe bloßgestellt und ausgelacht worden zu sein oder zumindest das Gefühl gehabt zu haben, dies sind Erfahrungen, die allem Anschein nach eine „Lernerkarriere" entscheidend beeinflussen können.

Bei fast allen Punkten, die wir bis hierhin behandelt haben, fanden wir immer wieder Argumente für und wider bestimmte Verhaltensweisen. Bei der affektiven Komponente von Korrekturen scheint es für die große Mehrheit der Lernenden keine Diskussion zu geben: **Der Ton macht die Musik**.

Vigil und Oller haben in einer Untersuchung (1976, 288) herausgefunden, dass die affektive Dimension häufig jegliche andere Information, die mitgegeben wird, überlagert: Wenn Sie **freundlich und die Fehler bewusst machend korrigieren**, so ist der Lernerfolg Ihrer Schüler wahrscheinlicher, als wenn Sie die Korrekturen so vornehmen, dass ein Schüler sich bloßgestellt und kritisiert fühlt und ihm dabei nicht einmal klar wird, worin eigentlich der Fehler besteht.

Für die nächste Aufgabe habe ich ein Beispiel aus einer Unterrichtsstunde eines Französischlehrers gewählt. Es handelt sich um ein Rollenspiel. Ein Interviewer befragt mehrere bekannte Persönlichkeiten, u. a. auch den bekannten Tiefseeforscher Jacques Cousteau. Dem Rollenspiel vorausgegangen war die Erklärung und Einübung des Konjunktivs im Französischen, der – anders als im Deutschen – nach Verben der Gefühlsregung gebraucht werden muss. Leider gebraucht „Monsieur Cousteau"– diese Rolle hatte eine deutsche Studentin übernommen – im Interview nie den Konjunktiv nach diesen Verben.

1. Lesen Sie das folgende Korrekturbeispiel, in dem sich der Lehrer als Zuhörer des Interviews einschaltet und – ins Deutsche übersetzt – folgendermaßen reagiert:

L: Monsieur Cousteau, es tut mir Leid, Ihnen das sagen zu müssen, aber ich habe das Gefühl, dass Sie aufgrund Ihrer Tätigkeit so viel im Ausland zu tun haben, dass Sie Ihre Muttersprache fast vergessen. Im Französischen gebraucht man doch nach den Verben X, Y, Z den Konjunktiv. *(Gelächter bei allen Beteiligten)*

> S: Oh, es tut mir sehr Leid. Sie haben völlig Recht. Ich werde demnächst
>   etwas mehr darauf Acht geben.
>   (*erneutes Gelächter bei allen Beteiligten*)

*2. Wie reagiert die Studentin auf die Korrektur? Warum reagiert sie Ihrer
   Meinung nach so?*

Tatsächlich benutzte die Studentin im weiteren Verlauf des Spiels dann häufiger den Konjunktiv. Ob dies nun darauf zurückzuführen ist, dass sie in ihrer fiktiven Rolle korrigiert wurde, oder ob allein schon die humorvolle Korrektur diesen positiven Effekt erzielte, lässt sich nicht mit absoluter Sicherheit entscheiden.

Eine Einstellung zu Korrekturen, die dem Vorgehen in Aufgabe 97 entspräche, findet sich im Übrigen in einer alternativen Methode, die wir schon kurz angesprochen haben, nämlich der Suggestopädie (siehe Kapitel 4.2, Seite 85 *Exkurs*). Da es im Rahmen dieser Methode vor allem auch um die Schaffung einer angstfreien Atmosphäre geht, wird der Lernende nicht als Individuum X, sondern in seiner neuen Rolle korrigiert. So kann er – vermutet man – sowohl alle Fehler als auch die „negativen" Reaktionen des Lehrers auf die Fehler auf seine neue Rolle „abschieben".

Rückverweis

Wenn Sie das Gefühl haben, dass Ihre Schüler – selbst wenn Sie Ihnen klar gemacht haben, wie positiv Sie Fehler sehen – immer noch ängstlich auf Fehlerkorrekturen reagieren, könnten Sie einmal ein derartiges Vorgehen erproben. Dabei scheint es mir wichtig zu sein, dass Sie Fehler möglicherweise auch humorvoll auf die neue Rolle „abschieben".

Auf den affektiven Gehalt der Korrektur zu achten, heißt also nicht unbedingt, dass Ironie, Humor, Entsetzen etc. aus dem Korrekturverhalten getilgt werden sollten. Im Gegenteil: Eine humorvolle Korrektur haftet wahrscheinlich besser im Gedächtnis als Korrekturen, die mit gleich bleibender Freundlichkeit vorgenommen werden. Selbst die Simulation totalen Entsetzens über Fehler oder humorvoll vorgenommene Drohgebärden brauchen keine negativen Auswirkungen zu haben, wenn die Lernenden davon ausgehen können, dass Lachen nicht Lachen über sie und ihre Fähigkeiten bedeutet.

4.13 Abschließende Bemerkungen

Wir haben nun die wichtigsten Komponenten betrachtet, die das mündliche Korrekturverhalten ausmachen, und ich hoffe, diese Studieneinheit hat ein wenig dazu beigetragen, dass Sie Ihr eigenes Korrekturverhalten reflektiert und möglicherweise entschieden haben, auch einmal andere Verhaltensweisen auszuprobieren. Das ideale Korrekturverhalten existiert nicht, aber über eine größere Flexibilität Ihres Verhaltens können Sie vielleicht noch mehr Lernertypen ansprechen. Sicherlich haben Sie viele Lernende in Ihren Gruppen, die mit Ihrem bisherigen Korrekturverhalten bestens zurechtkommen – aber nicht alle Lernenden reagieren gleich. Versuchen Sie auch, den bisher „Zukurzgekommenen" gerecht zu werden, indem Sie sich in einigen Stunden vornehmen, einmal ganz anders als sonst zu korrigieren. Eine größere Bandbreite in Ihrem Verhalten wird neue Anregungen bringen und vielleicht eingefahrene Verhaltensweisen auch bei den Lernenden aufbrechen.

Besonders achten sollten Sie

➤ auf die affektive Komponente Ihres Korrekturverhaltens,

➤ auf die Möglichkeit, viele Korrekturen über nonverbales Verhalten zu steuern,

➤ darauf, dass Ihre Schüler Ihre Korrekturen verstehen und sie verarbeiten können, d. h., Sie sollten darauf achten, dass die Lernenden erkennen, wo ihre Fehlleistungen liegen. Greifen Sie also ruhig in jeder Hinsicht auf **bewusst machende Korrekturen** zurück. Achten Sie darauf, wie die Lernenden mit Ihren Korrekturen umgehen können. Befragen Sie hierzu Ihre Schüler – möglichst über einen anonymen Fragebogen.

Aufgabe 98

> *Erarbeiten Sie einen Fragebogen, der Ihnen dabei helfen kann, in Erfahrung zu bringen, wie Ihre Gruppen mit Ihrem Korrekturverhalten zurechtkommen. Sie können dabei vielleicht auch Teile der Fragen benutzen, die Sie in dem Fragebogen in Kapitel 4.1 (Seite 75 – 77) kennen gelernt haben.*

Natürlich kann man – wie jedes andere Verhalten – auch Korrekturverhalten trainieren, wenn Sie der Meinung sind, dass Sie entscheidende Veränderungen vornehmen wollen. Gegenseitige Beobachtung ist dabei sicherlich auch eine Hilfe. Nur: Kritisieren kann man aus der Beobachtersicht jeden – noch so erfolgreichen – Lehrer. Vielleicht verhält er sich nicht konsistent, weil er bei einem Lernenden einen Fehler durchgehen lässt, den er bei einem anderen korrigiert. Vielleicht hat er gar in der Korrektur etwas Falsches behauptet. Bedenken Sie bitte, dass ein Beobachter keine schnellen Entscheidungen treffen muss wie ein Lehrer, der in der Unterrichtsrealität steht. Wenn Sie also über gegenseitige Unterrichtsbeobachtung Ihr Korrekturverhalten analysieren und gegebenenfalls verändern möchten, dann „korrigieren" Sie als Beobachter nicht Verhaltensfehler, die in einer realen Unterrichtssituation kaum vermeidbar sind. Konzentrieren Sie sich vielmehr auf übergreifende Tendenzen.

5 Lösungsschlüssel

Bei einigen Aufgaben werden Sie hier keinen Lösungsvorschlag finden. Das ist vor allem bei den Aufgaben der Fall, in denen **Sie direkt** angesprochen werden, und bei den Aufgaben, in denen Sie über Ihre Erfahrungen nachdenken oder in denen nach **Ihren Vermutungen** und **eigenen Theorien** gefragt wird. Wenn für diesen Aufgabentyp Lösungen angeboten werden, so handelt es sich um **einen möglichen Lösungsvorschlag**.

Aufgabe 3

Äußerungen von Lehrern zu Möglichkeiten der mündlichen Fehlerkorrektur

3. Es ist ein Problem zu entscheiden, was ein Fehler ist.
4. Eine Auswahl treffen; vor allem schwere Grammatikfehler in Bereichen, die gerade im Unterricht behandelt werden, korrigieren.
5. Viel korrigieren, aber Korrektur auch von Situation und Schüler abhängig machen.
6. Wenig korrigieren.
7. Korrektur von Schülerpersönlichkeit abhängig machen.
8. Lehrer weist durch Gestik auf Fehler hin; Schüler korrigieren selbst.
9. Selbstkorrekturen trainieren, weil sie effektiver sind als direkte Korrekturen durch den Lehrer.
10. Direkte Korrektur sofort nach dem Fehler nimmt der Korrektur den Schrecken.
11. Geduldig und vor allem nicht verärgert korrigieren; gestische Korrekturhilfen anbieten.
12. Humorvoll und ironisierend korrigieren; durch gemeinsames Lachen Fehler bewusst machen.
13. Fehler sind ein wichtiges Diagnostikinstrument für den Lehrer. Erklärungen können sich anschließen.

Aufgabe 7

Äußerungen von Schülern zur mündlichen Fehlerkorrektur

2. Schüler probieren etwas aus und erfahren den richtigen Gebrauch durch Korrektur.
3. Lehrer soll Fehler korrigieren, nicht Inhalte anders formulieren.
4. Korrektur soll gleich nach dem Fehler erfolgen, aber trotzdem soll der Satz nicht dauernd unterbrochen werden.
5. Fehler am Schluss zusammenfassen und erklären.
6. Nicht den Redefluss durch Fehlerkorrektur unterbrechen.
7. Äußerung des Schülers abwarten; bei der Korrektur gleichzeitig ermutigen.
8. Längeren Schülerbeitrag abwarten; bei Korrektur zusätzliche Erklärungen geben.
9. Lehrer soll nicht schimpfen, sonst hat Schüler keinen Mut mehr, etwas zu sagen.
10. Lehrer soll bei der Korrektur auf den Ton achten, sonst Angst des Schülers vor Blamage.
11. Lehrer sollen nicht über Fehler lachen, das verletzt und isoliert Schüler.
12. Korrektur soll Schüler ermutigen; Fehler als etwas Natürliches darstellen.
13. Präzise Erklärungen bei Grammatikfehlern wichtig.
14. Angst vor Fehlerkorrektur.

Aufgabe 8

Das Kind hat die regelmäßige Bildung des Partizips der schwachen Verben auf *-t* (z. B. *spielen – gespielt*) auf die Bildung des Partizips des starken Verbs *fangen* übertragen.

Aufgabe 9

Eine mögliche korrigierte Version finden Sie im Lösungsschlüssel zu Aufgabe 11.

1. Die Kinder in China gehen <u>mit 6 Jahre alt</u> in die Grundschule.
2. Die Kinder sind schulpflicht<u>ich</u>.
3. Einige Kinder gehen gar nicht in die Schule. Der Grund ist, <u>in der Familie ist wenig Arbeitskraft</u>.

4. Die Kinder müssen auch arbeiten. Das ist ungut.

   Kommentar: *ungut* kann man z. B. gebrauchen in der Verbindung: *Ich habe ein ungutes Gefühl.*

5. Die Studenten müssen Scheine kriegen, um das Studium weiterzumachen.

6. Man kann nur die Seminare folgen, die man gefällt.

7. Alkohol und Verkehr hören in Schweden nicht zusammen.

8. Ich werde noch von einer anderer Erfahrung sprechen.

9. Wenn ein Lehrer ein Fach gut weiß, kann er eine gute Atmosphäre besorgen.

10. Der Lehrer kann viele Konflikte in der Klasse erlöschen.

11. Die geistliche Gesundheit des Schüler hängt vom Lehrer ab.

12. Der Lehrer muss versuchen, seine Studenten in Interesse zu bringen.

13. Der Lehrer muss sich zum Unterricht vorbereiten.

14. Der Lehrer soll mit allen Schülern höflich sein und niemanden abstoßen.

Aufgabe 10

Situation 1:

Zu diesem Missverständnis kann es gekommen sein, weil die beiden Studenten sich – ausgehend von dem Vorurteil *Die Deutschen sind nicht hilfsbereit* – den Verhaltensformen anpassen wollten, die ihrer Meinung nach in Deutschland üblich sind.

Als mir der Student diese Begebenheit erzählte, reagierte ich zunächst sehr erstaunt und erwiderte ihm, dass der Vorschlag, die Taschen festzuhalten, mit großer Wahrscheinlichkeit keinesfalls als Hilfsbereitschaft interpretiert worden sei. Einer der beiden Studenten hätte aufstehen und der Frau den Platz anbieten müssen. Die Interpretation der Situation beruht also auf zwei Missverständnissen:

1. Die Frau hat das als höflich gemeinte Angebot missverstanden.

2. Die Studenten haben die Reaktion der Frau als Abwehr einer hilfsbereiten Handlung missverstanden.

Situation 2:

Der Student glaubte wahrscheinlich, er zeige durch seine Überpünktlichkeit seinen besonderen Respekt. Der deutsche Professor interpretierte die Aussage als unverschämten Vorwurf des Studenten.

Situation 3:

Der ausländische Gast kennt den Ausdruck *Schwein haben* in der Bedeutung *großes Glück haben*. In dieser Situation ist der idiomatische Ausdruck allerdings völlig unangemessen. Hier hätte er sagen müssen: *Das Glück hatte ich leider noch nicht.*

Interpretiert man böswillig, so könnte die Redewendung, die hier fälschlicherweise mit dem bestimmten Artikel benutzt wird, in der konkreten Bedeutung des Wortes auf die Dame des Hauses bezogen werden, was vom Sprecher bestimmt so nicht gemeint war.

Aufgabe 11

Die Zuordnung ist bei den Kriterien b) und c) durchaus subjektiv. Möglicherweise haben Sie andere Kriterien benutzt.

zu Aufgabe 9:

Äußerung	*Fehler*	*Beurteilungskriterium*	*Korrektur*
1.	mit 6 Jahre alt	a)	*mit 6 Jahren* oder *im Alter von 6 Jahren*
2.	schulpflichtich	a)	*schulpflichtig*
3.	in der Familie ist wenig Arbeitskraft	b)	*... die Familie braucht/ benötigt die Arbeitskraft des Kindes*
4.	ungut	b)	*nicht gut*

Äußerung	Fehler	Beurteilungs-kriterium	Korrektur
5.	Scheine kriegen	c)	*Scheine erwerben/machen*
	Studium weiterzumachen	c)	*um weiterzustudieren*
6.	Seminare folgen	a)	*die Seminare besuchen*
	die man gefällt	a)	*die einem gefallen*
7.	hören zusammen	a)	*gehören zusammen*
8.	von einer anderer Erfahrung	a)	*anderen*
9.	gut weiß	a)	*sich in einem Fach gut auskennt*
	Atmosphäre besorgen	a)	*kann er für eine gute Atmosphäre sorgen*
10.	Konflikte erlöschen	a)	*Konflikte lösen*
11.	geistliche Gesundheit	a)	*das seelische Wohl*
12.	in Interesse zu bringen	a)	*zu interessieren*
13.	sich zum Unterricht vorbereiten	a)	*auf den Unterricht*
14.	niemanden abstoßen	a)	*vor den Kopf stoßen*

zu Aufgabe 10:

Situation	„Fehler"	Beurteilungskriterium
Situation 1	pragmatisch	c)
Situation 2	pragmatisch	c)
Situation 3	pragmatisch	c)

Man kann bei allen drei Situationen von pragmatischen Fehlern sprechen, von Verhaltensweisen also, die in den genannten Situationen als sozial bzw. kulturell unangemessen gelten.

Ich gebe Ihnen hier eine mögliche Bearbeitung, bei der ich nur die meiner Meinung nach eindeutigen Fehler angestrichen und Auslassungen mit √ gekennzeichnet haben. Da – wie wir gesehen haben – Fehler nicht immer eindeutig zu identifizieren sind, kann es durchaus sein, dass Sie anders vorgegangen sind.

Aufgabe 14

Die Frau

Die Frau lebt innerhalb der Gesellschaft, sie ist also ein wichtiger Mitglied. Früher – vor der Emanzipation gemeint – gab es die sogenannte 2 ganz unterschiedliche Welt: in der einen Seite befindet sich die Welt der Männer und in der anderen Seite die der Frauen.

Alle Männer hatten das Recht auf die Arbeit, aber nur eine kleine Menge von Frauen konnten einer außerhäuslichen Arbeit nachgehen. Der Mann verhält sich immer Mächtig und Autortär. Er meint, daß er ewig der Meister ist: Er will befehlen, den letzten Wort behalten. Außerdem übersieht der Mann die Leistungen und Fähigkeiten der Frau. Er betrachtet sie als milde Kreatur und für andere als eine dumme, die zu Hause bleiben muß, d. h., sie hat nichts mit der Arbeit zu tun. Zum Glück hat sich heutezutage diese Situation verbessert: Sie geht neben dem Mann in der Schule, anstrengend lernt sie und am Ende bekommt sie eine Stelle. So hat die Frau ihre Fähigkeit zum Lernen und Arbeiten gezeigt sogar angewiesen.

Obwohl die Frau wie der Mann ausgebildet ist, will der Mann nicht gestehen, daß sie die Arbeit wie er und noch besser als ihn erledigen kann. Er meint, daß er der einzige beste Arbeiter ist. Um seine Autorität auf die Frau zu behalten, will er gern, daß sie wie früher bei sich bleibt, um sich Kinder und Haus zu widmen. Egoistisch, so muß man ihn bezeichnen: Einerseits lehnt er vollkommen ab, zu Hause zu bleiben, er sagt, daß es ein Bereich der Frau ist, andererseits strebt er nach der Einsperrung der Frau innerhalb der 4 Wände. Die Freiheit wollte nur er haben.

Die Emanzipat der Frau hat ein wichtiges Ziel erreicht: Sie hat die zwei Welt beseitigt, um nur eine Welt für Männer und Frauen zu behalten. In dieser einzigen Welt arbeitet die Frau so anstrengend wie der Mann: Sie steht um 6 Uhr, bereitet das Frühstück vor gibt ihrem Mann und Kinder was zu essen, hält das Haus in Ordnung und dann geht sie zur Arbeit. Um 12 Uhr muß sie wieder zu Hause, um das Mittagessen auf den Familientisch zu bieten. Wieder muß sie schnell das Geschirr spülen, Wäsche waschen, um die Kinder und Haus kümmern und dann zur Arbeit. Endlich Abends kehrt sie erschöpft wieder nach Hause, sie wünscht nur eine Dusche und dann ins Bett, leider dazu hat sie keine Zeit. Sie ist gezwungen, alles zu tun: Sie bereitet das Abendessen, sorgt auf Kinder, Haus, während der Mann nicht die Mühe gab, ihr zu helfen: Er verhält sich wie ein Kind, er verlangt, daß das Essen pünktlich gereicht wird, daß seine Kleidung immer sauber und in Ordnung in seinem Schrank zu sein. So behandelt er die Frau als ein Tier oder eine Machine. Die Frau aber ist ein Mensch mit Fleisch und Blutt. Sie kann nicht die beide Arbeit in und aus dem Haus allein erledigen. Der Mann muß ihr ein bißchen helfen und nicht sich in einer Ecke setzen, um Zeitung oder Zeitschriften zu lesen, während die arme Frau vollkommen müde das Essen vorbereitet.

Leider ist es so bei uns, daß Probleme für Frauen, die zwischen Arbeit und Haus stehen, scheinen: z. B. Eheproblematik, Kindererziehung, Mangel an Zeit, Vernachlässigung der Mann mit Kinder.

Jamila, Marokko

Aufgabe 15

2. Im Folgenden lesen Sie eine korrigierte Version des Textes von Jamila. An einigen Stellen wird nicht klar, was Jamila wirklich sagen wollte. Die korrigierte Version (*kursiv* und <u>unterstrichen</u>) ist also auch eine Lehrerinterpretation.

Die Frau

Die Frau lebt *in* der Gesellschaft, sie ist also ein wichtiges Mitglied. Früher – *gemeint ist vor der Emanzipation der Frau* – gab es *im Grunde zwei ganz unterschiedliche Welten*: *auf* der einen Seite *befand* sich die Welt der Männer und *auf* der anderen die der Frauen.

Alle Männer hatten das Recht *auf Arbeit*, aber nur ein *kleiner Teil der Frauen* konnte   5
einer außerhäuslichen Arbeit nachgehen. Der Mann *verhält sich immer dominant*

und autoritär. Er meint, daß er ewig der Meister (der Überlegene) ist. Er will befehlen und *das letzte* Wort behalten. Außerdem übersieht der Mann die Leistungen und Fähigkeiten der Frau. Er betrachtet sie als *schwache Kreatur*, die *für dumm gehalten wird* und die zu Hause bleiben muß, d. h., *sie sollte nicht arbeiten gehen*. 10
Zum Glück hat sich *heutzutage* diese Situation verbessert: Sie geht *ebenso wie der Mann zur Schule*, *eifrig* lernt sie und am Ende bekommt sie eine Stelle. So hat die Frau ihre Fähigkeit zum Lernen und Arbeiten gezeigt und *bewiesen*.

Obwohl die Frau wie der Mann ausgebildet ist, will der Mann nicht *eingestehen*, daß sie die Arbeit wie er und noch besser als *er* erledigen kann. Er meint, daß er 15 der einzige *gute* Arbeiter ist. Um seine Autorität *über* die Frau zu behalten, will er gern, daß sie wie früher *zu Hause* bleibt, um sich Kinder**n** und Haus zu widmen. Egoistisch, so muß man ihn bezeichnen: Einerseits lehnt er *es* vollkommen ab, zu Hause zu bleiben, er sagt, daß es ein Bereich der Frau ist, andererseits *will er die Frau in ihren vier Wänden einsperren*. Die Freiheit *will* nur er haben. 20

Die *Emanzipation* der Frau hat ein wichtiges Ziel erreicht: Sie hat die zwei Welt**en** beseitigt, *damit* nur eine Welt für Männer und Frauen *existiert*. In dieser *einen* Welt arbeitet die Frau so *angestrengt* (eifrig) wie der Mann: Sie steht um 6 Uhr *auf*, bereitet das Frühstück vor, gibt ihrem Mann und *den* Kinder**n** *etwas* zu essen, hält das Haus in Ordnung, und dann geht sie zur Arbeit. Um 12 Uhr muß sie wieder zu 25 Hause *sein*, um das Mittagessen *auf den Tisch zu bringen*. Wieder muß sie schnell das Geschirr spülen, Wäsche waschen, *sich* um die Kinder und *das* Haus kümmern und dann *wieder* zur Arbeit *gehen*. Endlich *abends* kehrt sie erschöpft wieder nach Hause *zurück*, sie wünscht *sich* nur eine Dusche und *möchte dann nur noch ins Bett gehen*. *Leider hat sie dazu* keine Zeit. Sie ist gezwungen, alles zu tun: Sie bereitet 30 das Abendessen *zu*, sorgt *für die* Kinder *und das* Haus, während der Mann *sich* nicht die Mühe *gibt*, ihr zu helfen: Er verhält sich wie ein Kind, er verlangt, daß das Essen pünktlich gereicht wird, daß seine Kleidung immer sauber und *ordentlich in seinem Schrank ist*. So behandelt er die Frau *wie* ein Tier oder eine *Maschine*. Die Frau aber ist ein Mensch *aus* Fleisch und *Blut*. Sie kann nicht die Arbeit *innerhalb* 35 *und außerhalb des Hauses* allein erledigen. Der Mann muß ihr ein bißchen helfen und *sich nicht* in *eine* Ecke setzen, um Zeitung oder Zeitschriften zu lesen, während die arme Frau vollkommen müde das Essen vorbereitet.

Leider ist es so bei uns, daß *Frauen*, die zwischen Arbeit und *Haushalt* stehen, *Probleme haben*: z. B. *Eheprobleme, Probleme mit der Kindererziehung, Zeitman-* 40 *gel und die Sorge, den Mann und die Kinder zu vernachlässigen*.

Jamila, Marokko

Äußerung	*Verstoß gegen*
ein wichtige_r Mitglied	Genus
*die zwei ganz unterschiedliche Welt_*	Pluralbildung
in der einen Seite	Präposition
der Mann verhält sich Mächtig	Lexik und Orthographie
Autor_tär	Orthographie
den letzten Wort behalten	Artikel
heut_ezutage	Orthographie
hat ihre Fähigkeit … angewiesen	Ausdruck/Wortgruppe
besser als ihn	Pronomen
Autorität auf die Frau zu behalten	Präposition
*Emanzipat_*	Lexik (Flüchtigkeit?)
sie steht um 6 Uhr __	Lexik
gibt …_ Kinder_ was zu essen	Artikel und Kasus

Äußerung	mögliche Aussageabsicht
Um 12 Uhr muß sie wieder zu Hause __	Lexik
sorgt <u>auf</u> Kinder	Präposition und Artikel
so behandelt er die Frau <u>als</u> ein Tier	Konjunktion
eine Ma<u>ch</u>ine	Orthographie
Vernachlässigung der Mann mit Kinder	Satzbau

Möglicherweise haben Sie eine andere Terminologie benutzt.

<u>Aufgabe 17</u>

Äußerung	mögliche Aussageabsicht
sie geht neben dem Mann in der Schule	Sie geht ebenso wie er zur Schule.
er betrachtet sie als milde Kreatur	Sie ist schwach, sie ist sanft, sie ist geduldig.
sie hat nichts mit der Arbeit zu tun	Sie soll gar nicht arbeiten, sie soll nicht außerhalb des Hauses arbeiten.

<u>Aufgabe 18 + 19</u>

Für die Aufgaben 18 und 19 entnehmen Sie bitte meine Interpretation dem korrigierten Text aus aus der Lösung zu Aufgabe 15: für Aufgabe 18 = Zeile 12 und 26; für Aufgabe 19 = Zeile 19/20.

<u>Aufgabe 20</u>

Bei der Äußerung in Text 1, Zeile 3/4 *Auch auf Gräbern und in Tempeln würde ich Erbarmen und Würde <u>mitziehen</u>* handelt es sich mehr um einen lexikalischen Fehler beim Verb und weniger um eine noch zu akzeptierende kreative Neuschöpfung. Der Student möchte ausdrücken, dass er als Rose solche Gefühle bei den Besuchern *hervorrufen* würde.

<u>Aufgabe 21</u>

Es kommt dabei auf Ihre Ziele bei der Aufgabenstellung an. Ich habe z. B. die Kreativität der beiden Lernenden explizit hervorgehoben, dabei allerdings auch gesagt, dass dies unter „dichterische Freiheit" zu rechnen ist und dementsprechend nur in poetischen Texten verwendet werden sollte.

<u>Aufgabe 22</u>

Der italienische Student meint mit Sicherheit nicht, dass die Professoren *Ehrfurcht vor den Studenten* haben. (*Ehrfurcht* kann man vor besonders weisen oder alten Leuten haben, d. h. tiefe Achtung oder Respekt.) Hier ist wahrscheinlich gemeint, dass die Professoren *die Studenten ernst nehmen* und *sie als erwachsene Menschen respektieren*.

Mit der Aussage *Und dann ändern wir den Professor* ist nicht gemeint, dass die Studenten den Professor ändern in dem Sinn, dass er sich anders verhält, verändert. Gemeint ist: *Dann unterrichtet uns ein anderer Professor.*

<u>Aufgabe 23</u>

Die Antwort des Schülers setzt die Frage *Wie lange bleibst du noch in Deutschland?* voraus.

Auf die tatsächlich gestellte Frage hätte der Schüler die Zeit angeben müssen, die er schon in Deutschland ist: *Ich bin <u>seit</u> Juni hier.*

Meiner Meinung nach ist es in jedem Fall für einen Lehrer sinnvoll, sich mit Fehlerursachen auseinander zu setzen. So können Lernschwierigkeiten deutlich und adäquater behandelt werden. Die Beschäftigung mit Fehlerursachen hat direkte Auswirkungen auf das Erklär- und Korrekturverhalten des Lehrers. Natürlich sind nicht allen Fehlern gleich Ursachen zuzuordnen und in vielen Fällen sind keine monokausalen Zuordnungen möglich, es können durchaus mehrere Ursachen gleichzeitig auftreten. Bei bestimmten, sehr häufig auftretenden Fehlern kann jedoch das Nachdenken über die Ursachen der erste Schritt zur Beseitigung bestimmter Lernschwierigkeiten sein.

Aufgabe 25

Aufgabe 26

1. Die Eltern müssen Freiheit <u>an ihre Kinder</u> (franz.: *à leurs enfants*) geben.
   Korrekte Möglichkeit: *Die Eltern müssen ihren Kindern Freiheiten lassen (gewähren).*

2. Kann man <u>davon sicher sein</u> (franz.: *en être sûr*)?
   Korrekte Möglichkeit: *Kann man <u>dabei</u> sicher sein?*

3. Sie versuchte, <u>ihn zu helfen</u> (franz.: *l'aider*, direktes Objekt); sie wollte <u>von ihm</u> (franz.: *de lui*) einen starken Mann machen.
   Korrekt: *Sie versuchte, <u>ihm</u> zu helfen, sie wollte <u>aus</u> ihm einen starken Mann machen.*

4. Ich möchte lieber Englisch lernen. Es <u>klingelt</u> gut (franz.: *ça sonne bien*). Das französische *ça sonne* kann im Deutschen mit *es klingelt* übersetzt werden, wohingegen *ça sonne bien* mit *das/es klingt gut* zu übersetzen ist.

Wir haben es beim Beispiel 4 also mit dem Problem zu tun, dass eine lexikalische Einheit in der Muttersprache sich je nach Bedeutung in zwei unterschiedliche Verben aufteilt, wohingegen die fehlerhaften Beispiele 1 – 3 dadurch zustande kamen, dass die Struktur der Ausgangssprache auf die der Fremdsprache übertragen wurde.

Aufgabe 27

1. Ich hatte ein bisschen Angst vor ihm, <u>er gab mir Gänsehaut</u> (engl.: *he gave me*).
   Korrekte Möglichkeit: *Ich <u>bekam</u> eine Gänsehaut, (wenn ich ihn sah).*

2. <u>Ohne zu sagen</u> (engl.: *without telling*) mache ich immer noch Fehler in Deutsch.
   Korrekte Möglichkeit: *Ich brauche es nicht zu betonen, dass ich immer noch Fehler im Deutschen mache.*

3. Ich erinnere mich noch gut an dieses furchtbar verbrannte Huhn, das du damals gekocht hast, <u>wenn</u> (engl.: *when*) wir zu euch kamen.
   Korrekt: *Ich erinnere mich gut an dieses furchtbar verbrannte (angebrannte) Huhn, das du damals gekocht hast, <u>als</u> wir zu euch kamen.*
   Es muss sich hier nicht unbedingt um eine Übertragung des englischen *when* handeln. Möglich ist auch, dass die Konjunktion *wenn* übergeneralisiert wurde, d. h., dass sie auch in dem obigen Fall angewandt wurde, in dem die Konjunktion *als* benutzt werden muss.

4. Ich wusste nicht <u>was zu sagen</u> (engl.: *I didn't know what to tell*).
   Korrekt: *Ich wusste nicht, <u>was ich sagen sollte</u>.*

Aufgabe 29

1. Ich <u>gehte</u> in Oviedo in die Schule. Korrekt: *Ich ging in die Schule.*
   Hier wurde die regelmäßige Präteritumbildung (z. B. *ich spiele, ich spielte*) auch auf das Verb *gehen* ausgedehnt, es wurde also eine **Regularisierung** vorgenommen.

2. Ich <u>traf keine Problemen, Freundschaften zu gewinnen</u>.
   Hier handelt es sich um drei Fehler. Korrekt könnte es heißen: *Ich <u>hatte</u> keine Probleme, Freundschaften zu <u>schließen</u>.*
   a) Probleme kann man nicht treffen, man trifft andere Menschen. Hier könnte eine **Übergeneralisierung** vorliegen. Es kann sich jedoch auch um einen **Interferenzfehler** handeln. Dieser Satz wurde von einer Spanierin geäußert. Im Spanischen kann es heißen: *encontrar (= treffen) problemas.*

b) Möglicherweise wurde vermutet, dass *Problem* den Plural auf *-en* bildet, wie z. B. *die Frauen*. Es würde sich also auch hier um eine **Übergeneralisierung** handeln.

c) Hier wurde *die Freundschaft eines Menschen gewinnen* – was man vor allem dann sagt, wenn man sich sehr um die Freundschaft bemüht hat und dann mit dieser Freundschaft „belohnt" wird – möglicherweise übertragen auf die Wendung, die hier hätte benutzt werden müssen, nämlich *Freundschaften, Bekanntschaften schließen*.

3. Es bietete mir große Freude. Korrekt: *Es machte mir große Freude.*

Hier könnte eine **Übergeneralisierung** vorliegen, parallel zu der Wendung *es bietet sich eine Chance*. Die falsche Verbkonjugation *bietete* statt *bot (sich)* ist vielleicht in Analogie zu den regelmäßigen Verben konstruiert (*mieten – es mietete*), ist also eine **Regularisierung**.

4. Es ist einen wichtigen Hinweis, immer mit Fahrschein zu fahren. Korrekt: *Es ist ein wichtiger Hinweis, immer mit Fahrschein zu fahren.*

Der Lernende hat eventuell die Struktur: *es gibt + direktes Objekt* (Akkusativobjekt) **übergeneralisiert**.

5. Wenn ohne Fahrschein fahren, dann muss zahlen. Korrekt: *Wenn man ohne Fahrschein fährt, dann muss man zahlen.*

Es wurde das Subjekt *man* ausgelassen, außerdem wurde im untergeordneten Satz das Verb im Infinitiv verwendet. Es handelt sich hier also um eine **Simplifizierung**.

6. Wenn Menschen aus unterschiedlichen Kulturen sich aufeinander treffen, ...
Korrekt: *Wenn Menschen aus unterschiedlichen Kulturen aufeinander treffen, ...*

Hier wurde das reflexive *sich treffen* auch auf *aufeinander treffen* ausgedehnt und damit **regularisiert**.

7. Er möchtet wie ein Erwachsener behandelt werden. Korrekt: *Er möchte wie ein Erwachsener behandelt werden.*

Wahrscheinlich wurde hier die Bildung der 3. Person Singular anderer Verben (z. B. *er arbeitet*) auch auf das Modalverb „*möchten*" (*mögen*) übertragen. Es liegt also eine **Regularisierung** vor.

8. Wenn ich mein Studium in Deutschland betreiben, dann verbessere ich meinen Mundwerk. Korrekt könnte es heißen: *Wenn ich in Deutschland studiere, dann kann ich meine Sprachkenntnisse verbessern.*

Hier handelt es sich um drei Fehler:

a) Die idiomatische Wendung *ein loses Mundwerk haben* (= *frech reden*) wurde falsch übertragen im Sinne von *locker und fließend sprechen können*.

b) Der Gebrauch des Infinitivs im Nebensatz signalisiert eine **Simplifizierung**.

c) Der Kombination von *Studium* mit *betreiben* liegt möglicherweise eine **Regularisierung** zugrunde in Analogie zu *ein Geschäft betreiben*.

9. Ist das ein Mädchen oder ein Junger? Korrekt: *Ist das ein Mädchen oder ein Junge?*

Zu vermuten ist, dass die fehlerhafte Bildung in Analogie zu den substantivierten maskulinen Adjektiven wie z. B. *ein Alter* (aus *alt*), *ein Schöner* (aus *schön*) auch auf *jung* übertragen und damit **übergeneralisiert** wurde.

Aufgabe 32

Beispiel 1:

Der italienische Schüler versucht, eine obere Begrenzung mit dem Wort *Dach* zu benennen. Er sagt: *Dach oder so* und signalisiert damit, dass er sich seines Versuchs keineswegs sicher ist. Der Lehrer hilft ihm weiter und gibt ihm erst das Wort *Grenze* und dann die korrektere Möglichkeit *Obergrenze*. Der Lernende wiederholt das korrekte Wort, nachdem er jedoch zunächst wieder einen falschen Versuch unternimmt. Der daraus resultierende Fehler (er wollte *Übergrenze* sagen) zeigt (wie auch schon der erste Versuch *Dach*) an, dass er – durchaus sinnvolle – Hypothesen über die deutsche Sprache aufstellt.

Beispiel 2:

Die spanische Schülerin versucht, für den Begriff *Gemeinschaftsraum* eine neue Wortbildung (*Zusammenraum*) zu wagen. Der Lehrer gibt ihr den korrekten Begriff vor. Sie erkennt zunächst nicht, dass Gemeinschaftsraum aus *Gemeinschaft* und *Raum* zusammengesetzt ist. Entweder hat sie den Lehrer akustisch nicht verstanden, oder sie ist erstaunt darüber, dass das Wort *gemein* eine Komponente des Begriffes darstellt.

Beispiel 3:

Die italienische Schülerin markiert das Adverb mit dem Suffix *-lich*. Der Lehrer korrigiert. Die Schülerin war anscheinend überzeugt, dass sie die richtige Form gebraucht hatte, und fragt noch einmal nach.

Bei dem grammatischen Phänomen handelt es sich um den Komparativ. Im ersten Teil (Zeile 1) wird er korrekt verwendet (*höflicher, freundlicher*). Im zweiten Teil (Zeile 6) scheint es sich um einen Interferenzfehler (*mehr* diszipliniert statt: *disziplinierter*) zu handeln. Dies könnte aber auch an mangelnder Konzentration liegen.

Aufgabe 35

1. Schauen Sie sich bitte in der Lösung zu Aufgabe 10 auf Seite 114 die Erklärungen zu Situation 1 und 2 an.

Aufgabe 36

2a) Zu dem Beispiel in Aufgabe 36:

In der Regel gibt man als Spezialist in seinem Fach nicht einfach zu, dass man etwas nicht verstanden hat, daher wurde nicht nachgefragt. Der deutsche Informatiker hätte von vornherein die Funktionen des neuen Computers erklären müssen. Dabei hätte er einfließen lassen können, dass man auch als äußerst bewanderter Spezialist in diesem Bereich die Neuerungen gar nicht alle kennen könne. Vor allen Dingen wurde seine wütende und laute Reaktion als äußerst unhöflich empfunden, worauf mit einem verlegenen, halb sich und halb den anderen entschuldigenden Lächeln reagiert wurde. Dieses „chinesische Lächeln" bedeutet keinesfalls, dass man sich über jemanden lustig macht. In Deutschland wird dieses Lächeln häufig missverstanden.

Schauen Sie sich hierzu meine Aufteilung in Kapitel 2.2 (S. 30ff.) an. Selbstverständlich sind auch andere Aufteilungen möglich.

Aufgabe 40

2. Das Problem bei einer Einteilung nach Fehlerursachen liegt vor allem darin, dass Ursachen nicht eindeutig zugeordnet werden können und dass sie über Lernerbefragungen (Was wollte der Lerner ausdrücken?) zumindest etwas abgesichert werden müssten.

Versuche können Sie meist aufgrund Ihrer Erfahrung mit Ihren Schülern recht gut erkennen. Sie wissen in der Regel, was Ihre Schüler nicht wissen können. Ob ein Schüler allerdings einen *Irrtum* begeht oder ob es nur ein zufälliger *Ausrutscher* ist, das können Sie nicht immer erkennen, da Sie hierzu „in den Kopf des Schülers hineinschauen" müssten. Es kann durchaus sein, dass Sie etwas sehr lange geübt haben, was aber dennoch (noch) nicht verstanden wird. Hierzu benötigen Sie also die Hilfe Ihrer Schüler, die selbst über die Ursachen ihrer Fehler nachdenken können. Einen Nutzen könnten Sie aus dieser Klassifikation ziehen, wenn Sie einige sehr häufig auftretende Fehler daraufhin gemeinsam mit Ihren Schülern untersuchen. Sie wissen dann besser, was Sie noch einmal erklären sollten, was Sie an Erklärungen und Wortschatz möglicherweise besser vorziehen, z. B. weil Ihre Schüler ein bestimmtes Äußerungsbedürfnis haben.

Aufgabe 41

2.+3. Falls bei einer Adressatengruppe das vorrangige Lernziel die alltagssprachliche Verständigung mit Deutschsprachigen ist, könnte diese Einteilung für Sie eventuell von Nutzen sein. Es ist allerdings nicht immer einfach zu entscheiden, was als Kommunikationsbehinderung anzusehen ist und was nicht.

Aufgabe 42

1. **Text 1:**

> Sehr geehrte <u>Kleppin Karin</u>,
>
> Ich bin <u>Ihr</u> Student, der im Jahre 1991 seine Abschlußprüfung gemacht hat. Ich bin bis jetzt <u>ein Arbeitslose</u>. In der letzten Woche war ich in Rabat, wo ich Abdou begegnet bin. Er sagt d. h. Abdou, daß ein Mann, <u>ein großer Verkäufer der Teppiche</u> zwei Studenten der Germanistik brauche. Dieser   5
> Mann <u>sein</u> noch in Deutschland. <u>Ich bin bereit</u> mit diesem Verkäufer zu arbeiten, da ich schon Erfahrungen in diesem Bereich in Marrakesch habe. Ich war also als Verkäufer in dem touristischen Komplex „Dar S Aissa" von Marrakesch. Ich kann auch eine Rede halten über verschiede-
> ne Arten von <u>Teppiche</u> vor einer deutschen <u>Gruppe des Tourismus</u>.   10
>
> <u>Ich brauche auch</u> einige Adressen der deutschen Firmen hier in Marokko und eben <u>die</u> Firmen, die einen Germanisten brauchen.
>
> In <u>der</u> Erwartung <u>auf</u> eine positive Antwort von Ihnen sage ich Ihnen fröhliche Weihnachten und <u>wünsche ich</u> Ihnen alles Gute.
>
> Hochachtungsvoll   15
> Ihr Student Azzedine

Azzedine, Marokko

Text 2:

> Gibt es <u>eine Typische Deutschen</u>? In Deutschland vielleicht nicht, aber in meinem französischen Geist gibt es ein Vorbild <u>des typischen Deutscher</u>.
>
> Wie sieht er aus? Normalerweise ist er größer als <u>uns</u>. Was das Gesicht und <u>das Kopf</u> betrifft, müssen seine Haare blond sein und seine <u>augen</u> sind blau. Er hat die Gestalt eines <u>stark</u> Mannes oder manchmal sehr   5
> schlanker Menschen. Er trägt eine Lederhose, raucht gedrehte Zigaretten und fürchtet nicht, in der Kneipe zu viel Bier zu trinken und zu viel Bratwürste mit Pommes zu essen. Wenn er älter wird, läßt er seinen blonden Bart wachsen und er <u>beansprucht</u> seine Staatsangehörigkeit durch seinen <u>tyroleren Hut</u>. Die Frauen, <u>als</u> sie Omas geworden sind,   10
> treffen sich in der berühmten Konditorei der Stadt, in der sie wohnen, und dann verbringen sie ihre Zeit, Kuchen mit Schlagsahne zu essen.
>
> Es gibt auch viele Verschiedenheiten zwischen <u>alle Deutsche</u> aber man würde ein ganzes Buch brauchen, um <u>die Bezeichnen</u> eines <u>Deutsches</u> zu beschreiben.

Dominique, Frankreich

2. Die Fehler wurden aus beiden Texten zusammengestellt:

Orthographie:

Text 2:   Gibt es eine <u>T</u>ypische Deutschen? (Zeile 1)
Korrekt: *Gibt es einen typischen Deutschen?*

... seine <u>a</u>ugen sind blau. (Zeile 4/5)
Korrekt: *... seine <u>A</u>ugen sind blau.*

Morphosyntax:

Text 1:   Ich bin ... <u>ein Arbeitslose</u>. (Zeile 3)
Korrekt: *Ich bin <u>arbeitslos</u>.*

Dieser Mann <u>sein</u> ... (Zeile 5/6)
Korrekt: *Dieser Mann <u>ist</u> ...*

... verschiedene Arten von Teppich<u>e</u> ... (Zeile 9/10)
Korrekt: *... Arten von Teppich<u>en</u> ...*

Ich brauche einige Adressen ... eben <u>die</u> Firmen ... (Zeile 11/12)
Korrekt: *Ich brauche einige Adressen ... eben <u>der</u> Firmen*

In <u>der</u> Erwartung <u>auf</u> eine positive Antwort ... (Zeile 13)
Korrekt: *In Erwartung <u>einer positiven Antwort</u> ...*

... und <u>wünsche ich</u> ... (Zeile 14)
Korrekt: *... und <u>ich wünsche</u> ...*

Text 2:   Gibt es eine Typische Deutschen? (Zeile 1)
Korrekt: *Gibt es einen typischen Deutschen?*

    ... größer als uns. (Zeile 3)
Korrekt: *... als wir.*

    Was ... das Kopf betrifft, ... (Zeile 4)
Korrekt: *Was ... den Kopf betrifft, ...*

    ... die Gestalt eines stark Mannes ... (Zeile 5)
Korrekt: *... die Gestalt eines starken Mannes ...*

    Die Frauen, als sie Omas geworden sind, ... (Zeile 10)
Korrekt: *Die Frauen, wenn sie Omas geworden sind, ...*

    ... zwischen alle Deutsche ... (Zeile 13)
Korrekt: *... zwischen allen Deutschen ...*

    ... eines Deutsches ... (Zeile 14)
Korrekt: *... eines Deutschen ...*

Lexikosemantik:

Text 1:   ... ein großer Verkäufer der Teppiche ... (Zeile 4/5)
Korrekt: *... ein guter oder bekannter Teppichhändler ...*

    ... Gruppe des Tourismus ... (Zeile 10)
Korrekt: *... Touristengruppe ...*

Text 2:   ... und er beansprucht seine Staatsangehörigkeit durch seinen tyroleren Hut. (Zeile 9/10)
Besser: *... und er demonstriert seine Staatsangehörigkeit, indem er einen Tirolerhut trägt.*

    ... die Bezeichnen eines Deutsches ... (Zeile 14)
Korrekt: *... , um einen Deutschen zu beschreiben*
(Gemeint ist wahrscheinlich das Wort *die Bezeichnung*, das in diesem Kontext so nicht benutzt wird.)

Pragmatik:

Text 1:   Sehr geehrte Kleppin Karin (Zeile 1)
Kommentar: im Deutschen unübliche Anredeform. Korrekt: *Sehr geehrte Frau Kleppin*

    Ich bin bereit, mit ... (Zeile 6)
Kommentar: wirkt unhöflich, so als hätte man ihn darum gebeten.
Korrekt: *Ich würde sehr gern für ihn arbeiten.*

    Ich brauche auch ... (Zeile 11)
Kommentar: wirkt unhöflich. Korrekt: *Falls es Ihnen möglich ist, hätte ich gern ...*

    Hochachtungsvoll (Zeile 15)
Kommentar: ist veraltet, passt nur noch zu sehr formellen Briefen.
Besser: *Mit freundlichen Grüßen*

Inhalt:

Text 1:   Ich bin Ihr Student, der ... (Zeile 2)
Kommentar: Es gab mehrere Studenten, die 1991 ihre Abschlussprüfung gemacht haben, nicht nur einen. Korrekt: *Ich bin einer Ihrer Studenten, der ...*

Wenn man nach Ausland nur während Ferien für ein paar Tagen fährt und   *Präp, ✓ (Art), K*   <u>Aufgabe 45</u>
wenn man sich entscheidet, im Ausland definitiv zu leben oder für eine   *St (↰)*
Bestimmte Zeit wie einen Staatsbürger dieses Landes leben zu versu-   *R, K, St (↰)*
chen, empfindet man nicht die gleichen Eindrücken.   *Bez, K*

Ich bin nach Deutschland für Aufenthalte von einer Woche bis zu einem   *Präp, ✓ (Art), K*
Monat gefahren und habe immer in einer Familie gewohnen. Deswegen   *mF*
habe ich mich gedacht: Deutschland ist toll, die Landschaften sind schön   *K*

(mindestens in Saarland, Baden-Württemberg und Hessen), die Einwohner sind nett (Aber ich hatte nur Familien, die Franzosen empfangen, kennengelernt und Schüler, die französisch lernen und, die das Leben und die Kultur in Frankreich kennenlernen wollten, getroffen). Hätte ich in einem Hotel übernachtet, hätte ich schon wahrscheinlich einige Nachteile bemerkt, weil ich allein gewesen wäre und ich mich allein um alles kümmern müssen hätte.

Das Leben bei den Familien scheinte einfach, da ich gar nichts zu tun hatte. Deshalb, sobald ich die Möglichkeit gehabt habe, nach Deutschland zu fahren, um zu studieren, habe ich diese Gelegenheit genießen wollen. Aber wenn man allein in einem Studentenwohnheim ist und alles selber machen muß, bemerkt man, daß das Leben nicht schöner oder einfacher im Ausland als zu Hause in ihrem eigenen Land ist. Besonder, wenn man Verwaltungsschritte unternehmen muß und, wenn die Büros nicht lange genug offen bleiben (das ist hier schlimmer als in Frankreich) und, daß man deswegen Stundenlang Schlange stehen muß oder, wenn der Beamte dich auf die Nerven geht, da es ihm immer Unterlagen fehlt.

Die Verwaltung ist nicht besser in Deutschland als in Frankreich, im Gegenteil.

Sandrine, Frankreich

Margin annotations:
Präp, √ (Präp),
W
Z
Z
St (↶)
St (↶)
mF
T (M)
St (↶), W
St (↶), Bez., R
Z
Z, R, Z
K, √ (Präp),
St (↶)

Aufgabe 46

1. Das, was Annelie Knapp-Potthoff unter ihrer ungewöhnlichen Klassifikation versteht, finden Sie hier. Sie müssen jedoch nicht zu den gleichen Ergebnissen kommen, es gibt sicherlich noch eine Menge weiterer sinnvoller Interpretationsmöglichkeiten.

1. „Fehler, die man mit Überzeugung gemacht hat,

   weil man sich absolut sicher ist, dass eine lernersprachliche Hypothese eine zutreffende Hypothese über die Struktur der Zielsprache ist."

2. „Fehler, die man zum Glück nicht gemacht hat,

   weil man von zwei oder mehreren konkurrierenden, gleichermaßen unsicheren Hypothesen zufällig diejenige gewählt hat, die für die Zielsprache zutreffend ist."

   Das heißt, man schwankte zwischen zwei Möglichkeiten, bei denen man sich nicht wirklich sicher war, welche die richtige war. Zufällig hat man dann die richtige Möglichkeit gewählt.

3. „Fehler, die die anderen nicht sehen (jedenfalls nicht sofort), weil man

   a) eine zwar grammatisch korrekte Äußerung macht, diese Äußerung jedoch nicht die jeweilige Mitteilungsintention für andere verständlich realisiert, oder

   b) zufällig eine korrekte zielsprachliche Form äußert, die jedoch auf eine insgesamt revisionsbedürftige Hypothese der Lernersprache zurückgeht."

   Das heißt, man hat zwar a) eine grammatisch richtige Äußerung gemacht, in der man allerdings gar nicht das sagt, was man eigentlich sagen wollte, und man hat sich zum Beispiel b) eine Regel zurechtgelegt, die auf einige Fälle zufällig zutrifft, auf andere aber nicht.

4. „Fehler, die man gemacht hätte,

   wenn man einen Satz mit der betreffenden Struktur geäußert hätte, diese Struktur wegen der Unsicherheit der sie betreffenden Hypothese aber vermieden hat und auf andere Strukturen ausgewichen ist."

   Hier wird u. a. darauf verwiesen, dass einige Lernende lieber ihre Mitteilungsabsicht reduzieren und das nicht sagen, was sie eigentlich inhaltlich sagen wollten, weil es ihnen zu kompliziert und schwierig erscheint. Sie ziehen es daher vor, lieber richtige Sätze als inhaltlich interessante zu äußern. Daher kann man auch nicht nur an Fehlern erkennen, welche Schwierigkeiten Schüler noch haben.

5. „Fehler, die man selbst korrigieren kann,

   weil man sein Regelwissen oder memorisierte authentische Texte für eine nachträgliche Kontrolle einsetzt."

6. „Fehler, die man in Kauf nimmt,

   wenn man eine sehr unsichere lernersprachliche Hypothese realisiert oder auf Kommunikationsstrategien zurückgreift, weil kommunikative Interessen im Vordergrund stehen."

   Man will also unbedingt in der Fremdsprache etwas äußern, was eigentlich noch zu schwierig für einen ist.

7. „Fehler, die man absichtlich macht,

   weil man durch entsprechendes Feed-back Auskunft über die Angemessenheit einer lernersprachlichen Hypothese oder Hinweise für ihre Revision erhalten will."

   Man äußert also absichtlich etwas, von dem man schon fast überzeugt ist, das es Fehler enthält, da es nämlich z. B. eigentlich noch etwas zu schwierig ist. Man macht es aber trotzdem, damit der Lehrer korrigiert und man danach eventuell etwas dazugelernt hat, was man gern wissen wollte.

8. „Fehler, die kaum vermeidbar sind,

   da sie entwicklungsspezifisch oder in der Struktur der Relation zwischen Mutter- und Fremdsprache begründet sind."

   Hier geht es darum, dass einige Fehler fast notwendige Durchgangsstadien darstellen. Auf diese Fehler trifft man fast in jeder Lerngruppe.

9. „Fehler, die nicht nötig wären,

   da sie durch Lehrverfahren oder Lehrerverhalten induziert sind, etwa durch ungünstige Input-Präsentation."

   Das heißt, dass z. B. manche Fehler durchaus auch dem Lehrer anzulasten sind, und sei es nur, weil er immer denselben Fehler bei mehreren Schülern nicht korrigiert hat und so die Schüler der Meinung sind, dass dies kein Fehler sei. Manchmal werden Fehler auch dann gemacht, wenn z. B. ein grammatisches Phänomen so lange geübt wird, dass die Lernenden es überall anwenden wollen (z. B. den Konjunktiv).

10. „Fehler, die man jetzt nicht mehr machen sollte,

    da bereits ausreichend Input für die Hypothesenbildung und genügend Übungsmöglichkeiten zur Verfügung standen oder die Struktur zu einem früheren Zeitpunkt schon zielsprachenkonform beherrscht wurde."

    Man hat also eigentlich schon etwas gewusst und gekonnt und nun macht man trotzdem noch diesen Fehler. Hier könnte man vielleicht hinzufügen: Fehler, die Lehrer (und Lernende) in den Wahnsinn treiben.

   Knapp-Potthoff (1987), 215f.

Fehler können vor allem dazu dienen, dass sowohl Schüler als auch Lehrer erkennen, wo Defizite sind. Fehler zeigen teilweise auch auf, welche Hypothesen Lernende über Sprache haben. Sie besitzen somit diagnostischen Wert. Dementsprechend können dann z. B. Erklärungen gegeben und spezifische Übungen erarbeitet werden.

Aufgabe 50

Wenn Fehler u. a. dadurch entstehen, dass Lernende etwas ausprobieren, was sie eigentlich noch nicht im Unterricht gelernt haben, können darüber – vor allem wenn diese Fehler häufiger auftreten – Äußerungsbedürfnisse ermittelt werden. So können Teile von Strukturen und Wortschatz vorgezogen werden, die die Lernenden brauchen und benutzen wollen. Dies wird dann vermutlich auch besser behalten, da es den eigenen Äußerungsbedürfnissen entspricht.

Aufgabe 56	*Fehler*	*Korrektur-zeichen*	*korrekte Möglichkeit*
	Er hat ihr den Fehler in die Schuhe geschickt.	W	Er hat ihr den Fehler in die Schuhe geschoben.
	In Bochum Universität gibt sehr viele Studenten.	√ (Art), K √ (Pron)	In der Bochumer Universität gibt es sehr viele Studenten.
	Sie ist zährtlich.	R	Sie ist zärtlich.
	Mit ihrem Bein kann sie nicht schreiten.	A	Sie kann nicht mehr richtig laufen./Sie kann mit einem Fuß nicht mehr auftreten.
	Sie trägte Pelz und Diamant.	mF, K, K	Sie trug Pelze und Diamanten.
	Sie machte schlafenlose Nächte.	A, mF	Sie hatte schlaflose Nächte.
	Ich kannte niemanden außer die Familie von Halil.	K	Ich kannte niemanden außer der Familie von Halil.
	Viele meinen, dass meine Freundschaft ist stark mit Halil.	A, St	Viele meinen, dass ich eine feste Beziehung mit Halil habe.
	Die Frau und sein Kind kamen an.	Bez	Die Frau und ihr Kind kamen an.
	Ich wollte die Berge klettern.	√ (Präp)	Ich wollte auf die Berge klettern.
	Ich erstatte ihnen einen Besuch.	A	Ich stattete ihnen einen Besuch ab./Ich machte bei ihnen einen Besuch./Ich besuchte sie.
	Vorher wir die Übung machen, erklärten wir die Grammatik.	Konj, T	Bevor wir die Übung machten, erklärten wir die Grammatik.
	Der Lehrer braucht viele Dinge zu können.	Mv	Der Lehrer muss viele Dinge können.
	Es kommt häufig zu Missverständnisse_.	K	Es kommt häufig zu Missverständnissen.
	Sie versuchte, ihn zu helfen.	K	Sie versuchte, ihm zu helfen.

Aufgabe 58

2. Eine solche Berichtigung durch den Lehrer ist einerseits sinnvoll, wenn der Lernende sich trotz zusätzlicher Hilfen in Form von Korrekturzeichen nicht selbst helfen kann, und andererseits, wenn man den Lernenden auf eine besonders häufig gebrauchte Formulierung für die vermutete Äußerungsabsicht hinweisen möchte.

Aufgabe 60

Die korrekten Formen stehen *kursiv* in Klammern.

Ich hatte Khatima schon als Kind gekannt. Ich war die Klassenkameradin ihrer kleinen schwester (*Schwester*). Die Menschen, die denselben (*in demselben*) Viertel wohnten, nannten ihr (*sie*) Königin der Schönheit. (Kommentar: Es heißt zwar *Schönheitskönigin*, aber der hier verwendete Ausdruck klingt in diesem Zusammenhang meiner Meinung nach viel poetischer.) Die schönsten reicheren (besser und wahrscheinlich auch gemeint: *und reichsten*) Männer der Stadt wollten sie heiraten.

Die korrekten Formen stehen *kursiv* in Klammern.

Man hatte Khatima während lang<u>en</u> (1. Fehler) Jahre<u>n</u> (2. Fehler) (*langer Jahre*) nicht in der Stadt gesehen, bis sie in einem sehr schlechten Zustand <u>wiedererscheinte</u> (3. Fehler, *wieder erschien*). Als sie mich <u>kukte</u> (4. Fehler, *anschaute*, in der gesprochenen Sprache auch *anguckte*), habe ich gefühlt, dass sie <u>mir</u> (5. Fehler, *mich*) sprechen oder nur begrüßen wollte. (Die Studentin wollte wahrscheinlich aber sagen: dass sie *mit mir sprechen oder mich nur begrüßen wollte*) .

Die korrekten Formen stehen *kursiv* in Klammern.

Khatima sagte: „<u>Siehst du mich,</u> (Mit großer Wahrscheinlichkeit wollte die Studentin Khatima allerdings keine Frage, sondern eine Aufforderung in den Mund legen – also: *Sieh mich an.*), ich hinke und <u>mein rechtes</u> Hand (*meine rechte Hand*) kann ich nicht bewegen. Mein Leben ist <u>geendet</u> (*zu Ende, beendet*). Ich bin für die Menschen verrückt und meine Eltern warten auf <u>mein</u> (*meinen*) Tod. <u>Ich beschäme sie.</u>" (*Sie schämen sich für mich.*)

Die korrekten Formen sind *kursiv* gedruckt.

Khatima wurde mit *einem* Mann aus einem anderen Land verheiratet. Ihr Mann war ein reicher Diplomat. Sie *trug* Pelz(e) und *Diamanten*. Sie lebte in *einem großen* Haus, wo es viele Hausangestellte gab. Aber wie ein arabischer *Poet* sagt: „Man soll *sich nicht* auf die Würze des Lebens verlassen, weil alles im Leben unvollständig ist." (Nicht klar ist, ob die Übersetzung des Ausspruches mit dem Original übereinstimmt.)

Die korrekten Formen stehen *kursiv* in Klammern.

Khatima <u>machte</u> (**W**: *hatte*) einen Unfall mit ihrem Auto und wurde <u>sehr</u> (**W**: *schwer*) verletzt. <u>Mit ihrem Bein</u> konnte sie nicht mehr <u>schreiten</u> (**A**: *Sie konnte nicht mehr richtig laufen*, oder: *Sie konnte mit einem Fuß nicht mehr auftreten*). Sie <u>machte</u> (**W**: *hatte*) schlaf<u>en</u>lose (**mF**: *schlaflose*) Nächte. Khatima kehrte zurück <u>nach ihrem</u> (**Präp**: *in* **K**: *ihr*) Land <u>bei</u> (**Präp**: *zu*) ihrer Familie. Sie <u>hat</u> von ihrem Mann <u>ihre Scheidung bekommen.</u> (**A**: *Sie ist von ihrem Mann geschieden worden.* In diesem Kontext besser: *Ihr Mann hat sich von ihr scheiden lassen.*)

Die korrekten Formen stehen *kursiv* in Klammern.

Khatima sagte: „Meine Schwestern schlagen <u>mir</u>." (*mich*) (Es könnte zwar ein Analogieschluss vorliegen – z. B. *Sie schlugen mir auf die Finger* –, wahrscheinlicher ist jedoch, dass es sowieso schwierig ist zu wissen, ob ein Verb transitiv oder intransitiv ist. Vielleicht können Sie sich ja darüber freuen, dass auch deutsche Muttersprachler manchmal damit Schwierigkeiten haben. Ein Spruch dazu aus dem Ruhrgebiet, über den auch Sie vielleicht lachen können: „Mir und mich verwechsl' ich nicht, das kommt bei <u>mich</u> nicht vor." (*… das kommt bei mir nicht vor.*)

„Als ich reich war, waren sie sehr freundlich. Ich machte ihnen viele Geschä<u>n</u>ke." (*Geschenke* – ein Fehler, den man nicht hören könnte, wenn der Text gesprochen würde, möglicherweise auch ein Analogieschluss zu z. B. *Getränke*.)

„Jetzt <u>jede</u> hat …" (*Jetzt <u>hat jede</u>* … – wahrscheinlich eine Interferenz aus der Muttersprache, in der in diesem Fall keine Inversion vorkäme.)

„Ich habe nichts gesagt, ich habe Khatima <u>begrüßt</u> (Es handelt sich hier um das Ende des Gesprächs, daher kann man nicht das Wort *begrüßen* verwenden.) und ich bin weggegangen. Vielleicht <u>sollte</u> ich sie trösten (Es handelt sich hier um einen Tempusfehler, eventuell auch um einen Modusfehler, die Möglichkeit, sie nach dem Gespräch zu trösten, existiert nicht mehr.), aber wie und <u>mit was</u>? (Es wurde ein Fragepronomen falsch konstruiert). Ihr Kummer ist sehr groß und ich wusste nicht, <u>was</u> sagen." (Es handelt sich hier wahrscheinlich um einen Interferenzfehler, im Deutschen ist diese Konstruktion mit dem Infinitivanschluss nicht möglich.)

<u>Aufgabe 67</u>	Andrea verwendet eine Abschiedsfloskel (*Komm mal vorbei.*), die keinesfalls als tatsächliche Einladung verstanden werden sollte. Jamil begeht jedoch den „Fehler", die Floskel wörtlich zu nehmen, was Andrea als Aufdringlichkeit empfinden dürfte.

Man könte den Dialog in dem Sinne weiterschreiben, dass das aufgetretene Missverständnis thematisiert wird und damit der Sprachkompetenz und nicht dem Verhalten der Sprecher zugeordnet werden könnte. |
| <u>Aufgabe 73</u> | Wenn Sie herausfinden möchten, wie Ihre Schüler momentan mit Ihren schriftlichen Korrekturen zurechtkommen, so sollten Sie die Fragen offen formulieren, z. B.:
– *Verstehen Sie meine schriftlichen Korrekturen?*
– *Wie sollten Ihrer Meinung nach die schriftlichen Korrekturen vorgenommen werden?*
– *Was machen Sie mit den zurückerhaltenen korrigierten Arbeiten?*

Sie können die Fragen aber auch geschlossen formulieren, d. h., Sie geben die Anwortmöglichkeiten vor. Einen solchen Fragebogen haben Sie schnell ausgewertet. Vielleicht bringen Sie die Schüler dadurch auf Antwortideen, die ihnen noch gar nicht bewusst sind, insbesondere, wenn Sie das Thema der schriftlichen Korrektur noch nie in der Gruppe angesprochen haben. Das ist aber auch der große Nachteil von geschlossenen Fragen. |
| <u>Aufgabe 76</u> | **Beispiel 1:**

<u>Kommentar:</u> Die Lehrerin geht hier so vor, dass sie die Äußerung des Schülers aufnimmt, an der Stelle aber, an der der Fehler vorkommt, abbricht und die Stimme anhebt. Sie initiiert auf diese Weise eine Selbstkorrektur. Die Lehrerin bestätigt die Selbstkorrektur und gibt eine grammatische Erklärung.

Beispiel 2:

S – Äußerung, L unterbricht S durch Geste, S korrigiert sich selbst, L wiederholt die Äußerung

<u>Kommentar:</u> Die Lehrerin reagiert hier sofort nach dem Stellungsfehler der Schülerin mit einer nonverbalen Korrekturinitiierung, sie schnipst mit den Fingern. Die Schülerin kann sich sofort selbst korrigieren. Die Lehrerin wiederholt nur noch einmal die inhaltliche Komponente der Äußerung. Dies ist möglicherweise als Bestätigung der Schülerin gedacht.

Beispiel 3:

S – Äußerung, L wiederholt Satz als Frage, die die Äußerung korrigiert

<u>Kommentar:</u> Es handelt sich hier um eine indirekte Korrektur der Lehrerin. Die Schülerin hatte *Weihnachten* mit der Präposition *am* verbunden, wahrscheinlich ein intralingualer Fehler (z. B. übertragen von dem korrekten Ausdruck *am Weihnachtstag*). Die Lehrerin reagiert inhaltlich auf die Lerneräußerung, wiederholt allerdings in der korrekten Form noch einmal die Zeitangabe.

Beispiel 4:

L fragt, Ss antworten, L unterbricht metasprachlich, Ss korrigieren, L fragt weiter, S antwortet, L unterbricht metasprachlich, Ss probieren, L korrigiert

<u>Kommentar:</u> Die Korrektursequenz beginnt mit einer Frage der Lehrerin. Die Schüler antworten nur mit einem Adjektiv (*nervös*) und nicht – wie die Lehrerin es erwartet – mit einem vollständigen Satz. Die Lehrerin gibt einen grammatischen Hinweis und die Schülerinnen reagieren mit einem korrekten vollständigen Satz. Die Lehrerin bestätigt die Äußerung und schließt eine weitere Frage an, die sie direkt an eine Schülerin richtet, nachdem mehrere Schülerinnen ungezwungen und daher auch nicht ganz verständlich die Antwort begonnen hatten. Cercella (S1) beginnt mit einer Antwort, der offenbar das Verb fehlt, das vor *nicht* gesetzt werden müsste. Die Lehrerin weist darauf hin, dass das Verb fehlt. Mehrere Versuche der Schüler schlagen fehl. S2 macht einen erneuten |

Versuch mit *Sie weiß nicht helfen* und verwechselt *können* mit *wissen*. Die Lehrerin stellt abschließend – wohl um den Fehler noch einmal bewusst zu machen – die richtige Version der falschen gegenüber.

Beispiel 5:

L fragt, S antwortet, L korrigiert

Kommentar: Den Ausdruck *trafic* hat die Schülerin wohl aus dem Englischen, eventuell aber auch aus dem Französischen oder Spanischen übertragen und „eingedeutscht". Die Lehrerin weist auf den Ursprung des Fehlers hin. Es herrscht allgemeines Lachen. Sie gibt die korrekte Übersetzung an.

Beispiel 6:

L spricht vor, S1 spricht nicht richtig nach, L wiederholt die ersten zwei Wörter, S wiederholt, L korrigiert, S2 spricht, S3 ergänzt, L wiederholt, S1 ergänzt letzte Wörter usw.

Kommentar: Der Lehrer spricht zwei Sätze einer Tonbandsequenz vor und fordert die Schüler nonverbal dazu auf, diese beiden Sätze zu wiederholen. S1 beginnt mit dem zweiten Satz. Der Lehrer fordert ihn auf, mit dem ersten Satz zu beginnen, indem er den Anfang des ersten Satzes *Er hat ...* noch einmal vorgibt. S1 versteht die Absicht nicht und vermischt die beiden Sätze. Der Lehrer gibt nun die ersten vier Wörter des ersten Satzes vor, den S2 und S3 gemeinsam zu Ende bringen. Der Lehrer wiederholt nun noch einmal den Satz fast bis zum Ende (*er hat zu viel zu*). S1 kann jetzt den Satz zu Ende bringen. Zweimal muss er das Satzende zur besseren Einprägung wiederholen. Der Lehrer bestätigt die Richtigkeit. S4 beginnt mit dem zweiten Satz, den er mit Hilfe des Lehrers erfolgreich zu Ende bringt. Die Bedeutungserklärung wird vom Lehrer erst nach der Reproduktion der Sätze vorgenommen.

Beispiel 7:

S – Äußerung, L übertreibt gestisch den Fehler, korrigiert falschen Ausdruck, S korrigiert sich

Kommentar: Die Lehrerin reagiert auf die im Deutschen nicht mögliche Verbindung *Probleme treffen* (möglicherweise eine direkte Übertragung aus der Muttersprache des Schülers), indem sie das Wort *treffen* in seiner konkreten Bedeutung gestisch darstellt und in dem entsprechenden Kontext verwendet. Dies führt zu Heiterkeit in der Klasse. Die Lehrerin gibt den im Deutschen korrekten Ausdruck vor, den die Schülerin dann problemlos aufgreift.

Beispiel 8:

S – Äußerung, L korrigiert gestisch, S korrigiert sich

Kommentar: Der Schüler benutzt nicht die hier nötige Inversion. Der Lehrer reagiert mit einer Geste, die der Schüler augenscheinlich sofort richtig interpretiert, um sich dann selbst zu korrigieren. Es handelt sich also um eine nonverbale Aufforderung zur Selbstkorrektur.

Beispiel 9:

S – Äußerung, L korrigiert das falsche Wort

Kommentar: Der Schüler gebraucht ein falsches Verb, das der Lehrer im Anschluss an den Fehler korrigiert. Es handelt sich um eine direkte Korrektur sofort nach Auftreten des Fehlers.

Beispiel 10:

S – Äußerung, L korrigiert falsches Wort, S fragt nach, L erklärt

Kommentar: Der Lehrer korrigiert direkt im Anschluss an den lexikalischen Fehler. Der Schüler kennt das für ihn wohl recht schwierig auszusprechende Wort nicht und fragt noch einmal nach, indem er nun den Anfang des Wortes wiederholt. Der Lehrer wiederholt und erklärt das Wort, indem er es paraphrasiert, in einen anderen Kontext stellt und in einer anderen Zusammensetzung präsentiert.

Beispiel 11:

S – Äußerung, S fragt nach, L gibt Antwort

<u>Kommentar:</u> Der Schüler zweifelt an der Korrektheit seiner eigenen Äußerung, fragt nach und initiiert eine Lehrerkorrektur. Die Lehrerin nennt ihm daraufhin das korrekte Wort.

Aufgabe 78

Beispiel 1:

Der Lehrer verändert durch seine Korrektur die Äußerungsabsicht der Schülerin. Die Schülerin wehrt sich dagegen. Der Lehrer erkennt daraufhin die Äußerungsabsicht und korrigiert sie dementsprechend.

Beispiel 2:

Die Äußerungsabsicht des Schülers wird zunächst nicht erkannt und durch die Lehrerkorrektur verändert. Durch diese Veränderung formuliert der Schüler einen Satz, der in diesem Zusammenhang völlig unsinnig ist. Der Lehrer fragt nach. Er erkennt nun die Absicht des Schülers und kann ihn dementsprechend korrigieren.

Aufgabe 79

Die Schülerin sucht nach einem Wort. Der Lehrer versucht, ihr mit einem Vorschlag weiterzuhelfen. Das Wort entspricht jedoch nicht der Äußerungsabsicht der Schülerin. Sie macht einen erneuten Versuch und findet eine Möglichkeit. Der Lehrer bestätigt diese Möglichkeit und gibt ein weiteres Synonym.

Aufgabe 86

Beispiel 1:

Schon die erste Äußerung der Lehrerin beinhaltet eine Aufforderung zur Selbstkorrektur, indem sie gestisch auf die Bedeutung des Wortes *Magen* im Unterschied zu *Bauch* verweist. Ausgehend vom Schwedischen benutzt die Schülerin trotzdem das Wort *Magen* anstelle von *Bauch*. Die Lehrerin fordert nochmals zur Selbstkorrektur auf, die allerdings nicht geleistet werden kann. Sie gibt jetzt das korrekte Wort an und fordert die Schülerin nun auf, die fehlerhafte Satzstellung selbst zu korrigieren. Sie fragt zunächst nach der Regel, die die Schülerin nennen kann. Es erfolgt eine weitere Aufforderung zur Selbstkorrektur. Die Schülerin versucht, die gegebenen Korrekturen zu koordinieren. Die so zustande gekommene Äußerung ist allerdings kein korrekter Ausdruck im Deutschen. Die Lehrerin gibt deshalb den richtigen Ausdruck selbst vor.

Beispiel 2:

Hier handelt es sich ausschließlich um eine direkte Korrektur, die im Anschluss an eine abgeschlossene Äußerung der Schülerin gegeben wird.

Aufgabe 87

Aufforderung zur Selbstkorrektur	*Korrektur durch den Lehrer*
Vorteile	
Der Lernende muss über seine Äußerung nachdenken.	kürzer
Die Korrektur wird eventuell besser behalten, wenn sie selbst geleistet wird.	lenkt eventuell nicht von inhaltlicher Ebene des Gesprächs ab
Erfolgserlebnis des Lernenden	kann eher beiläufig erfolgen
Nachteile	
nimmt lange Zeit in Anspruch	tritt häufig nicht ins Bewusstsein

Aufforderung zur Selbstkorrektur	*Korrektur durch den Lehrer*
Nachteile	
kann nicht immer geleistet werden	liegt nur in der Verantwortung des Lehrers
kann zu Bloßstellungen in der Gruppe führen	verhindert ein mögliches Erfolgserlebnis, wenn der Lernende sich selbst hätte korrigieren können

Beispiel 1: Aufgabe 90

Auffällig ist, dass der Lehrer die Aussage aufgrund des lexikalischen Fehlers zunächst einmal gar nicht versteht. Er gibt dann das korrekte Wort an, was allerdings erst nach einem erneuten Fehlversuch benutzt wird.

Beispiel 2:

Die Lehrerin lobt zunächst die kreative, aber im Deutschen nicht mögliche Wortschöpfung. Die Schülerin erkennt sofort die Ursache ihres Fehlers (Interferenz). Die möglichen richtigen Formen werden dann gegeben. Die gesamte Korrektursequenz verläuft humorvoll auf beiden Seiten.

Die Studentin reagiert in ihrer übernommenen Rolle mit Humor auf die Korrektur. Aufgabe 97

6 Glossar

Akzeptabilität, die (S. 22): Die von einem kompetenten Sprecher als sprachlich üblich und richtig beurteilte Form einer Äußerung.

Akzeptanz, die (S. 10): Hier: die Bereitschaft, eine sprachliche Äußerung in dem Maße gelten zu lassen, in dem sie verständlich ist.

alternative Methoden (Pl.) (S. 85): Dieser Begriff wird meist in Abgrenzung zu den herkömmlichen Methoden benutzt. Es wird ein globaler – ganzheitlich orientierter – Neuansatz für das fremdsprachliche Lernen angestrebt, für den häufig tiefen- und gruppenpsychologische, neurophysiologische oder auch esoterische Begründungen herangezogen werden. Zu dieser Art alternativer Methoden zählen z. B.:
- die *Suggestopädie* (gezielter Einsatz von Musik, Gestik und Bewegung in den fremdsprachlichen Unterricht)
- der *Total Physical Response* (Gruppendynamische, künstlerische, vor allem aber kinesische Elemente werden eingesetzt, d. h., der Lehrer gibt fremdsprachliche Anweisungen und die Lernenden befolgen diese zunächst nonverbal, dann zunehmend auch durch Sprechakte.)
- der *Natural Approach* (Die Befähigung zur fremdsprachlichen Kommunikation wird stimuliert durch Äußerungen über Gefühle und intensive Interaktion der Lernenden.)
- der *Silent Way* (Im Anfangsunterricht wird auf die Stimme des Lehrers als Modell für fremdsprachliche Phonetik und Intonation verzichtet zugunsten eines komplizierten Systems von Farb-Laut-Zuordnungen.)

Angemessenheit, die (S. 22): Das in einer Situation als richtig und adäquat Eingeschätzte.

audiolinguale Methode, die (S. 50): Ziel des audiolingualen Unterrichts ist nicht Sprachwissen, sondern Sprachkönnen, wobei die primären Fertigkeiten *(Hören – Sprechen)* Vorrang vor den sekundären Fertigkeiten *(Lesen – Schreiben)* haben.

aufgabenorientierte Fehlerkorrektur, die (S. 53): Die aufgabenorientierte Fehlerkorrektur wird hier gegen die (→) prüfungsorientierte Fehlerkorrektur abgegrenzt. Sie dient dazu, Fehler als Chance zum Weiterlernen nutzbar zu machen. Bei der aufgabenorientierten Fehlerkorrektur steht der Lernprozess und der Lernfortschritt im Mittelpunkt und nicht die Leistungsmessung.

Ausweichstrategien (Pl.) (S. 35): Hier: die Gesprächsstrategien, die benutzt werden, wenn dem Lernenden etwas als zu kompliziert oder zu schwierig erscheint, er jedoch die Kommunikation aufrechterhalten möchte und daher z. B. eine inhaltliche oder sprachliche Vereinfachung vornimmt (→ Vermeidungsstrategien).

deskriptive Norm, die (S. 20): Die beschreibende, aufgrund von Sprachbeobachtungen empirisch abgesicherte (→) Norm.

dialektale Variante, die (S. 23): Örtlich gebundene und auf mündliche Realisierung gerichtete veränderte Form eines Ausdrucks der so genannten „Standardsprache".

direkte Korrektur, die (S. 89): Korrektur, in der sofort und unmittelbar nach Auftreten des Fehlers die korrekte Form genannt wird (→ explizite Korrektur).

Erstspracherwerb, der (S. 50): Erwerb der ersten Sprache, der Muttersprache. Man vermeidet meist den Begriff *Mutterspracherwerb*, der zum Teil mit einer negativen Bewertung früher Mehrsprachigkeit verbunden ist.

Erwerbshypothese, die (S. 40): Eine bestimmte Annahme als Hilfsmittel wissenschaftlicher Erkenntnis (Hypothese), die zur Erklärung des Spracherwerbs herangezogen wird.

explizite Korrektur, die (S. 89): Korrektur, in der aufgrund unterschiedlicher Verfahren (z. B. Betonung, Erklärung) auf den Fehler hingewiesen und dieser gleichzeitig richtig gestellt wird. Häufig werden die Begriffe *explizite Korrektur* und (→) *direkte Korrektur* gleichbedeutend verwendet (Gegenteil (→) indirekte Korrektur).

Fehler, der (S. 14): Etwas, das gegen etwas verstößt oder von etwas abweicht, was als richtig empfunden wird.

Fehleranalyse, die (S. 41): Die Fehleranalyse beschäftigt sich mit der systematischen Untersuchung von Fehlertypen und ihren möglichen Ursachen. Sie zielt darauf ab, den Lernstand oder auch die Lernschwierigkeiten einer Person zu ermitteln. Man hoffte – vor allem in den 70-er Jahren – aufgrund von Fehleranalysen allgemeine Schwierigkeiten beim Lernen einer bestimmten Fremdsprache zu erkennen.

Fehlerbegriff, der (S. 16): Die Vorstellung davon, was ein Fehler ist.

Fehlerbeschreibung, die (S. 22): Die Fehlerbeschreibung umfasst die (→) Fehleridentifizierung und die (→) Fehlerklassifikation.

Fehlerbewertung, die (S. 22): Es geht darum, wie Fehler für die Benotung einer sprachlichen Leistung eingeschätzt werden, z. B. ob sie als schwere oder als leichte Fehler gerechnet werden.

Fehlererklärung, die (S. 22): Der Versuch, den Ursprung und die Fehlerursachen zu erkennen.

Fehlergewichtung, die (S. 67): Das, was als leichter oder schwerer Fehler zu werten ist.

Fehleridentifizierung, die (S. 22): Es geht darum, festzustellen, was überhaupt ein Fehler ist und worin er besteht.

Fehlerkennzeichnung, die (S. 44): Die Beschreibung von Fehlern in ihren Eigenarten und charakteristischen Merkmalen.

Fehlerklassifikation, die (S. 40): Die Einteilung der Fehler in – nach bestimmten Kriterien – definierte Klassen.

Fehlermarkierung, die (S. 55): Einen Fehler kenntlich machen (z. B. unterstreichen), um zu zeigen, dass ein Fehler vorliegt, ohne näher zu kennzeichnen, um was für eine Art von Fehler es sich handelt. Im Gegensatz dazu erklärt die (→) Fehlerkennzeichnung die Art des Fehlers.

Fehlerprophylaxe, die (S. 85): Vorbeugende Maßnahmen, die das Auftreten eines Fehlers verhindern sollen.

Fehlertherapie, die (S. 22): Hierunter fallen alle Maßnahmen, die dazu dienen können, aufgetretene Fehler in Zukunft vermeiden zu helfen, wie etwa die Korrektur, aber auch Erklärungen und Übungen zu sprachlichen Problemen und fehlerträchtigen Bereichen in der Sprache des Lernenden.

Fossilisierung der Fehler, die (S. 14): Das Sichfestsetzen (die „Versteinerung") von Fehlern in der (→) Lernersprache.

fremdinitiierte Fremdkorrektur, die (S. 87): Hierbei macht jemand anderes als der Sprecher der korrekturbedürftigen Äußerung – also z. B. der Lehrer oder ein Mitlernender – darauf aufmerksam, dass ein Fehler vorliegt. Auch die Korrektur wird dann vom Lehrer oder einem Mitlernenden vorgenommen.

fremdinitiierte Selbstkorrektur, die (S. 87): Nachdem z. B. der Lehrer oder ein Mitlernender durch Gesten/Verhalten darauf aufmerksam gemacht hat, dass ein Fehler vorliegt, korrigiert sich derjenige, der den Fehler gemacht hat, selbst.

Grammatikalität, die (S. 22): Kriterium, ob etwas grammatisch korrekt ist, d. h. mit den Regeln eines Grammatikmodells übereinstimmt.

Identitätshypothese, die (S. 33): Es wird behauptet, dass Erst- und Zweitspracherwerb im Wesentlichen gleichartig verlaufen. In beiden Fällen aktiviert der Lernende angeborene mentale Prozesse.

implizite Korrektur, die (S. 51): (→ indirekte Korrektur).

indirekte Korrektur, die (S. 51): Indirekte Korrekturen sollen häufig einen natürlichen Kommunikationsverlauf imitieren. Dabei wird z. B. die Äußerung des Schülers noch einmal aufgenommen und berichtigt wiederholt. Diese Art der Korrektur kann auch in Form einer Nachfrage erfolgen. Dabei tut der Lehrer so, als hätte er die Äußerung möglicherweise nicht richtig verstanden und wiederholt in fragendem Tonfall (Gegenteil (→) explizite Korrektur).

inhaltlicher Fehler, der (S. 43): Wiedergabe eines falschen Inhaltes, einer falschen Information, wie z. B. *Berlin liegt in Süddeutschland.*

Input, der (S. 39): Eingabe von Sprachmaterial und/oder inhaltlichen Informationen. Der englische Begriff *input* wird auch in der deutschen Fachliteratur durchgängig verwendet, vor allem um die Wichtigkeit des Angebots von möglichst viel – situativer und authentischer, jedoch immer noch verständlicher – Sprache zu betonen.

Interferenz, die (S. 30): Hier: negativer Einfluss (→ Negativer Transfer) der Muttersprache oder vorher gelernter Sprachen auf die zu lernende Sprache. Es kann sich dabei z. B. um die Übertragung von grammatischen Strukturen, von Lexemen und Phonemen, aber auch um die Übertragung kulturell geprägter Verhaltensweisen handeln.

Interferenzfehler, der (S. 31): Fehler, der aufgrund der Übertragung von (sprachlichen) Phänomenen (→ Interferenz) aus der Muttersprache oder einer anderen vorher gelernten Sprache auf die zu lernende Sprache entsteht.

Interimsprache, die (S. 39): (→ Interlanguage).

Interlanguage, die (S. 39): Auch (→) Interimsprache oder (→) Lernersprache genannt. Sprache des Lernenden zu einem bestimmten Zeitpunkt. Sie weist sowohl die Merkmale von Erst- und Zielsprache auf, besitzt aber auch eigenständige, von Erst- und Zielsprache unterschiedliche Merkmale.

Interlanguagehypothese, die (S. 39): Der Erwerb der zu lernenden Sprache wird als eine Abfolge von Interlanguages (→ Interlanguage) aufgefasst. Jeder Interlanguage wird – bei aller Instabilität und Flexibilität – eine eigene spezifische Systematik zugeschrieben.

interlingualer Fehler, der (S. 33): Fehler, der durch Übertragung von sprachlichen Phänomenen (Strukturen oder auch Lexemen) der Ausgangssprache auf die (→) Zielsprache entsteht (→ Interferenzfehler).

intralingualer Fehler, der (S. 33): Fehler, der aufgrund der Übertragung von sprachlichen Phänomenen (Strukturen oder auch Lexemen) innerhalb der (→) Zielsprache entsteht.

Kommunikationsstrategien (Pl.) (S. 34): Kommunikationsstrategien sind Verfahren, die der Lernende benutzt, um eine kommunikative Aufgabe zu bewältigen und zielsprachlich handeln zu können.

Kompensationsstrategien (Pl.) (S. 34): Kompensationsstrategien sind (→) Kommunikationsstrategien, die ein Defizit in der (→) Zielsprache ausgleichen sollen.

Kompetenzfehler, der (S. 41): Fehler, der vom Lernenden selbst nicht erkannt werden kann, weil er das sprachliche Phänomen noch nicht kennt oder es nicht verstanden hat.

kontrastive Erwerbstheorie, die (S. 31): Es wird davon ausgegangen, dass die Ausgangssprache des Lernenden systematisch den Erwerb der (→) Zielsprache beeinflusst und dass sprachliche Elemente, die in beiden Sprachen verschieden sind, zu Lernschwierigkeiten führen.

Korrektur, die (S. 55): Es wird unterschieden zwischen schriftlicher und mündlicher Korrektur. In dieser Studieneinheit wird eine weite Definition verwendet: Korrektur wird als das Signalisieren des mangelnden Einverständnisses mit Teilen der Lerneräußerung/-produktion verstanden, an das sich unterschiedliche Schritte anschließen können, wie z. B. die (→) Selbstkorrektur durch denjenigen, der den Fehler gemacht hat, die Korrektur durch einen Mitlernenden oder die Korrektur durch den Lehrer.

Korrektur in Abgrenzung zu (→) *Reparatur* bedeutet, dass der Schüler eine Korrektur durch den Lehrer übernimmt und dabei das, was er eigentlich sagen will, aufgibt (siehe Aufgabe 78, Beispiel 1 und 2 auf Seite 80).

kulturelle Interferenzen (Pl.) (S. 38): Hierbei handelt es sich um die Übertragung kulturell geprägter Verhaltensweisen (→ Interferenz). Dies gilt sowohl für den verbalen als auch für den nonverbalen Bereich.

lehrerinduzierter Fehler, der (S. 36): Fehler, der durch ein bestimmtes Lehrerverhalten entstanden ist, z. B. dadurch, dass der Lehrer selbst einen Fehler macht und der Lernende die fehlerhafte Äußerung für richtig hält.

Lernersprache, die (S. 39): (→ Interlanguage).

Lernstrategien (Pl.) (S. 36): Vom Lernenden möglicherweise bewusst geplante Vorgehensweisen beim Lernen einer Fremdsprache, etwa Versuche von Neubildungen von Wörtern etc.

lexikosemantischer Fehler, der (S. 42): Ein falsches Wort in dem betreffenden Kontext und/oder eine Bedeutungsveränderung.

linguistische Norm, die (S. 19): Das sprachlich Korrekte, Richtige, Übliche, die (→) Sprachnorm. Hier: Sprachkonstrukt von Linguisten und in Abgrenzung zu (→) deskriptiver (beschreibender) und (→) präskriptiver (vorschreibender) Norm benutzt.

metasprachliche (Korrektur-)Hilfen (Pl.) (S. 76): Hier: der Korrigierende versucht dem Lernenden, der den Fehler gemacht hat, dadurch weiterzuhelfen, dass er den Fehler beschreibt und dabei auf Sprachbegriffe über Sprache zurückgreift.

morphosyntaktischer Fehler, der (S. 42): Fehler in der Morphologie (z. B. Endungsfehler beim konjugierten Verb) oder der Syntax (z. B. Satzstellungsfehler).

negativer Transfer, der (S. 30): Falsche Übertragung aus der Ausgangssprache auf die (→) Zielsprache (→ Interferenz).

nonverbale Aufforderungsarten (Pl.) (S. 96): Es handelt sich hierbei um den Einsatz von Korrekturhilfen zur (→) Selbstkorrektur: Nonverbale Mittel sollen dem Lernenden weiterhelfen, so z. B. das Hochheben von drei Fingern, um zu signalisieren, dass die 3. Person eingesetzt werden muss.

nonverbale Korrekturinitiierung, die (S. 100): Der Korrigierende fordert durch den Einsatz nonverbaler Mittel (z. B. Stirnrunzeln) zur (→) Selbstkorrektur auf.

Norm, die (S. 19): Allgemein anerkannte, als verbindlich geltende Regel (→ linguistische Norm).

objektsprachliche (Korrektur-)Hilfen (Pl.) (S. 76): Es handelt sich hierbei um den Einsatz von Hilfen, die auf die berichtigte Form der fehlerhaften Äußerung hindeuten, wie z. B. die Nennung der Anfangsbuchstaben des richtigen Wortes.

paraverbale (Korrektur-)Hilfen (Pl.) (S. 99): Es handelt sich hierbei um Hilfen, die auf den Einsatz stimmlicher Mittel, wie z. B. Lautstärke und Tonfall, zurückgreifen.

Patterndrill, der (S. 85): Strukturmusterübung, wie z. B. Einsatz-, Ergänzungs- und Substitutionsübungen (Ersetzen eines Elementes durch ein anderes).

Performanzfehler, der (S. 41): Unter Performanzfehler werden meistens Verstöße gerechnet, die vom Lernenden erkannt und eventuell selbst korrigiert werden können, wenn sie ihm bewusst gemacht werden.

phonetischer Fehler, der (S. 42): Aussprachefehler.

phonologischer Fehler, der (S. 42): Ein falscher Vokal oder Konsonant in einem Wort. Er kann sich z. B. in einem Orthographiefehler äußern.

Positivkorrektur, die (S. 55): Man versteht darunter häufig zweierlei:
1. Die Hervorhebung auch der gelungenen Äußerungen und nicht nur der fehlerhaften.
2. Die Richtigstellung durch den Lehrer bei schriftlicher Korrektur.

In dieser Studieneinheit wird Positivkorrektur nur im Sinne von 1. verwendet.

pragmatische Norm, die (S. 21): Die (→) Norm, die sich auf die (verbale und nonverbale) Interaktion zwischen Individuen in einer Situation bezieht; das, was in einem bestimmten gesellschaftlichen Kontext als üblich, angemessen und höflich gilt.

pragmatischer Fehler, der (S. 43): Ein Stilbruch, eine Äußerung, die in der betreffenden Situation nicht angemessen ist, ein sozial und kulturell unangemessenes Verhalten.

präskriptive Norm, die (S. 21): Die z. B. in Grammatiken und Wörterbüchern niedergelegte (→) Norm, durch die ein Sprachgebrauch verbindlich vorgeschrieben ist.

programmierte Instruktion, die (S. 50): Die starke Steuerung des Lernenden über bestimmte Übungsanordnungen, die festgelegten Prinzipien und Reihenfolgen entsprechen und die den Lernenden dazu bringen sollen, feste Gewohnheiten in der (→) Zielsprache auszubilden.

prüfungsorientierte Fehlerkorrektur, die (S. 53): Die prüfungsorientierte Fehlerkorrektur wird in Abgrenzung zur (→) aufgabenorientierten Fehlerkorrektur benutzt. Sie dient der Leistungsmessung.

psycholinguistische Prozesse (Pl.) (S. 39): Hier: Vorgänge und Mechanismen, die sich im Kopf des Lernenden abspielen und den Spracherwerb beeinflussen.

Regularisierung, die (S. 32): Eine Regularisierung liegt dann vor, wenn ein unregelmäßiges Phänomen zu einem regelmäßigen gemacht wird, wie z. B. *Ich bin gegeht* statt: *Ich bin gegangen.*

Reparatur, die (S. 82): Begriff, der teilweise in der Fachliteratur als Abgrenzung zum Begriff (→) *Korrektur* verwendet wird. Bei der Reparatur passt sich der Lehrer der Äußerungsabsicht des Schülers an, übernimmt sie und gibt dem Schüler eine Formulierungshilfe.

selbstinitiierte Fremdkorrektur, die (S. 87): Hierbei signalisiert derjenige, der den Fehler gemacht hat, dass er selbst einen Fehler in seiner Äußerung wahrgenommen hat (z. B. durch einen fragenden Blick oder auch durch eine Nachfrage). Der Fehler wird dann z. B. vom Lehrer oder einem Mitlernenden korrigiert.

selbstinitiierte Selbstkorrektur, die (S. 87): Nachdem der Sprecher einer korrekturbedürftigen Äußerung seinen Fehler selbst festgestellt und dies auch signalisiert hat, korrigiert er sich selbst.

Selbstkorrektur, die (S. 8): Derjenige, der den Fehler gemacht hat, berichtigt seine Äußerung selbst. Dies kann auf zweierlei Weise geschehen: Entweder der Fehler wird vom Schüler selbst erkannt und selbst korrigiert (→ selbstinitiierte Selbstkorrektur) oder nach einer Aufforderung durch den Lehrer erkannt und dann selbst korrigiert (→ fremdinitiierte Selbstkorrektur).

Simplifizierung, die (S. 32): Hierzu werden Vereinfachungen gezählt wie etwa der Gebrauch nichtflektierter oder nichtkonjugierter Formen (z. B. *du gehen*) oder die Vermeidung von komplexen Strukturen, wie z. B. Nebensatzkonstruktionen.

Sprachentransfer, der (S. 39): Hier: Übertragungen von einer Sprache in die andere (→ Interferenz).

sprachlicher Input, der (S. 39): (→ Input).

Sprachnorm, die (S. 20): Die in einer Sprachgemeinschaft in Bezug auf Rechtschreibung, Aussprache, Grammatik, Wortverwendung und Stil festgelegten Regeln. Die Sprachnorm wird bisweilen abgegrenzt vom abstrakteren (→) Sprachsystem.

Sprachsystem, das (S. 19): Die dem Sprecher einer Sprache zur Verfügung stehenden sprachlichen Elemente, zwischen denen bestimmte Beziehungen bestehen und die nach bestimmten Regeln zu verwenden sind und die in gleicher Weise immer wieder vorkommen.

Suggestopädie, die (S. 85): Eine den (→) alternativen Methoden zugerechnete Vermittlungsmethode, mit der man z. B. durch systematischen Einsatz von Musik und Tiefenentspannung eine hohe Verarbeitungsmenge des dargebotenen Lernstoffes erreichen will. Im Zusammenhang dieser Studieneinheit ist wichtig, dass die Lernenden bei dieser Methode die Identität einer fiktiven Person aus dem Land der Zielsprache annehmen.

testorientierte Fehlerkorrektur, die (S. 53): Hier gemeinsam mit (→) prüfungsorientierter Fehlerkorrektur in Abgrenzung zu (→) aufgabenorientierter Fehlerkorrektur verwendet. Im Vordergrund steht die Leistungsmessung.

Transfer, der (S. 30): Hier: Übertragung von Elementen der Ausgangssprache auf die (→) Zielsprache.

Übergangskompetenz, die (S. 52): Das, was ein Lernender zu einem bestimmten Zeitpunkt weiß und kann. In dieser Studieneinheit im Zusammenhang mit (→) Interlanguage gebraucht.

Übergeneralisierung, die (S. 32): Hierunter versteht man die Ausweitung einer fremdsprachlichen Kategorie oder Regel auf Phänomene, auf die sie nicht zutrifft, z. B. die Übertragung einer Begriffskomponente *(Sport treiben)* auf Zusammenhänge, in denen sie nicht vorkommt *(Musik treiben* statt: *Musik machen)*.

Übungstransfer, der (S. 36): Die Übertragung aus einem Übungskontext auf andere Übungskontexte oder Situationen. Ein Übungstransfer kann entstehen, wenn z. B. ein grammatisches Phänomen so intensiv geübt wurde, dass es dann auch in Zusammenhängen verwendet wird, in denen es nicht vorkommt.

ungesteuerte Situation, die (S. 51): Man unterscheidet zwischen gesteuerten versus ungesteuerten Lernkontexten und meint damit das Fremdsprachenlernen in Institutionen (z. B. Schulen) versus den (→) Zweitspracherwerb in der natürlichen Alltagskommunikation.

unmittelbare Korrektur, die (S. 89): Eine Korrektur, die sich direkt an einen Fehler anschließt.

unterrichtsinduzierter Fehler, der (S. 36): Ein Fehler, der durch den Einsatz ungeeigneter Lehrmaterialien, Übungen, Regeln, Erklärungen etc. hervorgerufen wird. Hierunter werden z. B. auch die (→) lehrerinduzierten Fehler und die Fehler gerechnet, die durch (→) Übungstransfer entstanden sind.

verbale Aufforderungsarten (Pl.) (S. 96): Der Korrigierende fordert durch den Einsatz sprachlicher Mittel zur (→) Selbstkorrektur auf.

verdeckter Fehler, der (S. 27): Ein Fehler, der in der Äußerung nicht unbedingt erkennbar ist. Ein Lernender will z. B. etwas ganz anderes ausdrücken, als seine Äußerung vermuten lässt. Dies gelingt ihm aber nicht, weil z. B. ein lexikalischer Fehler seine Äußerung verfälscht. Es kann also eine grammatisch-lexikalisch durchaus korrekte und situationsangemessene Äußerung vorliegen, die aber nicht der Äußerungsabsicht des Sprechers entspricht.

Vermeidungsstrategien (Pl.) (S. 35): Hier: eine Art von (→) Kommunikationsstrategien, bei denen der Sprecher z. B. komplexe und schwierige Inhalte und Strukturen vermeidet. Die Gründe dafür können vielfältig sein: Er will keine Fehler machen, er kann komplexere Strukturen und Inhalte noch nicht äußern, möchte aber die Kommunikation aufrechterhalten etc. (→ Ausweichstrategien).

Zielsprache, die (S. 30): Die Sprache, die gelernt wird.

Zweitsprache, die (S. 50): Die in (→) ungesteuerter Situation, also im natürlichen Kontext erworbene zweite Sprache.

Zweitspracherwerb, der (S. 51): Der Erwerb der (→) Zweitsprache. Zweitspracherwerb wird abgegrenzt gegen Fremdspracherwerb.

7 Literaturhinweise

Zitierte und weiterführende Literatur

ALBERS, Hans-Georg/BOLTON, Sibylle (1995): *Testen und Prüfen in der Grundstufe. Einstufungstests und Sprachstandsprüfungen,* Fernstudieneinheit 7. Berlin/München: Langenscheidt.

BAHR, Andreas u. a. (1996): *Forschungsgegenstand Tertiärsprachenunterricht.* Ergebnisse eines empirischen Projekts. Bochum: Brockmeyer.

BAUR, Ruprecht (1990): *Superlearning und Suggestopädie: Grundlagen – Anwendung – Kritik – Perspektiven.* Berlin/München: Langenscheidt.

BAUR, Ruprecht/GRZYBEK, Peter (1984): *Argumente für die Integration von Gestik in den Fremdsprachenunterricht.* In: KÜHLWEIN, Wolfgang (Hrsg.): *Sprache, Kultur, Gesellschaft.* Kongreßberichte der 14. Jahrestagung der Gesellschaft für Angewandte Linguistik GAL e. V. Tübingen: Narr, S. 63–73.

BAUSCH, Karl-Richard (1995): *Schwierigkeiten mit dem fremdsprachlichen Wortschatz? Wenn ja – Wo? Wie? Wann? und vor allem Warum?* In: BAUSCH, Karl-Richard u. a. (Hrsg.): *Erwerb und Vermittlung von Wortschatz im Fremdsprachenunterricht.* Arbeitspapiere der 15. Frühjahrskonferenz zur Erforschung des Fremdsprachenunterrichts. Tübingen: Narr, S. 9–19.

BAUSCH, Karl-Richard u. a. (Hrsg.) (1995): *Handbuch Fremdsprachenunterricht.* Tübingen/Basel: Francke.

BAUSCH, Karl-Richard/KASPER, Gabriele (1979): *Der Zweitsprachenerwerb. Möglichkeiten und Grenzen der „großen Hypothesen".* In: *Linguistische Berichte* 64, S. 3–35.

BAUSCH, Karl-Richard/SERRA-BORNETO, Carlo (1997): *Deutsch? Was für eine angenehm schwierige Sprache!* Eine introspektive Untersuchung mit fortgeschrittenen italienischen Deutschlernern. Bochum: Brockmeyer.

BEBERMEIER, Hans (1984): *Die fachgerechte Fehlerkorrektur auf dem pädagogischen Prüfstand.* In: *Der fremdsprachliche Unterricht,* Nr. 71, S. 184–190.

BIMMEL, Peter/RAMPILLON, Ute (1996): *Lernerautonomie und Lernstrategien,* Fernstudieneinheit (Erprobungsfassung). München: Goethe-Institut.

BLEYL, Werner (1984): *Verbessern oder nicht verbessern? Das ewige Dilemma des Fremdsprachenlehrers.* In: *Der fremdsprachliche Unterricht,* Nr. 71, S. 171–183.

BLIESENER, Ulrich (1984): *Korrigieren und Bewerten ist schwieriger als man denkt.* In: *Der fremdsprachliche Unterricht,* Nr. 71, S. 223–230.

BOGATZ, Horst/LÜBKE, Diethard (1978): *Fehlertherapie – Möglichkeiten und Wirksamkeit.* In: *Der fremdsprachliche Unterricht,* Nr. 48, S. 46–53.

BOLTON, Sibylle (1996): *Probleme der Leistungsmessung. Lernfortschrittstests in der Grundstufe,* Fernstudieneinheit 10. Berlin/München: Langenscheidt.

BURT, Marina (1975): *Error analysis in the adult EFL classroom.* In: TESOL Quaterly 9, S. 53 – 63.

BUTZKAMM, Wolfgang (1995): *Unterrichtsmethodische Problembereiche.* In: BAUSCH, Karl-Richard u. a. (Hrsg.): *Handbuch Fremdsprachenunterricht.* Tübingen/Basel: Francke, S. 188–194.

CHAUDRON, Craig (1977): *A Descriptive Model of Discourse in Corrective Treatment of Learner's Errors.* In: *Language Learning,* 27/1, S. 29–46.

CHERUBIM, Dieter (Hrsg.) (1980): *Fehlerlinguistik.* Tübingen: Niemeyer.

COHEN, Andrew (1987): *Student Processing of Feedback on Their Compositions.* In: WENDEN, Anita/RUBIN, Joan (Hrsg.): *Learner Strategies in Language Learning.* New York u. a.: Prentice Hall, S. 57–69.

CORDER, Pit (1967): *The Significance of Learner's Errors.* In: *International Review of Applied Linguistics*, 5/2, S. 161–170.

COSERIU, Eugenio (1970): *Sprache – Strukturen und Funktionen.* 12 Aufsätze zur Allgemeinen und Romanischen Sprachwissenschaft. Tübingen: Narr.

DEMME, Silke (1993): *Fehleranalyse und Fehlerkorrektur – Die Anwendung fehleranalytischer Erkenntnisse in der didaktischen Ausbildung von Fremdsprachenlehrern (Deutsch als Fremdsprache).* In: *Fremdsprachen Lehren und Lernen (FLuL)*, Nr. 22, S. 161–174.

DER KULTUSMINISTER DES LANDES NORDRHEIN-WESTFALEN (Hrsg.) (1981): *Richtlinien für die gymnasiale Oberstufe. Französisch.* Köln: Greven.

DER KULTUSMINISTER DES LANDES NORDRHEIN-WESTFALEN (Hrsg.) (1984): *Materialien zur Leistungsbewertung Spanisch.* Köln: Greven.

DIELING, Helga/HIRSCHFELD, Ursula (1995): *Phonetik lehren und lernen,* Fernstudieneinheit (Erprobungsfassung). München: Goethe-Institut.

DIETRICH, Ingrid (1995): *Alternative Methoden.* In: BAUSCH, Karl-Richard u. a. (Hrsg.): *Handbuch Fremdsprachenunterricht.* Tübingen/Basel: Francke, S. 194–200.

DUDA, Richard/RILEY, Philip (Hrsg.) (1990): *Learning Styles.* Nancy: Presses Universitaires de Nancy.

DULAY, Heidi/BURT, Marina (1974): *A New Perspective on the Creative Construction Process in Child Second Language Acquisition.* In: *Language Learning*, 24/2, S. 235–278.

EDGE, Julian (1989): *Mistakes and Correction.* London/New York: Longman.

EDMONDSON, Willis (1993): *Warum haben Lehrerkorrekturen manchmal negative Auswirkungen?* In: *Fremdsprachen Lehren und Lernen (FLuL)*, Nr. 22, S. 57–75.

EDMONDSON, Willis/HOUSE, Juliane (1993): *Einführung in die Sprachlehrforschung.* Tübingen/Basel: Francke.

ELLIS, Rod (1986): *Understanding Second Language Acquisition.* Oxford: Oxford University Press.

ESSER, Ulrich (1984): *Fremdsprachenpsychologische Betrachtungen zur Fehlerproblematik im Fremdsprachenunterricht.* In: *Deutsch als Fremdsprache*, Nr. 21, S. 151–159.

FÆRCH, Claus/KASPER, Gabriele (1983): *Plans and Strategies in foreign language communication.* In: FÆRCH, Claus/KASPER, Gabriele (Hrsg.): *Strategies in interlanguage communication.* London: Longman, S. 20–60.

FRIES, Charles (1962): *Teaching and Learning English as a Foreign Language.* The University of Michigan Press, Ann Arbor (1945).

GLANTSCHNIG, Helga (1993): *Blume ist Kind von Wiese oder Deutsch ist meine neue Zunge.* Hamburg: Luchterhand Literaturverlag.

GLOY, Klaus (1987): *Fehler in normentheoretischer Sicht.* In: *Englisch Amerikanische Studien* 2, S. 190–204.

GNUTZMANN, Claus (1989): *Fehlerdidaktik. Sprachliche Abweichungen und ihr didaktisches Potential im Fremdsprachenunterricht.* In: KÖNIGS, Frank/SZULC, Aleksander (Hrsg.): *Linguistisch und psycholinguistisch orientierte Forschungen zum Fremdsprachenunterricht.* Dokumentation eines deutsch-polnischen Kolloquiums. Bochum: Brockmeyer, S. 63–85.

GNUTZMANN, Claus (1992): *Reflexion über „Fehler". Zur Förderung des Sprachbewußtseins im Fremdsprachenunterricht.* In: *Der fremdsprachliche Unterricht – Englisch,* Nr. 26/2, S. 16–21.

GÖBEL, Heinz u. a. (1985): *Ausspracheschulung Deutsch.* Bonn: Inter Nationes.

GRÜNER, Margit/HASSERT, Timm (1995): *Computer im Deutschunterricht,* Fernstudieneinheit (Erprobungsfassung). München: Goethe-Institut.

HAMMERLY, Hector (1991): *Fluency and Accuracy.* Clevedon u. a.: Multilingual Matters Ltd.

HECHT, Karlheinz/GREEN, Peter (1989): *Zur kommunikativen Wirksamkeit von fehlerhaften Schüleräußerungen.* In: *Praxis des neusprachlichen Unterrichts,* 36/1, S. 3–9.

HECHT, Karlheinz/GREEN, Peter (1993): *Muttersprachliche Interferenz beim Erwerb der Zielsprache Englisch in Schülerproduktionen.* In: *Fremdsprachen Lehren und Lernen (FLuL),* Nr. 22, S. 35–57.

HENDRICKSON, James (1978): *Error Correction in Foreign Language Teaching: Recent Theory, Research and Practice.* In: *The Modern Language Journal* 62, S. 387–398.

HENRICI, Gert/HERLEMANN, Brigitte (1986): *Mündliche Korrekturen im Fremdsprachenunterricht.* München: Goethe-Institut.

HENRICI, Gert/RIEMER, Claudia (Hrsg.) mit Arbeitsgruppe Deutsch als Fremdsprache Bielefeld – Jena (1994): *Einführung in die Didaktik des Unterrichts Deutsch als Fremdsprache mit Videobeispielen,* Bd. I und II. Baltmannsweiler: Schneider Verlag Hohengehren.

HOHMANN, Heinz-Otto (1984): *Zur Fehlergewichtung bei englischen Oberstufenarbeiten.* In: *Der fremdsprachliche Unterricht,* Nr. 71, S. 210–222.

HOLTWISCH, Herbert (1990): *Fehler vermeiden statt Fehler verbessern.* In: *Zielsprache Englisch,* 20/2, S. 7–12.

KASPER, Gabriele (1975): *Die Problematik der Fehleridentifizierung.* Ein Beitrag zur Fehleranalyse im Fremdsprachenunterricht. Bochum: Zentrales Fremdspracheninstitut der Ruhr-Universität Bochum.

KASPER, Gabriele (Hrsg.) (1986): *Learning, Teaching and Communication in the Foreign Language Classroom.* Aarhus: University Press.

KIELHÖFER, Bernd (1993): *Können Sie mir erklären, was hier falsch ist!?* Zum Problem von Fehlererklärungen. In: *Fremdsprachen Lehren und Lernen (FLuL),* Nr. 22, S. 149–160.

KLEPPIN, Karin (1981): *Zur Korrekturproblematik bei freier Rede.* In: KÜHLWEIN, Wolfgang/RAASCH, Albert (Hrsg.): *Sprache lehren und lernen,* Bd. II. Tübingen: Narr, S. 91–94.

KLEPPIN, Karin (1989): *Gibt es kulturelle Unterschiede bei der Einschätzung und Bewertung von Korrekturverhalten im Fremdsprachenunterricht?* Eine vergleichende Untersuchung Volksrepublik China – Bundesrepublik Deutschland. In: KÖNIGS, Frank/SZULC, Aleksander (Hrsg.): *Linguistisch und psycholinguistisch orientierte Forschungen zum Fremdsprachenunterricht.* Dokumentation eines deutsch-polnischen Kolloquiums. Bochum: Brockmeyer, S. 107–132.

KLEPPIN, Karin/KÖNIGS, Frank (1991): *Der Korrektur auf der Spur – Untersuchungen zum mündlichen Korrekturverhalten von Fremdsprachenlehrern.* Bochum: Brockmeyer.

KLEPPIN, Karin/KÖNIGS, Frank (1993): *Grundelemente der mündlichen Fehlerkorrektur – Lernerurteile im (interkulturellen) Vergleich.* In: *Fremdsprachen Lehren und Lernen (FLuL),* Nr. 22, S. 76–90.

KNAPP-POTTHOFF, Annelie (1987): *Fehler aus spracherwerblicher und sprachdidaktischer Sicht.* In: *Englisch Amerikanische Studien* 2, S. 205–220.

KÖHRING, Klaus (1987): *Mit Fehlern spielen. Unterrichtsvorschläge für einen alternativen Umgang mit Fehlern im Englischunterricht.* In: *Englisch Amerikanische Studien* 2, S. 259–278.

KÖNIGS, Frank (1983): *Normenaspekte im Fremdsprachenunterricht*. Ein konzeptorientierter Beitrag zur Erforschung des Fremdsprachenunterrichts. Tübingen: Narr.

KÖNIGS, Frank (1995): *Fehlerkorrektur*. In: BAUSCH, Karl Richard u. a. (Hrsg.): *Handbuch Fremdsprachenunterricht*. Tübingen/Basel: Francke, S. 268–272.

KORDES, Hagen (1993): *Aus Fehlern lernen*. In: *Fremdsprachen Lehren und Lernen (FLuL)*, Nr. 22, S. 15–34.

KOUTIVA, Ioanna/STORCH, Günther (1989): *Korrigieren im Fremdsprachenunterricht*. In: *Info DaF*, Nr. 16/4, S. 410–430.

KRUMM, Hans-Jürgen (1990): *Ein Glück, daß Schüler Fehler machen!* In: LEUPOLD Eynar/PETTER, Yvonne (Hrsg.): *Interdisziplinäre Sprachforschung und Sprachlehre*. Festschrift für Albert Raasch. Tübingen: Narr.

KRUMM, Hans-Jürgen (1991): *Alternative Methoden für den Fremdsprachenunterricht*. Einführung. In: *Unterrichtswissenschaft,* 19/1, S. 2–5.

KULTUSMINISTERIUM DES LANDES NORDRHEIN-WESTFALEN (Hrsg.) (1993): *Richtlinien und Lehrpläne Spanisch*. Gymnasium, Sekundarstufe I. Frechen: Verlagsgesellschaft Ritterbach mbH.

LADO, Robert (1967): *Moderner Sprachunterricht*. Eine Einführung auf wissenschaftlicher Grundlage. München: Hueber.

LARSEN-FREEMAN, Diane/LONG, Michael (1991): *An Introduction to Second Language Acquisition Research*. London/New York: Longman.

LEGENHAUSEN, Lienhard (1977): *Korrektur- und Bewertungsstrategien bei fremdsprachlichen Prüfungsarbeiten*. In: *Die Neueren Sprachen* 1, S. 62–73.

LESSIG, D. (1984): *Probleme der Fehlerkorrektur im Spanischunterricht*. In: *Der fremdsprachliche Unterricht*, Nr. 71, S. 191–198.

LEUNINGER, Helen (1993): *Reden ist Schweigen, Silber ist Gold*. Zürich: Ammann.

LEVINE, Deena u. a. (1987): *The Culture Puzzle*. Cross-cultural Communication for English as a Second Language. Englewood Cliffs, New Jersey 07632: Prentice Hall, Inc.

LÜGER, Heinz-Helmut (1994): *Routinen und Rituale in der Alltagskommunikation,* Fernstudieneinheit 6. Berlin/München: Langenscheidt.

MACHT, Konrad (1992): *Enkodierungsstrategien als Fehlerursachen*. In: *Der fremdsprachliche Unterricht – Englisch,* Nr. 26/8, S. 22–25

NEUNER, Gerhard (1995): *Methodik und Methoden: Überblick*. In: BAUSCH, Karl-Richard u. a. (Hrsg.): *Handbuch Fremdsprachenunterricht*. Tübingen/Basel: Francke.

NEUNER, Gerhard/HUNFELD, Hans (1993): *Methoden des fremdsprachlichen Deutschunterrichts,* Fernstudieneinheit 4. Berlin/München: Langenscheidt.

NICKEL, Gerhard (Hrsg.) (1972): *Fehlerkunde, Beiträge zur Fehleranalyse, Fehlerbewertung, Fehlertherapie*. Tübingen: Niemeyer.

OUANES, Hédi (1992): *Zur Problematik des Umgangs mit sprachlichen Fehlern im Unterricht Deutsch als Fremdsprache*. In: *Info DaF,* Nr. 19/6, S. 732–739.

OXFORD, Rebecca (1990): *Language Learning Strategies*. New York: Newbury House Publishers.

RAABE, Horst (1980): *Der Fehler beim Fremdsprachenerwerb und Fremdsprachengebrauch*. In: CHERUBIM, Dieter (Hrsg.): *Fehlerlinguistik*. Tübingen: Niemeyer, S. 61–93.

RAABE, Horst (1982): *Réflexions sur la méthodologie de la correction des fautes: vers la correction communicationelle*. In: *Encrages* 8/9, S. 179–187.

RAMPILLON, Ute (1985): *Lerntechniken im Fremdsprachenunterricht,* Handbuch. München: Hueber.

RAMPILLON, Ute (1995): *Lernen leichter machen.* Ismaning: Hueber.

RATTUNDE, Eckhard (1977): *Transfer – Interferenz? Probleme der Begriffsbestimmung bei der Fehleranalyse.* In: *Die Neueren Sprachen* 1, S. 4–14.

RATTUNDE, Eckhard/WELLER, Franz-Rudolf (1977): *Auswahlbibliographie zur Fehlerkunde* (Veröffentlichungen 1967–1976). In: *Die Neueren Sprachen* 1, S. 102–113.

REHBEIN, Jochen (1984): *Reparative Handlungsmuster und ihre Verwendung im Fremdsprachenunterricht.* Roskilde: Rolig papir.

REISENER, Helmut (1992): *Wie lassen sich mündliche Leistungen bewerten.* In: *Der fremdsprachliche Unterricht – Englisch,* Nr. 26/8, S. 32–36.

RÖSLER, Dietmar (1994): *Deutsch als Fremdsprache.* Stuttgart/Weimar: J. B. Metzler.

SCHEMMERLING, Michael (1984): *Fehlerbehandlung: Nach Art und Schwere kennzeichnen.* In: *Der fremdsprachliche Unterricht,* Nr. 71, S. 199–209.

SCHWERDTFEGER, Inge Christine (1983): *Alternative Methoden der Fremdsprachenvermittlung für Erwachsene. Eine Herausforderung für die Schule?* In: *Neusprachliche Mitteilungen aus Theorie und Praxis,* Nr. 36, S. 3–14.

SCHWERDTFEGER, Inge Christine (1995): *Gruppenunterricht und Partnerarbeit.* In: BAUSCH, Karl-Richard u. a. (Hrsg.): *Handbuch Fremdsprachenunterricht.* Tübingen/Basel: Francke, S. 206–208.

SCHWERDTFEGER, Inge Christine (1996): *Sozialformen und Binnendifferenzierung,* Fernstudieneinheit (Erprobungsfassung). München: Goethe-Institut.

SELINKER, Larry (1972): *Interlanguage.* In: *International Review of Applied Linguistics* 10/3, S. 209–231.

SHARWOOD SMITH, Michael (1994): *Second Language Learning: Theoretical Foundations.* London/New York: Longman.

SKINNER, Burrhus Frederic (1957): *Verbal behavior.* New York: Meredith.

STÄNDIGE KONFERENZ DER KULTUSMINISTER DER LÄNDER (Hrsg.) (1981): *Einheitliche Prüfungsanforderungen in der Abiturprüfung Englisch.* Neuwied: Luchterhand.

TIMM, Johannes-Peter (1992): *Fehler und Fehlerkorrektur im kommunikativen Englischunterricht.* In: *Der fremdsprachliche Unterricht – Englisch,* Nr. 26/8, S. 4–10.

TÖNSHOFF, Wolfgang (1990): *Bewußtmachung – Zeitverschwendung oder Lernhilfe?* Bochum: Universitätsverlag Dr. N. Brockmeyer.

VIGIL, Neddy/OLLER, John (1976): *Rule fossilization: a tentative model.* In: *Language Learning,* 26/2, S. 281–295.

8 Quellenangaben

Nachweis der Texte und Zeichnungen:

BEXTE, Bernd (1982): *1002 Bilder, Bildgeschichten, Rätsel, Fotos, Gedanken, Zahlen, Hasen, Elefanten, Gedichte und Geschichten für Kinder von 2001.* Frankfurt/M: Zweitausendeins, o. S.

GLANTSCHNIG, Helga (1993): *Blume ist Kind von Wiese oder Deutsch ist meine neue Zunge.* Hamburg: Luchterhand Literaturverlag.

KLEPPIN, Karin (1989): *Gibt es kulturelle Unterschiede bei der Einschätzung und Bewertung von Korrekturverhalten im Fremdsprachenunterricht?* Eine vergleichende Untersuchung Volksrepublik China – Bundesrepublik Deutschland. In: KÖNIGS, Frank/SZULC, Aleksander (Hrsg.): *Linguistisch und psycholinguistisch orientierte Forschungen zum Fremdsprachenunterricht.* Dokumentation eines deutsch-polnischen Kolloquiums. Bochum: Brockmeyer, S. 107 – 132.

KLEPPIN, Karin/KÖNIGS, Frank (1991): *Der Korrektur auf der Spur – Untersuchungen zum mündlichen Korrekturverhalten von Fremdsprachenlehrern.* Bochum: Brockmeyer.

KLEPPIN, Karin/KÖNIGS, Frank (1993): *Grundelemente der mündlichen Fehlerkorrektur – Lernerurteile im (interkulturellen) Vergleich.* In: *Fremdsprachen Lehren und Lernen (FLuL),* Nr. 22, S. 76–90.

KNAPP-POTTHOFF, Annelie (1987): *Fehler aus spracherwerblicher und sprachdidaktischer Sicht.* In: *Englisch Amerikanische Studien 2,* S. 205–220.

LEUNINGER, Helen (1993): *Reden ist Schweigen, Silber ist Gold.* Zürich: Ammann.

PERLMANN-BALME, Michaela (1997): *Zentrale Mittelstufenprüfung. Trainingsmaterial für Prüfer zum Schriftlichen Ausdruck.* München: Goethe-Institut.

SCHERLING, Theo: Zeichnungen/Illustrationen

Anhang

Die Art der Fehler und ihre Kennzeichnung

A	Falscher **A**usdruck: Im Gegensatz zur falschen Wortwahl würden hierunter umfassendere Strukturen fallen, wie etwa unidiomatische Wendungen, z. B.: *Wir haben Schwierigkeiten gefunden.* (anstatt: *Wir sind auf Schwierigkeiten gestoßen.*) *Sie machte den ersten Fuß.* (anstatt: *den ersten Schritt*) *Er machte einen Skandal mit seiner Frau.* (anstatt: *Er machte ihr eine Szene.*)
Art	Verwendung des falschen **Art**ikels, z. B.: *Ich mag die Blumen.* (anstatt: *Ich mag Blumen.*) Der erste Satz wäre dann ein Fehler, wenn man sagen möchte, dass man Blumen an sich mag.
Bez	Falscher syntaktischer oder semantischer **Bez**ug, z. B.: *Die Frau arbeitete in der Fabrik seines* (anstatt: *ihres*) *Mannes. Ich gibt* (anstatt: *gebe*) *es zu.*
Gen	Verwendung des falschen **Gen**us, z. B.: *Zwischen England und Frankreich liegt nur die* (anstatt: *der*) *Kanal; der* (anstatt: *das*) *Kind.*
K	Falscher **K**asus, z. B.: *Ich studiere zwei verschiedenen* (anstatt: *verschiedene*) *Fremdsprachen. Es gibt einen großen* (anstatt: *ein großes*) *Problem. Aus religiöse Gründe* (anstatt: *aus religiösen Gründen*) *ist das nicht möglich.*
Konj	Verwendung der falschen **Konj**unktion, z. B.: *In einem arabischen Land soll ein Mann eine Frau nicht küssen, obwohl sie befreundet* (anstatt: *auch wenn/selbst wenn*) *sind. Wenn* (anstatt: *als*) *ich gestern aufwachte.*
M	Falscher **M**odusgebrauch; z. B.: *Wenn ich reich war* (anstatt: *wäre*)*, würde ich nach Deutschland in Urlaub fahren.*
mF	**m**orphologischer **F**ehler, nicht existierende Formen von Verben, Adjektiven und Substantiven, z. B.: *Er grüßt mich mit dröhender Stimme* (anstatt: *dröhnender*)*. Das Gebirge erhebte* (anstatt: *erhob*) *sich vor mir.*
Mv	Falsches **M**odal**v**erb, z. B.: *Du musst hier nicht rauchen* (anstatt: *darfst*).
Präp	Verwendung der falschen **Präp**osition, z. B.: *Ich kümmere mich über* (anstatt: *um*) *die Kinder. Er behandelt sie als* (anstatt: *wie*) *ein Tier.*
Pron	Falscher **Pron**omengebrauch, z. B.: *Ich frage diesen* (anstatt: *ihn*). *Ich habe dem* (anstatt: *ihm*) *geholfen.*
R	Falsche **R**echtschreibung, z. B.: *Sie studirt* (anstatt: *studiert*). *Wenn Man* (anstatt: *man*) *jemanden begrüßt, …*
Sb	**S**atz**b**au: unverständlicher Satz aufgrund mehrerer gleichzeitig auftauchender Fehler, z. B.: *Lehrer fragt Schüler auf Tafel.* (gemeint ist: *Der Lehrer forderte den Schüler auf, an die Tafel zu kommen.*)
St	**S**atz**st**ellung: falsche Wort- oder Satzgliedstellung, z. B.: *Gestern ich habe* (anstatt: *habe ich*) *viel gegessen. Ich bin nicht ins Kino gegangen, sondern habe ich* (anstatt: *Ich habe*) *viel gearbeitet.*
T	Falscher **T**empusgebrauch, z. B.: *Bevor ich esse* (anstatt: *gegessen habe*)*, habe ich mir die Hände gewaschen.*
W	Falsche **W**ortwahl, z. B.: *Er wirft mir einen engstirnigen Blick zu* (anstatt: *skeptischen*)*. Ich wollte Geld gewinnen* (anstatt: *sparen*)*. Das ist gewöhnlich bei uns* (anstatt: *üblich*).
Z	Falsche oder fehlende **Z**eichensetzung, z. B.: *Ich weiß__ dass ich nichts weiß.* (anstatt: *Ich weiß, dass ich nichts weiß.*)

Weiterhin können Sie folgende Kennzeichnungen benutzen:

∨	Fehlen von Elementen, z. B.: *Heute regnet ∨.* (anstatt: *Heute regnet es.*)
⊢⊣	Überflüssige Elemente, die zu streichen sind, z. B.: *Ich bin seit einem Tag zu Hause ~~geblieben~~.* (anstatt: *Ich bin seit einem Tag zu Hause.*)
⟿	Umstellungen, z. B.: *Morgen ich mache alles anders* (anstatt: *mache ich*).

Fehlerstatistik vom _____ bis _____

Fehlerbeispiel	Fehlerart	Anzahl der Fehler	Korrektur
Summe:			
Summe:			
Summe:			
Summe:			
Summe:			
Summe:			
Summe:			
Summe:			
Summe:			
Summe:	Fehlerart	Anzahl der Fehler	Korrektur

Angaben zur Autorin

Karin Kleppin, Jg. 1949, ist Oberstudienrätin im Hochschuldienst am Seminar für Sprachlehrforschung der Ruhr-Universität Bochum (Universitätsstraße 150, 44780 Bochum; E-Mail: Kleppink@slf.ruhr-uni-bochum.de). Promotion zum Dr. phil, Thema: Sprachlernspiele im Fremdsprachenunterricht (1980). DAAD-Lektorin an der Universität Paris X (1981–1983) und der Université Mohamed V in Rabat (1990–1993), Lektorin an der Tongji-Universität Shanghai (1985/1986) Spezialgebiete: Empirische Untersuchungen zum Tertiärsprachenunterricht, Nonverbales Verhalten, Autonomes Fremdsprachenlernen (Tandem, E-Mail Tandem), Sprachlernberatung.

Das Fernstudienprojekt DIFF – GhK – GI

Nachdem Sie diese Studieneinheit durchgearbeitet haben, möchten Sie vielleicht Ihre Kenntnisse auf dem einen oder anderen Gebiet vertiefen, möchten mehr wissen über *Fertigkeit Sprechen, Fertigkeit Schreiben* oder über *Leistungsmessung* und *Testen und Prüfen* …

Sie haben bereits Hinweise auf andere Fernstudieneinheiten gefunden und sind neugierig geworden? Sie möchten wissen, was das für Studieneinheiten sind, wo Sie sie bekommen und wie Sie sie benutzen können?

Zu diesen Fragen möchten wir Ihnen noch einige Informationen geben:

Diese Studieneinheit ist im Rahmen eines Fernstudienprojekts im Bereich DaF/ Germanistik entstanden, das das Deutsche Institut für Fernstudienforschung an der Universität Tübingen (DIFF), die Universität Gesamthochschule Kassel (GhK) und das Goethe-Institut, München zusammen durchgeführt haben.

In diesem Projekt werden Fernstudienmaterialien für die fachwissenschaftliche und fachdidaktische Weiterbildung zu folgenden Themenbereichen entwickelt:

Deutsch als Fremdsprache (DaF)

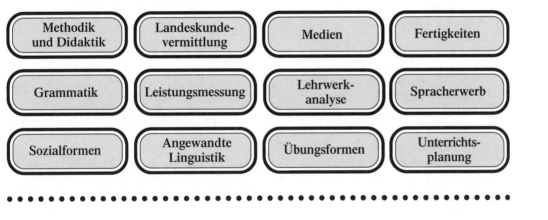

Projekt

Germanistik

Weitere Studieneinheiten sind in Vorbereitung (Planungsstand 1997) bzw. erschienen:

Themen

Bereich Germanistik

Literaturwissenschaft

- Einführung in die germanistische Literaturwissenschaft (Helmut Schmiedt)
- Literaturgeschichte I: Vom Mittelalter zum Sturm und Drang (Hartmut Kugler)
- Literaturgeschichte II: Von der Klassik zur Jahrhundertwende (Egon Menz)
- Literaturgeschichte III: 20. Jahrhundert (Hans-Otto Horch)
- Einführung in die Analyse von erzählenden Texten (Helmut Schmiedt)
- Einführung in die Analyse lyrischer Texte (Helmut Schmiedt)
- Einführung in die Analyse dramatischer Texte (Helmut Schmiedt)

Linguistik

- Einführung in die germanistische Linguistik (Hans-Otto Spillmann)
- Grammatik des deutschen Satzes (Wilhelm Köller)
- Semantik (Rolf Müller)
- Historische Grammatik (Günther Rohr)
- Textlinguistik (Helga Andresen)
- Pragmalinguistik (Werner Holly)

Bereich Deutsch als Fremdsprache

Methodik/Didaktik Deutsch als Fremdsprache

- Einführung in die Grundlagen des Faches Deutsch als Fremdsprache (Rolf Ehnert/ Gert Henrici/Reiner Schmidt/Klaus Vorderwülbecke)
- Methoden des fremdsprachlichen Deutschunterrichts (Gerhard Neuner/Hans Hunfeld), erschienen 8/93
- Grundlagen des Erst- und Fremdsprachenerwerbs (Ernst Apeltauer), erschienen 7/97
- Testen und Prüfen in der Grundstufe (Hans-Georg Albers/Sibylle Bolton), erschienen 5/95
- Lesen als Verstehen. Zum Verstehen fremdsprachlicher literarischer Texte und zu ihrer Didaktik (Swantje Ehlers), erschienen 2/92
- Angewandte Linguistik für den fremdsprachlichen Deutschunterricht. Eine Einführung (Britta Hufeisen/Gerhard Neuner)

Landeskunde

- Routinen und Rituale in der Alltagskommunikation (Heinz-Helmut Lüger), erschienen 10/93
- Wortschatzarbeit und Bedeutungsvermittlung (Bernd-Dietrich Müller), erschienen 9/94
- Kontakte knüpfen (Rainer Ernst Wicke), erschienen 9/95
- Bilder in der Landeskunde (Dominique Macaire/Wolfram Hosch), erschienen 4/96
- Landeskunde und Literaturdidaktik (Monika Bischof/Viola Kessling/Rüdiger Krechel)
- Arbeit mit Sach- und Zeitungstexten (Rosemarie Buhlmann/Ingeborg Laveau/ Hans Sölch)
- Methodik und Didaktik der Landeskunde (N. N.)

Methodik/Didaktik Deutsch als Fremdsprache

Basispaket

- Fertigkeit Hören (Barbara Dahlhaus), erschienen 3/94
- Fertigkeit Lesen (Gerard Westhoff), erschienen 7/97
- Fertigkeit Sprechen (Gabriele Neuf-Münkel/Regine Roland)
- Fertigkeit Schreiben (Bernd Kast)
- Grammatik lehren und lernen (Hermann Funk/Michael Koenig), erschienen 12/91
- Probleme der Wortschatzarbeit (Rainer Bohn)
- Unterrichtsplanung. Von der Lehrwerklektion zur Deutschstunde (Peter Bimmel/ Bernd Kast/Gerhard Neuner)
- Probleme der Leistungsmessung (Sibylle Bolton), erschienen 4/96

Aufbaupaket

- Video im Deutschunterricht (Marie-Luise Brandi), erschienen 10/96
- Arbeit mit Sach- und Zeitungstexten (Rosemarie Buhlmann/Ingeborg Laveau/ Hans Sölch)

- Arbeit mit literarischen Texten (Swantje Ehlers/Bernd Kast)
- Arbeit mit Fachtexten im berufsbezogenen Deutschunterricht (Hermann Funk/ Hilke Muselmann)
- Lieder und Rockmusik im Deutschunterricht (Hermann Dommel/Uwe Lehners)
- Phonetik lehren und lernen (Helga Dieling/Ursula Hirschfeld)
- Computer im Deutschunterricht (Margit Grüner/Timm Hassert)
- Visuelle Medien im Deutschunterricht (Barbara Frankenberg/Lisa Fuhr)
- Spiele im Deutschunterricht (Christa Dauvillier/Dorothea Lévy)
- Lehrwerkanalyse (Maren Duszenko)
- Sozialformen und Binnendifferenzierung (Inge Schwerdtfeger)
- Handlungsorientierter Deutschunterricht und Projektarbeit (Michael Legutke)
- Lernerautonomie und Lernstrategien (Peter Bimmel/Ute Rampillon)
- Testen und Prüfen in der Mittel- und Oberstufe (Gabriele Neuf-Münkel/Michaela Perlmann-Balme)
- Unterrichtsbeoachtung und Lehrerverhalten (Barbara Ziebell)
- Lernpsychologie, Lernen als Jugendlicher – Lernen als Erwachsener (Bärbel Kühn)
- Deutsch im Primarbereich (Dieter Kirsch)

Die Studieneinheiten wenden sich an:
- Lehrende im Bereich Deutsch als Fremdsprache im Ausland und in Deutschland
- Germanisten/innen an ausländischen Hochschulen
- Studierende im Bereich Germanistik und Deutsch als Fremdsprache
- Fortbilder/innen im Bereich Deutsch als Fremdsprache.

> Adressaten

Wozu können Sie die Studieneinheiten verwenden?

Je nachdem, ob Sie als Deutschlehrer, Hochschuldozent oder Fortbilder arbeiten oder DaF/Germanistik studieren, können Sie entsprechend Ihren Interessen die Studieneinheiten benutzen, um
- sich persönlich fortzubilden,
- Ihren Unterricht zu planen und durchzuführen,
- sich auf ein Studium in Deutschland vorzubereiten,
- sich auf eine Weiterqualifikation im Bereich DaF (z. B. Erwerb des Hochschulzertifikats DaF der GhK) vorzubereiten (die GhK bietet die Möglichkeit, bis zu 50% des zweisemestrigen Ergänzungsstudiums DaF auf dem Wege des Fernstudiums anerkannt zu bekommen),
- ein Weiterbildungszertifikat im Bereich Deutsch als Fremdsprache zu erwerben. (GhK und GI bieten in Deutschland einen Fernstudienkurs *Fremdsprachlicher Deutschunterricht in Theorie und Praxis* an, der mit einem Zertifikat der GhK abgeschlossen wird. Im Ausland bieten die GhK und das GI gemeinsam mit ausländischen Partnerinstitutionen entsprechende Fernstudienkurse an, die mit einem gemeinsamen Hochschulzertifikat der drei Partnerinstitutionen abschließen.)

> Konzeption/Ziele

Wie können Sie die Studieneinheit verwenden?
- Im Selbststudium können Sie sie durcharbeiten, die Aufgaben lösen und mit dem Lösungsschlüssel vergleichen.
- In zahlreichen Ländern werden Fort- und Weiterbildungskurse angeboten, in denen die Studieneinheiten in Fernstudienkursen oder Seminarveranstaltungen ganz oder in Auszügen eingesetzt werden.
 Informieren Sie sich hierzu bei Ihrem Goethe-Institut und bestellen Sie die Publikation *Das Fernstudienprojekt – weltweit*.
- Als Fortbilder/innen können Sie sie als Steinbruch oder kurstragendes Material für Ihre Veranstaltungen verwenden.

> Arbeitsformen

Weitere Informationen erhalten Sie bei:

Deutsches Institut für Fernstudienforschung an der Universität Tübingen
Postfach 1569
72005 Tübingen

Universität Gesamthochschule Kassel
FB 9 (Prof. Dr. Gerhard Neuner)
Postfach 10 13 80
34109 Kassel

Goethe-Institut, München
Bereich 52 FSP
Helene-Weber-Allee 1
80637 München

Weiterbildender Fernstudienkurs
Fremdsprachlicher Deutschunterricht in Theorie und Praxis (Bereich Ausland)

Studieninhalte (Stand 01.07.1997)

Das Studium im weiterbildenden Fernstudienkurs erfolgt durch die Bearbeitung von Fernstudieneinheiten aus dem Fachgebiet *Deutsch als Fremdsprache* des *Fernstudienprojekts Germanistik/Deutsch als Fremdsprache* der GhK, des GI und des DIFF.

Zu bearbeiten sind insgesamt acht Studieneinheiten.

Je eine Studieneinheit wird aus den im folgenden näher bezeichneten vier Pflichtbereichen ausgewählt, vier weitere aus dem Wahlpflichtbereich.

I. Pflichtbereich

1. Grundlagen/Bezugswissenschaften des fremdsprachlichen Deutschunterrichts
   - ➤ Methoden des fremdsprachlichen Deutschunterrichts
   - ➤ Grundlagen des Erst- und Fremdsprachenerwerbs
   - ➤ Angewandte Linguistik für den fremdsprachlichen Deutschunterricht
   - ➤ Einführung in die Grundlagen des Faches Deutsch als Fremdsprache
   - ➤ Lernpsychologie, Lernen als Jugendlicher – Lernen als Erwachsener*

2. Sprachsysteme
   - ➤ Grammatik lehren und lernen
   - ➤ Phonetik lehren und lernen
   - ➤ Wortschatzarbeit und Bedeutungsvermittlung
   - ➤ Probleme der Wortschatzarbeit

3. Sprachliche Fertigkeiten
   - ➤ Fertigkeit Hören
   - ➤ Fertigkeit Sprechen
   - ➤ Fertigkeit Lesen
   - ➤ Fertigkeit Schreiben

4. Unterrichtsplanung, -durchführung und -evaluation
   - ➤ Unterrichtsplanung
   - ➤ Testen und Prüfen in der Grundstufe
   - ➤ Lehrwerkanalyse*
   - ➤ Fehler und Fehlerkorrektur
   - ➤ Probleme der Leistungsmessung
   - ➤ Unterrichtsbeobachtung und Lehrerverhalten*

II. Wahlpflichtbereich

5. Medieneinsatz
   - ➤ Video im Deutschunterricht
   - ➤ Visuelle Medien im Deutschunterricht
   - ➤ Computer im Deutschunterricht

6. Landeskunde und ihre Didaktik
   - ➤ Kontakte knüpfen
   - ➤ Bilder in der Landeskunde
   - ➤ Landeskunde und Literaturdidaktik
   - ➤ Methodik und Didaktik der Landeskunde*
   - ➤ Routinen und Rituale in der Alltagskommunikation
   - ➤ Arbeit mit Sach- und Zeitungstexten

7. Unterrichtskommunikation und Sozialformen
   - ➤ Lernerautonomie und Lernstrategien
   - ➤ Handlungsorientierter Deutschunterricht und Projektarbeit*
   - ➤ Sozialformen und Binnendifferenzierung*

8. Einzelfragen der Unterrichtspraxis
8.1 Sprachliche Systeme und Fertigkeiten und ihre Übungsformen
   - ➤ Lesen als Verstehen
   - ➤ Arbeit mit Sach- und Zeitungstexten
   - ➤ Arbeit mit literarischen Texten*
   - ➤ Arbeit mit Fachtexten im berufsbezogenen Deutschunterricht*
   - ➤ Bilder in der Landeskunde
   - ➤ Spiele im Deutschunterricht*
   - ➤ Lieder und Rockmusik im Deutschunterricht*

8.2 Stufenbezogene Aspekte des Deutschunterrichts
   - ➤ DaF im Primarbereich*
   - ➤ Testen und Prüfen in der Mittel- und Oberstufe*

Der Prüfungsausschuß legt die Auswahl der vier Fernstudieneinheiten des Pflichtbereichs und der vier Fernstudieneinheiten des Wahlpflichtbereichs fest. Titel, die dem Pflichtbereich zugeordnet sind, aber vom Prüfungsausschuß nicht im Rahmen des Pflichtbereichs als Studieninhalt ausgewählt werden, können ebenfalls im Wahlpflichtbereich Berücksichtigung finden.

Solange noch nicht alle Fernstudieneinheiten gedruckt vorliegen, entscheidet der jeweilige Prüfungsausschuß über die ersatzweise zu verwendenden Materialien. Dies können insbesondere Erprobungsfassungen der Fernstudieneinheiten sein. Es ist davon auszugehen, daß auf Grund von regionalen Anforderungen bzw. der Weiterentwicklung dieses Projekts weitere Fernstudieneinheiten entwickelt werden.
(* Die mit Stern versehenen Titel können im Studienjahr 1997/1998 noch nicht für Fernstudienkurse eingesetzt werden.)

Weiterbildender Fernstudienkurs

Fremdsprachlicher Deutschunterricht in Theorie und Praxis (Bereich Inland)

Studieninhalte (Stand 01.09.1997)

Das Studium im weiterbildenden Fernstudienkurs erfolgt durch die Bearbeitung von Fernstudieneinheiten aus dem Fachgebiet *Deutsch als Fremdsprache* des *Fernstudienprojekts Germanistik/Deutsch als Fremdsprache* der GhK, des GI und des DIFF.

Zu bearbeiten sind insgesamt acht Studieneinheiten.

Die folgenden Fernstudieneinheiten sind obligatorischer Bestandteil des Fernstudiums:

I. Pflichtbereich

Grundlagen/Bezugswissenschaften des fremdsprachlichen Deutschunterrichts

1. Methoden des fremdsprachlichen Deutschunterrichts

2. Grundlagen des Erst- und Fremdsprachenerwerbs

3. Angewandte Linguistik für den fremdsprachlichen Deutschunterricht

4. Einführung in die Grundlagen des Faches Deutsch als Fremdsprache

Aus folgenden Bereichen werden vier weitere Fernstudieneinheiten ausgewählt (wobei jeweils nur eine Fernstudieneinheit aus einem Bereich gewählt werden kann):

II. Wahlpflichtbereich

5. Sprachsystem und Lehrwerk
   - Grammatik lehren und lernen
   - Phonetik lehren und lernen
   - Wortschatzarbeit und Bedeutungsvermittlung
   - Probleme der Wortschatzarbeit
   - Unterrichtsplanung – von der Lehrwerkslektion zur Deutschstunde
   - Lehrwerkanalyse
   - Arbeit mit Sach- und Zeitungstexten

6. Sprachliche Fertigkeiten/Lernen lernen
   - Fertigkeit Hören
   - Fertigkeit Lesen
   - Fertigkeit Sprechen
   - Fertigkeit Schreiben
   - Lernerautonomie und Lernstrategien

7. Interkulturelles Verstehen
   - Lesen als Verstehen
   - Routinen und Rituale in der Alltagskommunikation
   - Kontakte knüpfen
   - Wortschatzarbeit und Bedeutungsvermittlung
   - Bilder in der Landeskunde
   - Landeskunde und Literaturdidaktik

8. Medien/Leistungsmessung
   - Video im Deutschunterricht
   - Computer im Deutschunterricht
   - Bilder in der Landeskunde
   - Probleme der Leistungsmessung
   - Testen und Prüfen in der Grundstufe
   - Fehler und Fehlerkorrektur

Bei der Auswahl der Fernstudieneinheiten im Wahlpflichtbereich erfolgt eine Beratung. Solange noch nicht alle Fernstudieneinheiten gedruckt vorliegen, können Erprobungsfassungen in dem Fernstudienkurs eingesetzt werden. Über die Zulassung und Zuordnung der einzelnen Erprobungsfassungen entscheidet der Koordinierungsausschuß.

Es besteht Einvernehmen darin, daß die Studieninhalte des Fernstudienkurses an der GhK und am GI gleich sind.